공병호의
고전강독 2

소크라테스와 플라톤에게
다시 정의를 묻다

공병호의 고전강독 2

소크라테스와 플라톤에게 다시 정의를 묻다

해냄

| 시작하는 글 |

올바른 삶을 소망하는 분들에게

저 멀리 아득히 보이는 바다와 물새들이 포근히 나를 감싸주던 통영(統營) 포구의 정겨운 풍경들이 떠오른다. 그 시절은 부모 슬하에서 걱정 없는 나날이었다. 학업을 위해 객지 생활이 시작되면서부터 진학, 취업, 결혼, 입신 등으로 참으로 숨가쁘게 뛰어왔다. 이제껏 그래왔듯이 아직도 삶이란 어느 구석 하나 여백 없이 분주하고 힘겹기 짝이 없다.

그런 분주함 속에 정신없이 살다가 문득 어느 가을 고즈넉한 산사에서 만난 또다른 자기처럼, 주어진 삶의 시간들이 그렇게 긴 시간이 아님을 자각하게 되었다. 그때부터 나는 "딱 한 번 살다 가는데 무엇을 해야 할 것인가?"라는 과제에 대한 답을 찾기 시작하였다. "한 번 나서 살다 가는데 인류의 천재들이 남긴 걸출한 작품들을 보지 않고, 느끼지 않고, 알지 못한 채로 저세상으로 가버리는 것은 너무 억울한 일이 아닌가"라는 깨달음이 마치 죽비를 맞은 것처럼 번쩍 다가왔다.

인류의 천재들은 무슨 이야기를 하였을까? 그들이 평생을 통해 얻은 진리는 무엇일까? 그런 의문은 나이 탓도 있지만 소란스럽기 이를 데 없는 이 시대 이 땅에서 살아가면서 간절히 구하게 되는 답이기도 하다. 선인들은 이 시대를 살아가는 사람들에게 도대체 무슨 이야기를 하고 싶을까? 나는 그것이 알고 싶었다.

그래서 현자 중의 현자인 소크라테스와 플라톤의 이야기에 귀를 기울여보았다. 2,500년 전, 그 시대의 아테네는 정점을 지나서 쇠락의 길에 들어섰을 때이고, 무엇보다 전쟁의 패배로 사회가 혼탁했고 사람들은 피폐해 있었다. 스스로를 현자로 자처하는 소피스트들이 출현하여 저마다 자신의 말이야말로 진리라고 주장하는 사람들의 전성기였다. 민중선동가들은 자신에게 표를 주기만 하면 밝은 미래를 약속해 줄 수 있다고 목소리 높여 외치던 시기이기도 했다. 이처럼 말의 성찬인 시대가 소크라테스와 플라톤이 살던 시대였다.

그런 점에서 소크라테스와 플라톤의 시대는 2,500여 년의 시공간을 넘어서 우리에게 줄 수 있는 메시지가 참으로 많은 시대라는 생각이 들었다.

"정의란 무엇인가?"

"도대체 올바름이란 무엇인가?"

국가 차원의 정의(올바름)만이 중요한 것이 아니라 개인 차원의 정의도 매우 중요하다. 전자는 자유롭고 부유한 사회를 낳고 후자는 성공적이고 행복한 인생을 만드는 데 빼놓을 수 없는 것이기 때문이다.

누구나 올바름(정의)에 대한 갈증이 있다. 어떤 정책에 대해서나 현상에 대해서나 삶에 대해서도 그렇다. 사람은 배만 부르다고 해서 살아갈 수 있는 존재가 아니다. 그것은 과연 올바른 것일까, 아닐까? 올바르다면 왜 그럴까? 이런 생각을 하며 살아가는 존재이다.

올바름(정의)과 올바르지 않음(부정의), 옳은 것과 그른 것을 제대로 구분하고 옳은 일을 지속적으로 실행하는 것은 잘 살아가는 데 매우 중요하다. 특히 오늘날처럼 옳고 그름이 시점이나 공간 그리고 상황이나 이해에 따라 이리저리 흔들리고 자기 중심으로 해석되기 쉬운 시대에 시시비비를 제대로 가리는 일은 정말 중요하다. 그럼에도 이를 배울 수 있는 곳이나 사람을 찾기가 쉽지 않다.

여러분은 이 책에서 두 권의 두꺼운 책을 만나게 된다. 하나는 플라톤의 중후기 〈대화편〉 가운데 대표작이고 다른 하나는 그의 최후의 작품으로 추정되는 책이다. 앞의 것은 『국가』인데 플라톤 전집 가운데 분량으로 보면 19퍼센트에 약간 못 미치고, 뒤의 책은 『법률』로 19퍼센트를 조금 넘어설 정도로 분량 면에서나 그 가치 면에서 매우 중요한 책이다. 두 권의 책을 한꺼번에 읽음으로써 그의 저술 가운데 40퍼센트에 가까운 내용을 접할 수 있다. 아울러 우리는 50대 중반의 활동적인 한 철학자가 가졌던 세상에 대한 생각과 믿음, 그리고 80대를 향해 가는 원숙한 노 철학자의 믿음과 생각을 통해 세월의 흐름과 함께하는 생각의 변화를 엿볼 수 있다.

두 권은 외관상으로 보면 나라의 일을 다루는 것처럼 보인다. 우리에게 널리 알려져 있는 것처럼 『국가』는 이상 국가의 조건 등을 다루고 있다. 하지만 책을 열고 한 문장 한 문장 읽어가다 보면 국가에 대한 이야기만이 아니라 사람이 어떻게 판단하고 어떻게 행동해야 하는지 그리고 어떻게 살아야 하는지가 중요한 내용을 차지하고 있음을 알 수 있다. 한마디로 무엇이 올바른 삶인가에 대한 포괄적인 이야기를 다루고 있다 해도 무리가 아니다. 그래서 두 권의 책은 나라의 일을 담당하는 사람들을 위한 책일 뿐만 아니라 보통 시민들이 삶의 국면마다 어떻게 판단하고 생각하고 행동하는 것이 올바름에 이르는 길인가를 다루고 있다고 보면 된다.

아마도 여러분이 목차를 죽 훑어보는 것만으로도 이 책은 결코 국가의 문제만을 다루는 책이 아님을 확인할 수 있을 것이다. 마치 두꺼운 책에서 보물찾기를 하듯이 나는 핵심적인 내용들을 찾아내서 이것에 대한 나름의 해설과 교훈을 덧붙였다.

어떤 사람은 "철학이 밥을 먹여주는가?"라고 반문할 수도 있다. 그러나 여러분의 일상을 되돌아보라. 모든 삶은 판단의 연속이다. 그런 판단에서 결정적인 기준은 옳고 그름에 대한 자신의 잣대이다. 이 잣대가 제대로 서 있어야 일이든 삶이든 충실하게 꾸려나갈 수 있다. 따라서 "철학이 밥을 먹여준다"는 주장에 대해서 상당한 동감을 표하게 된다.

생업의 현장에서 힘차게 자신의 앞날을 개척해 가면서도 시간을 내서 올바른 주관을 쌓는 데 투자해야 한다. 그런 투자를 위한 효과적인 방법이 바로 우리와는 이해관계가 전혀 없는 선인들의 오랜 지혜와 통찰을 공부하는 일이다. 두 권을 읽고 또 읽는 데 큰 도움을 받았던 책은 고(故) 왕학수 교수의 번역본과 박종현 성균관대 명예교수의 역주가 있는 한글판 책들이었다. 특히 박 교수의 평생 역작들이 고전의 세계에 입문하는 후학에게 큰 도움이 되었음을 이 자리를 빌려 감사의 마음을 전하고 싶다. 또한 정암학당(www.jungam.or.kr)의 연구진들이 꾸준히 펴내고 있는 플라톤 전집들도 큰 도움을 주었다.

 나는 이 책들이 여러분으로 하여금 험한 세상에서 굳건한 주관을 세우고 당차고 성공적으로 살아갈 수 있도록 도와주리라 믿어 의심치 않는다.

2012년 3월

공병호

차례

시작하는 글 / 올바른 삶을 소망하는 분들에게 5
프롤로그 / 소크라테스와 플라톤을 만나다 15

1장 정의 사회를 향한 철학적 밑그림 『국가』
"정의란 무엇인가?"

우리 안의 탁월함을 찾아서 34
강자의 이익을 위하는 것이 정의는 아니다 43
이익이란 누군가를 도와준 대가이지 지배의 대가가 아니다 50
리더의 자리를 거부하는 사람은 그만한 '벌'을 감수해야 한다 57
주어진 상황에서 최선을 다하라, 그것이 행복이다 62
각자 자신의 기능을 최고로 발휘하는 것, 그것이 정의다 71
정의는 '계산'과 '계약'의 결과물이 아니다 77
특별한 능력을 타고난 자만이 다른 사람들을 이끌 수 있다 83
누구나 먼저 자신의 직분에 충실하라 89
'올바른 국가'는 지혜·용기·절제를 지녀야 한다 96
'올바른 개인'은 이성·기개·욕망을 잘 관리해야 한다 106
거침없는 욕망은 우리를 시험하고 정의를 파괴한다 114
우리 모두는 동굴의 세계에 살고 있다 122
'철학하는' 지도자가 이상 국가를 가능하게 한다 132

지도자는 길러지는 부분보다 타고나는 부분이 더 중요하다 142
이상 국가에서는 모든 것이 공유되어야 한다 149
정치체제는 다섯 가지로 나뉜다 158
민주제는 모두에게 평등을 나눠주는 정체다 165
민주제의 위기는 구성원들의 과잉 자유에서 비롯된다 174
인간이 누리는 쾌락은 세 가지로 나뉜다 183
진실된 쾌락을 추구하며 언제나 깨어 있어라 190
명성과 이익 면에서도 정의는 부정의를 이긴다 197
영혼이 혼탁해지지 않도록 각별히 노력해야 한다 206
정의는 영원히 승리한다 213

2장 정의 사회를 향한 실천 매뉴얼 「법률」

"훌륭한 법은 무엇을 갖추어야 하는가?"

인생과 국가 경영을 위한 지성의 룰 222
자유는 스스로 지키는 것이지 주어지는 것이 아니다 229
입법자는 사람들을 화합으로 이끌어야 한다 237
부분적인 훌륭함이 아닌, 전체적인 훌륭함을 갖추어라 243
입법자는 사람들이 무지에서 벗어나도록 도와야 한다 249
법의 지배는 자연스러운 것이다 254
위대한 입법자는 중용을 지킨다 257
올바른 법은 지성에 의해 만들어져야 한다 266
입법자들은 무엇보다 공명정대함을 추구해야 한다 273
인간이 지닌 것 중 가장 중요한 것은 혼(魂)이다 279
교육을 통해 올바른 습관과 지혜를 갖게 하라 285
자녀 교육에 반드시 아버지가 참여하라 292
자식들에게 물려주어야 할 것은 금(金)이 아니라 경외(敬畏)다 300
자신에 대한 사랑이 지나쳐서는 안 된다 304
타인을 시기하지 말고 타인의 시기에 굴복하지도 마라 307
참된 삶의 첫걸음은 자신에게 진실한 것이다 312
절제·지혜·용기·건강으로 삶을 지배하라 317
사회의 지속을 위해 출산에 대한 법을 첫 번째로 제정하라 322
자신의 부족함을 채워줄 수 있는 배우자와 결혼하라 330

좋은 부모가 되기 위해서는 조신해야 한다 336
동성애에 관해서는 신중한 접근이 필요하다 340
장례를 치르는 일 역시 검소하고 담대해야 한다 345
먹고 마시고 생식하려는 세 가지 충동을 다스려라 351
이상적인 삶의 조건은 마음의 평안이다 355
누구에게나 삶을 규율하는 일과표가 필요하다 362
개인의 재산권을 보호해 주어야 한다 367
타인의 재산을 침해하는 행위는 악의 근원이다 373
사람은 일단 한 가지 일에 충실해야 한다 378
타인의 재산을 탐하는 것은 영혼을 더럽히는 행위다 384
인간은 자신의 이익에 집착하는 존재다 388
인간성의 한계 때문에 법의 지배는 불가피하다 394
법의 역할은 사람들이 정의를 사랑하게 만드는 것이다 399
세월과 함께 생각은 바뀌므로 단정하지 말자 404
한번 정해진 법이라도 계속해서 개선되어야 한다 408

참고문헌 412
찾아보기 414
그림출처 417

* 일러두기

1. 이 책의 인명과 지명은 가능한 한 이제이북스에서 출간한 〈정암학당 플라톤 전집〉의 표기를 기준으로 따랐습니다.
2. 이 책에 수록된 고전 원전은 장별로 각각 다른 역자의 번역본을 참고하고 있어 그 표현 등에 있어 다소 차이가 있을 수 있음을 미리 밝혀둡니다.
3. 원전의 출처 부분을 밝히는 경우 번역서의 쪽수를 표기하되, 그리스 원전의 형식을 따르고 있는 번역서의 경우 그리스 원전의 출처 부분을 동시에 표시하였습니다.

| 프롤로그 |

소크라테스와 플라톤을 만나다

 ## 소크라테스의 생애

플라톤과 소크라테스 사이에는 40년의 차이가 있다. 플라톤이 소크라테스의 말년에 제자가 되어 8년 동안 배웠기 때문에 두 사람의 만남이 이루어졌던 때는 소크라테스의 나이 60세 전후, 플라톤 나이 20세 전후였다.

학문적으로나 인격적으로 완숙한 경지에 도달했을 60세의 철학자에게 총명하고 예술적 재능이 뛰어난 20세의 젊은이는 어떻게 비춰졌을까? 소크라테스는 8년 간 자신의 곁에서 배우고 익히는 플라톤의 그릇됨을 충분히 짐작했을 것이다. 하지만 자신의 언행이 플라톤에 의해 낱

아테네 아카데미아 앞에 있는 소크라테스 동상

낱이 기록되어 '사후에 영원히 사는 사람'이 되었다는 사실을 미리 알아차릴 수는 없었을 것이다.

두 사람의 만남이 없었다면 우리는 소크라테스의 주옥 같은 지혜를 접할 수 없었을 것이다. 그런 점에서 기원전 407년경에 이루어진 플라톤과 소크라테스의 만남은 세기의 만남이자 인류에겐 커다란 축복이다.

그리스 문화의 절정기를 관통한 청년 시절

소크라테스는 기원전 469년경 아테네에서 석공과 산파의 아들로 태어났다. 양친이 모두 직업을 갖고 있었고 자식 교육에 열성적이었다. 그 덕택에 소크라테스는 경제적으로 여유 있게 성장했으며, 체육과 음악 그리고 시를 비롯한 문학적인 소양도 쌓을 수 있었다.

그의 청년기는 아테네의 황금기인 페리클레스(기원전 495년경~429년)

시대로, 그리스의 3대 비극 시인의 작품들 가운데 다수를 접할 수 있던 시대였다. 『페르시아인』과 『아가멤논』으로 유명한 반전 작가 아이스킬로스, 트로이의 용자인 헥토르의 아내 안드로마케의 비참한 운명을 그린 『안드로마케』의 작가이자 반 스파르타주의자인 에우리피데스, 그리고 『오이디푸스 왕』과 『안티고네』의 소포클레스 등이 소크라테스의 성장기에 왕성하게 작품 활동을 했고, 그들 작품의 일부는 아테네에서 상연되고 있었다.

뿐만 아니라 오늘날 폐허로 남아 있는 파르테논 신전과 페이디아스(Phidias)의 조각품들과 같은 페리클레스 시대의 대 건축물들이 위용을 자랑하고 있었다. 기원전 5세기는 아테네인들에게 전쟁으로 시작해서 전쟁으로 끝나는 세기였지만 동시에 그리스 문화의 아크메(절정)의 시대였다. 덕분에 소크라테스는 인생 전반에 걸쳐 축복에 가까운 문화적 혜택을 누리면서 성장할 수 있었다.

강인한 심신의 소유자였던 '최초의 못생긴 그리스인'

소크라테스는 어떤 사람이었을까? 그리스인들은 아름다운 영혼은 반드시 아름다운 육체와 결합한다고 믿었지만 소크라테스만은 예외라고 생각했다. 그는 아름다운 영혼의 소유자였지만 육체는, 특히 얼굴은 그렇지 못했다. 콧구멍이 얼굴에서 지나치게 큰 비중을 차지했고, 게다가 반쯤은 하늘을 향한 들창코였으며, 미간은 넓고 두 눈은 광채를 발할 정도로 빛났다. 누가 보더라도 잊기 힘들 만큼 독특한 외모를 지녔다. 훗날 니체는 소크라테스를 두고 '최초의 못생긴 헬라인'이라는 표현을 사용하기도 했다.

하지만 그는 육체적으로 아주 건장했다고 한다. 전장에 나간 그는 추운

겨울 날씨에도 입은 옷 그대로 발도 싸매지 않은 채 밖에 나갔고, 신발을 신고 있는 병사들보다 더 쉽게 얼음 위를 걸어다녔다고 한다. 그는 소박한 식사, 절제된 생활, 강건한 체력, 튼튼한 육체를 가진 인물이었다.

결혼은 늦은 편이었는데, 죽임을 당하던 해에 맏아들 람프로클레스가 17세 혹은 18세였던 걸로 보아 50세를 전후해서 결혼한 것으로 보인다. 그는 장남 외에 어린 아들 두 명을 남겼다. 소크라테스의 아내 크산티페는 흔히 악처의 대명사로 인용되곤 하지만, 실은 애정이 깊은 여인이었다. 그녀는 돈에 전혀 관심이 없는 남편을 대신해서 생계를 꾸리느라 적지 않은 고생을 했을 것으로 짐작된다.

참고로 소크라테스가 아주 가난한 생활을 했던 것은 아니다. 그는 아버지로부터 아내와 함께 살 만큼 돈을 물려받았다고 한다. 그가 동시대의 다른 인물들처럼 돈을 벌기 위한 일에 관심을 가질 필요 없이 철학 공부에 몰두할 수 있었던 것은 부모 덕이 클 것이다. 그러나 재산을 물려받았다고 하더라도 가장이 돈벌이가 되지 않는 활동에만 전념하다 보면 가정의 경제가 어려워질 수밖에 없다. 이런 과정에서 이따금 부부 사이에 언쟁이 있었을 수도 있기 때문에 아마도 그녀가 남편에게 바가지를 자주 긁는 인물로 묘사되었을 것으로 추정한다.

하지만 크세노폰의 『메모라빌리아』에 등장하는 소크라테스와 장남 사이의 대화에서 크산티페는 아이의 성장에 깊은 관심을 갖는 사려 깊은 여인으로 묘사되고 있다. 또한 〈대화편〉인 『파이돈』에는 소크라테스가 죽임을 당하던 날 아이들을 안고 와서 마지막으로 남편을 본 다음 가슴을 치며 통곡하는 장면이 나온다. 그녀 역시 남편을 사랑하는 보통의 아내였던 것이다.

청년 지식인들의 우상, 숨을 거두다

소크라테스는 대단한 설득력을 가진 인물이었다. 때문에 그의 강연을 듣고 흠모하는 젊은이들이 점점 늘어났다. 아테네에서 손꼽히는 미남이었던 알키비아데스는 『향연』에서 소크라테스의 설득력에 대해 "내가 들을 때마다 이분의 이야기들로 인해 나는 코뤼바스적 광란에 빠진 자들보다 훨씬 더 심하게 심장이 뛰고 눈물이 쏟아지거든" 하고 말한다. 그는 소크라테스의 이야기를 들을 때는 거의 노예 상태에 놓이게 된다고 말하면서, 이것은 자신만이 경험하는 이례적인 현상이 아니라고 한다. "나는 다른 사람들도 똑같은 일을 겪고 있는 걸 보네"라고 말하면서 페리클레스 같은 정치가이자 훌륭한 연설가의 이야기에서는 좀처럼 경험할 수 없는 감동이라고 평한다.

이러니 아테네에 소크라테스와 철학적 토론을 하고 그를 추종하는 젊은이들이 늘어나는 것은 피할 수 없는 일이었다. 당연히 이런 현상은 보통의 시민들이나 지배 세력의 심기를 불편하게 했을 것이다.

그리스의 신들을 믿지 않고 모욕했으며 젊은이들을 선동한다는 죄목으로 기소되었을 때 소크라테스의 나이는 70세였다. 어린 자식들 때문에라도 웬만한 사람이라면 배심원들의 자비를 구하고 타협할 수도 있었지만, 그는 그런 선택을 하지 않았다.

그는 진실에 대한 굳건한 믿음으로 자신이 무죄임은 물론, 국가는 비용을 들여서 올림픽 대회의 우승자들에게 향응을 베푸는 프리타네이온(도시국가의 시청)으로 자신을 모셔야 한다고 주장했다. 그래서 배심원들을 격노시키고 기원전 399년 결국 사형을 당하고 만다. 그의 우직하고 강건한 성품을 엿볼 수 있는 사건이다. 그는 평소에도 상대방의 지위나 재력 등에 의해 추호도 흔들림이 없는 당당한 인물이었다.

그를 죽인 아테네 시민들은 곧 후회한다. 그의 죽음을 애도하기 위해 많은 시민들이 몰려왔고, 그를 고발한 시인 멜레토스는 사형을 당하며 그를 부추겼던 민주정파의 우두머리 아뉘토스와 류콘은 추방된다. 토머스 마틴은 『고대 그리스의 역사』에서 소크라테스의 사형을 두고 "펠로폰네소스 전쟁 이후 발생한 그리스 역사상 가장 불명예스러운 사건"이라고 평한다. 오늘날 그를 고발했던 인물들은 악인의 대명사가 되었고 어느 누구도 기억하지 않는다. 하지만 소크라테스는 신념을 굽히지 않고 육체의 죽음을 택했지만, 그 명성은 영원히 살게 되었다.

플라톤의 생애

"이 친구가 바로 그 백조였구나!"

플라톤은 기원전 427년 5월 무렵에 태어나서 기원전 347년 80세로 사망했다. 그의 어머니 페리크티오네와 아버지 아리스톤은 잘 알려진 정치 명문가 출신이다. 형제로는 『국가』에 등장하는 동생 글라우콘과 형 아데이만토스, 그리고 여동생 포토네가 있다. 그리고 플라톤의 아버지가 일찍 세상을 떠나는 바람에 어머니가 재혼하여 낳은 동생 안티폰이 있는데, 플라톤의 『파르메니데스』에 등장한다.

플라톤은 소년 시절부터 명민하고 겸손했으며 공부에 대한 사랑과 열정을 갖고 있었다. 명문가 출신답게 어릴 적부터 읽기, 쓰기, 셈하기 등의 교육뿐만 아니라 체육, 음악, 시 등도 배웠다. 그의 명민함에 대해서는 소크라테스의 꿈 이야기가 전해 내려온다.

아테네 아카데미아 앞의 플라톤 동상

어느 날 소크라테스는 자신의 무릎 위에 새끼 백조를 올려놓고 있었는데, 어느새 깃털이 나더니 고운 소리로 울며 높이 날아가는 꿈을 꾸었다. 그리고 다음 날 모임에 참석한 플라톤을 보고 "이 친구가 바로 그 백조였구나!"라고 말했다는 이야기다. 백조는 학문과 예술의 신인 아폴론을 상징하는 동물이다. 플라톤이 소크라테스를 만난 시점은 그의 나이 스무 살 때의 일로, 이후 8년 정도 소크라테스로부터 교육을 받는다.

플라톤이 청소년기에 경험한 펠로폰네소스 전쟁과 그로 인한 정치·사회·경제적 혼란은 그의 정신과 작품 세계에 큰 영향을 미친다.

소크라테스의 죽음부터 첫 번째 시칠리아 방문기까지

한때 정치를 꿈꿨던 플라톤이 정치를 단념하게 된 결정적인 사건은 스승의 죽음이었다. 소크라테스에게 말도 되지 않는 죄목을 씌워 사형에 처하는 것을 보면서 그는 "처음에는 공적 활동에 대한 열정이 넘쳐

흘렀으나, 그러한 것들을 바라보면서 그것들이 완전히 휩쓸려 가는 것을 보고서 급기야 현기증을 느꼈습니다"라고 말한다. 결국 그는 정치 대신 철학자의 길로 들어섰고, 스승의 죽음을 전후해서 자신에게도 위험이 닥치게 될 것을 우려한 나머지 아테네를 떠나 메가라, 이집트, 남부 이탈리아, 시칠리아 등으로 여행길에 오른다.

스승 사후 11년간 그는 〈대화편〉의 집필 및 여행을 하면서 시간을 보내는데, 이 기간에 이루어진 마지막 여행은 기원전 387년, 그의 나이 40세 되던 해에 시칠리아의 시라쿠사를 방문한 일이었다. 시라쿠사의 참주인 디오니시오스 1세(기원전 432년경~367년)의 초대로 방문한 시칠리아에서 평생 교분을 유지하게 될 약관의 디온을 만난다. 디온은 참주의 조카로 플라톤의 사상에 깊이 공감하고 철인이 지배하는 정치를 시라쿠사에서 구현하기 위해 노력했던 인물이다.

그러나 플라톤은 이 여행길에서 자칫 황천길로 갈 뻔한 사건을 경험한다. 당시의 시라쿠사는 아테네에 필적할 정도의 경제력과 규모를 가진 도시국가였다. 『로마인 이야기』의 작가 시오노 나나미가 극찬했던 시라쿠사의 대성당 '피에자 두오모'에는 당시 시라쿠사의 국력과 경제력을 짐작할 수 있는 흔적들이 지금도 고스란히 남아 있다. 그 대성당은 그리스 아테네 신전의 기반석이나 기둥들을 고스란히 사용했는데, 그 거대한 기둥을 보는 것만으로도 입이 벌어질 정도로 그 규모가 엄청나다. 이는 당시 시라쿠사의 경제력을 말해 주고도 남음이 있다.

아테네의 시라쿠사 침공(기원전 415년~413년)을 물리친 헤르모크라테스의 수하로 있다가 정쟁의 와중에 일약 참주 자리를 꿰찬 디오니시오스는 환락에 취해 사는 전형적인 독재자로 잔인하고 의심이 많았다. 플라톤은 그와 대화중에 입바른 소리를 했다가 죽음을 당할 뻔했지만,

디온의 도움으로 가까스로 목숨을 구한다. 화가 난 독재자는 플라톤을 아테네와 전쟁 상태에 있던 아이기나 섬으로 보내버리면서 "올바른 사람이므로 노예가 되어도 행복할 것이다"라는 악담을 퍼부었다. 그렇게 플라톤은 노예가 될 수밖에 없는 상황에 처했지만, 키레네 학파의 소크라테스주의자인 아니케리스가 돈을 지불하고 그를 해방시켜 주었다.

플라톤의 초기 〈대화편〉들은 30대 후반부터 40대 초반에 집중적으로 씌어진 것으로 알려져 있는데, 이때 쓴 책들이 『에우튀프론』 『소크라테스의 변론』 『크리톤』 『카르미데스』 『라케스』 『소 히피아스』 『이온』 『프로타고라스』 『뤼시스』 『대 히피아스』 『에우튀데모스』 『메넥세노스』 『고르기아스』 『국가』 제1권이다.

시라쿠사의 고대 그리스 극장(Teatro Greco) 기원전 5세기 시라쿠사 전성기에 지어졌고 직경 130m의 크기로 자연석을 그대로 파내어 좌석을 만든 극장이다. 보존 상태가 매우 좋으며 객석에서 저 멀리 지중해 바다가 보인다.

아카데미아 창설과 저작 활동에 박차를 가하다

천신만고 끝에 시라쿠사에서 돌아온 플라톤은 기원전 387년 무렵 아테네의 교외에 아카데미아를 세운다. 이 아카데미아는 기원후 529년 유스티니아누스 황제의 명으로 폐교될 때까지 무려 900년간 지속되었다.

스승의 죽음과 시라쿠사 참주와의 만남 등을 통해 플라톤은 자신이 평생 힘써 노력해야 할 일이 철학자들을 양성하는 것이라고 굳게 믿었다. 흔히 아카데미아를 오늘날의 대학과 같은 곳으로 간주하지만, 공동체 생활과 종교적 연대를 통해 이상을 공유하던 중세 대학의 초기 모습과 비슷하다. 이곳에서 교육을 받은 제자들은 스스로 권력자가 되기보다는 권력자에게 자문을 함으로써 더 나은 세상을 만드는 데 일조한다. 참주에게 플라톤 철학을 공부하게 함으로써 온건한 정치체제를 선택하게 한 사람도 있고, 법률 입안에 조언을 아끼지 않음으로써 더 나은 국가를 만드는 데 힘을 보탠 사람도 있다.

플라톤은 학생들을 직접 가르치면서 집필에도 박차를 가한다. 50세에서 60세까지 10년 동안 그의 작품 가운데 가장 빛나는 작품인 『국가』를 저술했다. 이 기간에 쓰인 작품들은 『메논』 『크라튈로스』 『파이돈』 『향연』 『국가』 제2권~제10권 『파이드로스』 『파르메니데스』 『테아이테토스』 등이다.

두 번째 시칠리아 방문에서 죽음까지

그의 나이 60세이자 시칠리아로부터 돌아온 지 20년이 되던 기원전 367년, 플라톤은 다시 시칠리아를 방문한다. 참주가 죽고 그의 아들 디오니시오스 2세가 교육다운 교육을 받지 못한 채 권력을 쥐게 되자 그의 외삼촌 디온이 젊은 참주에게 플라톤을 초청할 것을 강하게 천거했기 때문이다. 그러나 이 방문 역시 기대한 성과를 거두지 못했고, 아테네로 돌아온 해가 기원전 365년이다. 이후 4년 동안 플라톤은 다시 아카데미아에서 교육과 집필에 열중한다.

세 번째이자 마지막인 시라쿠사 방문은 기원전 361년에 이루어졌는데, 당시 플라톤은 두세 명의 제자를 데리고 갔다. 그러나 이 역시 성과를 거두지 못했다. 젊은 참주의 자격 미달 상태를 보고 실망한 채 아테네로 돌아온 것이 기원전 360년이다. 현실 정치에서 새로운 것을 얻으려는 기대를 완전히 버린 시점은 그의 나이 67세 때였다. 그후 80세에 죽음을 맞을 때까지 그는 아카데미아에서 집필과 연구에 전념한다.

플라톤은 평생 독신으로 살았고 솔선수범이란 말 그대로 언행일치를 이룬 사람이었고, 서양 철학사에 타의추종을 불허할 족적을 남겼다. 물론 그의 철학적 업적이 그의 뜻과 무관하게 훗날 전체주의 체제의 이론적 토대에도 활용되었음은 잊지 말아야 한다. 그가 노년기에 쓴 작품들은 『티마이오스』 『크리티아스』 『소피스테스』 『정치가』 『필레보스』 『법률』 등이다.

소크라테스와 플라톤의 시대 상황

그리스 아티카 지방의 중앙에 있는 아테네에 사람들이 이주하여 살기 시작한 것은 기원전 2000년을 전후한 미케네 문명 때의 일이다. 미케네 문명은 기원전 2000년경 그리스 본토에서 꽃피웠던 청동기 문명을 가리킨다. 당시 이미 아테네의 아크로폴리스에는 성벽이 건설되어 군대가 상주하고 근처 주민들에게 군사적 보호처를 제공하고 있었다. 기원전 1200년 무렵 도리스인들에게 쫓긴 그리스인들이 아티카 지방으로 이동하기 시작하다가 기원전 800년 무렵에는 그 숫자가 급증하면서 아테네에는 귀족과 평민 사이에 갈등이 커지게 된다. 역사가들은 이 시기를 두고 '암흑기(기원전 1100년~800년)'라고 부르며, 이 시대의 기록은 우연히 보존된 것을 제외하고는 모두 사라져버렸다.

기원전 8세기 무렵부터 독립적인 소규모 국가인 폴리스(polis)라는 새로운 국가 형태가 등장한다. 그리스인들은 그리스 영토뿐만 아니라 소아시아의 에게 해 연안, 흑해 연안, 시칠리아 섬, 남부 이탈리아에 거주하고 있었는데, 이들이 이 광대한 지역에 건설한 폴리스는 수백 개에 이르렀다.

이 책을 준비하는 동안 나는 고대 그리스인들이 기원전 8세기 무렵 이탈리아의 시칠리아에 개척한 시라쿠사나 기원전 5세기에 개척한 아그리젠토와 같은 도시국가를 방문했는데, 그 규모의 방대함과 화려함에 놀라지 않을 수 없었다. 시칠리아만 하더라도 이들 폴리스 이외에도 세제스타, 셀레눈테, 메타폰토, 그리고 현재 시칠리아 제2의 도시인 카타니아 등에서도 도시국가의 흔적들이 남아 있는 것을 보면 고대 그리스 본국과 소아시아, 이오니아 등에 얼마나 많은 폴리스들이 있었는지 짐작할 수 있다.

오늘날에는 그리스의 폴리스라는 용어를 머리에 떠올리면 가장 먼저 아테네와 스파르타가 떠오른다. 정확한 숫자는 알 수 없지만 기원전 425년 아테네가 주축이 되었던 델로스 동맹의 동맹국 수가 380개 국 이상이었다. 아테네와 스파르타는 예외적으로 큰 폴리스에 속했는데, 아테네는 800평방마일에 시민 2만~4만 명, 시민의 가족 8만~10만 명 및 노예 3만~4만 명을 포함한 총인구 20~30만 명 정도의 규모였다. 하지만 『서양 고대사 강의』의 공동 저자인 김진경의 연구에 의하면 5세기 무렵 일반적인 폴리스는 시민 수가 5,000명(국가 면적 400평방마일)을 넘지 않았다.

 소크라테스가 태어난 때는 그리스의 여러 도시국가들이 연합하여 페르시아 제국의 침입에 맞선 페르시아 전쟁(기원전 492년~448년) 중이었다. 오랜 전쟁으로 아테네는 피폐할 정도로 피폐해졌지만 마라톤 전쟁(기원전 490년)과 살라미스 해전(기원전 480년)에서 그리스인들은 영웅적인 승리를 거둠으로써 페르시아로 대표되는 근동의 전체주의 체제로부터 그리스적인 자유의 이상을 수호하는 데 성공하게 된다. 전쟁의 승리에 기여한 중산 시민과 무산 대중은 정치적 발언권이 강해졌고, 그러면서 아테네의 정치체제는 소수 귀족들이 지배력을 가진 귀족정에서 다수 민중의 지배력 강화를 바탕으로 하는 민주정으로 바뀌게 된다.

 아테네 민주정은 페리클레스 시대에 절정을 이루게 된다. 하지만 아테네가 주축이 된 델로스 동맹과 스파르타가 주축이 되는 펠로폰네소스 동맹 사이에 펠로폰네소스 전쟁(기원전 431년~404년)이 발발했다.

 전쟁 기간 동안 소크라테스는 청년기와 중년기의 중요한 시기를 보내게 된다. 또한 그는 기원전 430년 7월을 시작으로 모두 세 차례에 걸쳐 전투에 참가했다.

 27년간이나 계속된 펠로폰네소스 전쟁과 그 와중에 크게 번진 페스트로 전체 인구의 5분의 1이 목숨을 잃는 등 아테네는 막대한 인적, 물질적 손실을 겪게 된다. 특히 해외 영토의 상실은 아테네의 제국 유지에 일격을 가했다. 뿐만 아니라 승자가 된 스파르타는 그리스 전역에 대한 지배권을 주장하게 되고 아테네 역시 간접적으로 스파르타의 정

파르테논 신전 페리클레스 시대의 기념비적 건물. 아테네 아크로폴리스에 있으며 고대 그리스 문명의 핵심 정신을 상징한다.

치적 영향력 아래에 놓이게 된다.

더욱이 전쟁 중이던 기원전 429년 11월, 페리클레스가 66세의 나이로 사망하자 아테네는 정치적 공백으로 혼란을 거듭하게 된다. 이때 민중의 이익과 아울러 제국의 유지를 위해 호전적인 정책을 부르짖는 민중 지도자들 즉, 데마고고스(demagogos)들이 다수 등장한다. 이들은 과거의 정치 지도자들의 생각이나 행동이 귀족적이었던 데 반해서 일반 민중이 친근감을 느낄 수 있었다. 예를 들어, 클레온은 제혁업자, 클레오폰은 악기 제조업자, 히페르볼로스는 램프상 아들이었다.

급진적인 민주정과 데마고고스의 출현은 정치적으로 소외된 귀족들에게 강한 반발을 불러일으켰다. 결국 기원전 404년~403년 사이에 크리티아스 등의 주도로 과두주의적 정변(과두정은 혈통과 재산을 중시, 귀족정은 세습적인 혈통을 중시하지만 두 가지 모두 소수의 능력 있는 자들의 지배를 정당화함)을 일으켜 30인 과두정을 탄생시키게 된다. 하지만 한 해 만에 트라쉬불로스에 의해 이루어진 대담한 쿠데타로 민주정이 회복되기도 했다. 그러나 민주정도 기대한 대로 운영되지 않았으며, 이 민주정 아래에서 소크라테스가 죽임을 당하게 된다. 30인 과두정이 몰락한 이후 정치적으로 가장 영향력 있는 인물 가운데 한 사람으로 부상한 아뉘토스가 소크라테스를 고발한 세 사람 중 하나였다.

여기서 주목할 만한 대목은 아테네 정치에서 민중파와 과두파 사이의 대결 구도가 본격적으로 출범한 시기가 기원전 411년이란 점이다. 펠로폰네소스 전쟁 중에 스파르타의 동맹 국가인 시칠리아의 시라쿠사를 점령하기 위한 시칠리아 원정(기원전 415년~413년)이 감행되는데 실패로 끝나고 만다. 그로 인한 실망감, 전쟁의 고통 속 농민들의 반발이 커지는 가운데 민주정에 대항해 짧은 기간 동안 과두파가 정권을 잡고 400인회를 수립한다. 그러나 이 역시 민중들의 반발로 실패하고 말았다. 두 차례(기원전 411년의 400인회와 기원전 404년의 30인 과두정)의 정변의 실패 때문에 아테네에선 어느 누구도 감히 민주정을 전복시키고 과두정을 꿈꾸지 않게 되었다.

그 사이 경제적인 문제도 만만치 않았다. 아테네는 빈부간의 갈등이 심화되고 이를 해결하기 위한 방법을 둘러싸고 부자와 빈자 사이에 커다란 간격이 생겨나게 된다. 빈자들은 부를 질시하고 부자들은 명예롭게 여기던 공역의 의무를 부담스럽게 여기게 된다. 당시에 이미 재산을 가진 사람과 갖지 못한 사람의 대결 구도가 시작된 점은 흥미롭다. 또한 폴리스 구성원들 사이에 유대 관계가 허물어졌고, 정치·군사·행정 등에서 전문화된 직급들이 등장하게 된다.

한편 전쟁이 끝난 이후 기원전 4세기에 그리스는 새로운 지역적 갈등과 긴장에 빠져들게 된다. 스파르타와 테베가 잠깐 동안 패권을 쥐는

데 성공하고 아테네 역시 가끔 두각을 나타내기도 했다. 그 밖의 도시들도 패권 경쟁에 뛰어들며 긴장이 계속되었다. 아테네는 끊임없이 제국 복원에 대한 시도를 하게 된다. 기원전 390년에 아테네인은 에게 해의 세 섬인 렘노스, 임브로스, 스키로스를 되찾는 데 성공한다. 또한 그리스 열강들과 동맹을 맺어 제국 복원을 위한 목적으로 다양한 전쟁을 치르게 된다. 코린토스와 테베가 동맹해 스파르타를 상대로 코린토스 전쟁(기원전 395년~386년)을 일으키고, 기원전 370년대는 제2차 해상 동맹을 결성하여 스파르타에게 맞서기도 했다.

당시 해상 동맹에 참가한 도시국가의 수가 70여 개국까지 늘어나지만 스파르타가 기원전 371년 레욱트라 전투에서 패배한 이후 동맹국들 사이에 이해관계의 충돌이 발생하게 된다. 그 결과 아테네는 기원전 355년에 사실상 동맹 정책을 포기함으로써 아테네의 제국 정책은 위축된다.

그리스의 도시국가들은 오랜 전쟁을 겪으면서 국력을 소진하고 정치적으로 무기력한 세력으로 전락하게 되면서 기원전 350년대 중반이 되면 왕년의 그리스 강국들은 모두 이류 국가가 되고 만다.

마침내 그리스의 도시국가들을 대체할 수 있는 새로운 국가가 등장하는데, 이 나라가 훗날 알렉산드로스 대왕의 출생지인 마케도니아다. 기원전 359년에 필리포스 2세가 마케도니아 왕국의 왕위에 오르면서 그리스 지역을 향한 팽창을 시작한다. 그리고 기원전 346년이 되면 그리스에서 마케도니아 왕국과 대적할 국가는 존재하지 않게 된다. 그리스의 도시국가 내부에서는 기원전 340년대 말까지 필리포스를 어떻게 대할 것인가를 두고 화해를 주장하는 측과 전쟁을 주장하는 측 사이에 충돌이 일어난다. 전쟁을 주장하는 측의 승리로 기원전 340년부터 아테네는 필리포스 왕과 전쟁을 전개하지만 기원전 338년 카이로네이아 전투에서 패배함으로 아테네인의 고전기 역사는 막을 내린다. 스파르타를 제외한 모든 도시국가들이 마케도니아의 지배하에 들어가게 된다.

아테네에서는 사물이나 자연 현상의 근본을 탐구하는 철학이 기원전 6세기경부터 싹트기 시작했다. 처음에 철학자들은 주로 자연을 관찰과 대상으로 삼았지만, 1세기 후 소크라테스가 활동하던 시기엔 관심이 인간으로 옮겨가고 있었다.

이런 활동에 큰 역할을 했던 인물들이 바로 '지혜를 파는 사람'으로 불렸던 '소피스트(소피스테스)'들이다. 이들 가운데 대표적인 인물이 '만물의 척도는 인간이다'라는 말로 유명한 프로타고라스이다. 이들이 왕성하게 활동했던 시기는 기원전 5세기 무렵부터 그 이후 40년 동안이다. 한때 소크라테스는 히포크라테스에게 "소피스트란 영혼의 양식이 되는 것을 상품화하여 도매, 또는 소매로 파는 자인 듯하다"라고 불만을 토로한 적이 있다.

플라톤은 아테네의 영광으로부터 펠로폰네소스 전쟁을 거치면서 아테네가 이류 국가로 전락하는 혼란기를 살았다. 감수성이 예민한 청년기에 목격한 참혹한 전쟁과 무자비한 전염병으로 인한 죽음, 아테네 사회의 혼란상은 플라톤으로 하여금 이상 국가에 대한 염원과 해결책을 생각하도록 만들었을 것이다. 또한 계층간에 이익이 첨예하게 충돌하는 현상을 목격하면서 플라톤은 계층들이 저마다의 일에 집중하고 사회 전체로는 안정과 조화를 이루는 것에 큰 가치를 두어야 한다는 구상을 가지게 되었을 것이다.

역사학자 존 R. 헤일은 플라톤이야말로 '아테네 황금기의 부활을 대표하는 인물이자 모든 도시를 통틀어 가장 걸출한 지성'이라고 표한다.

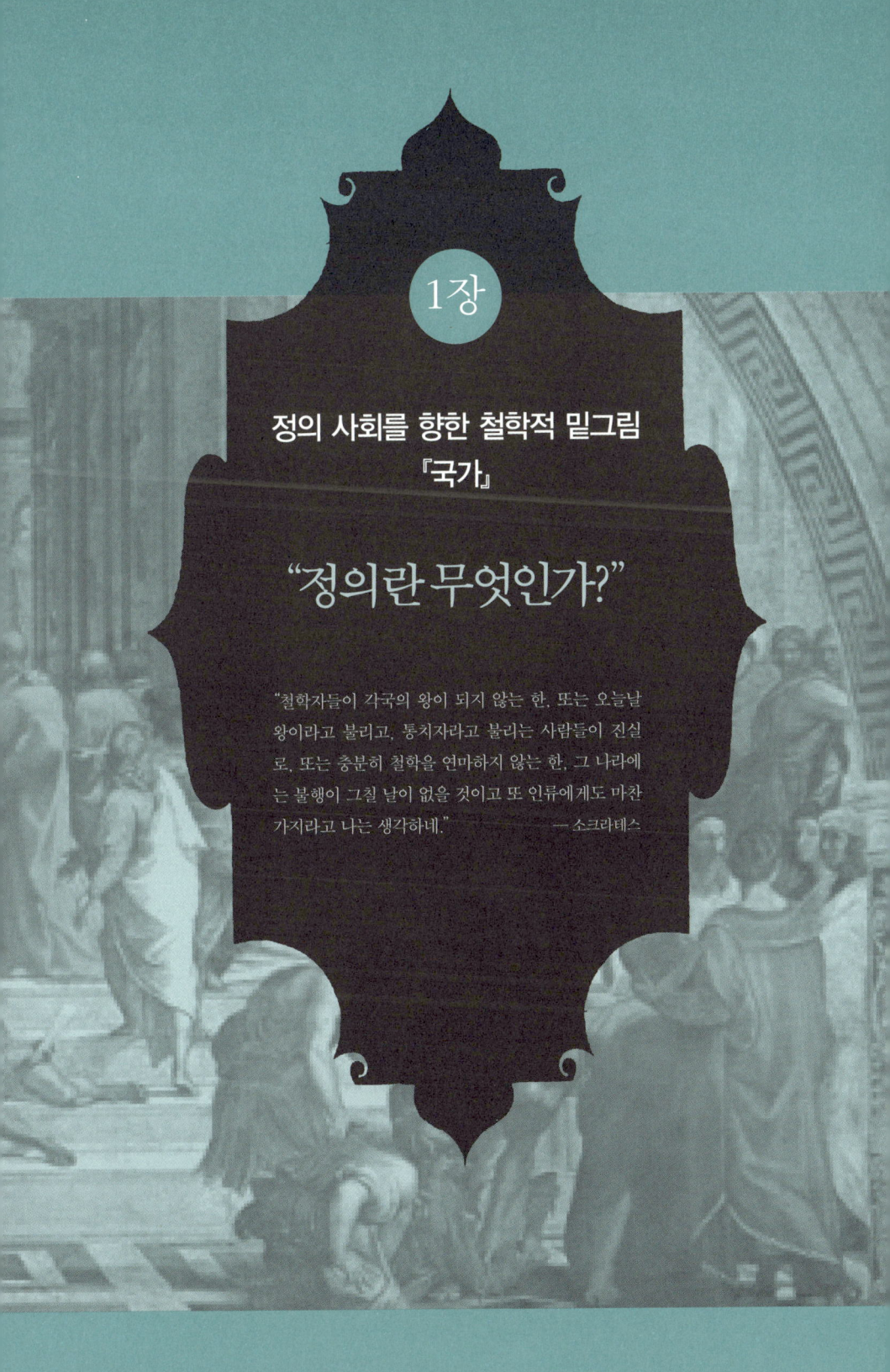

1장

정의 사회를 향한 철학적 밑그림
『국가』

"정의란 무엇인가?"

"철학자들이 각국의 왕이 되지 않는 한, 또는 오늘날 왕이라고 불리고, 통치자라고 불리는 사람들이 진실로, 또는 충분히 철학을 연마하지 않는 한, 그 나라에는 불행이 그칠 날이 없을 것이고 또 인류에게도 마찬가지라고 나는 생각하네."
— 소크라테스

CLASSIC BRIDGE

우리 안의 탁월함을 찾아서

오십 세. 내게는 매우 의미 있는 시점이다. 공자는 오십을 지천명(知天命)이라고 했다. 하늘의 뜻을 알다. 이것이 과연 무슨 의미일까? 이는 나 자신에 대한 이해는 물론 하늘이 이 세상에 부여한 원리, 세상에 대한 깊은 뜻을 헤아리는 단계가 되었다는 뜻이다. 마흔까지가 학문을 닦고 세상에 나가며, 뜻을 세우고 세상의 유혹에 흔들림 없이 걸어가기 위해 노력하는 주관적인 세계라면 쉰, 곧 지천명부터는 나를 포함한 이 세계에 대한 보다 객관적이고 보편적인 지혜와 이해를 갖출 나이란 뜻이기도 할 것이다.

그런 의미에서 다시 한 번 물어본다. 지금까지 내가 걸어온 길이 내게 주어진 하늘의 뜻인가. 그리고 내가 속한 이 세상을 어떻게 이해하고 바라보아야 할까. 이런 고민이 무르익고 삶을 돌아보는 시점에서 만난 책이 바로 플라톤의 『국가(*Politeia*)』이다. 청소년기부터 늘 추천 도서 목록에 빠지지 않았던 고전 중의 고전이라 할 이 책을 지금까지 제대로 '엉덩이를 붙이고 앉아' 완독해 본 기억이 아득하다. 위대한 철학자의 역작을 인생의 전환점에서 다시 읽게 되니 그 맛이 다르고 깨우치는 바가 남달랐다.

『국가』는 플라톤의 후기 〈대화편〉으로 오랜 세월 동안 철학과 정치이론에 큰 영향을 끼쳐왔다.

내가 이 책에 몰입하게 된 데는 특별한 이유가 있다. 불교에서는 모든 만남과 헤어짐이 인연에 따른다고 한다. 그런 식으로 보면 『국가』는 나와 꽤 인연이 많은 책이다. 플라톤이 『국가』를 쓴 것은 50대(기원전 380년~370년) 무렵이었다. 내가 『국가』를 새로운 시각으로 그 깊고 넓은 의미를 음미하며 다시 읽은 것도 막 50대에 접어들 무렵이었다.

플라톤이 『국가』를 집필한 때에는 펠로폰네소스 전쟁이 끝난 다음이라 그리스 사회가 굉장히 혼란스러웠고 민심도 흉흉했다. 철학자와 같은 당대의 지식인은 그런 시대에 어떤 생각을 했을까. 아마도 이렇게 물었을 것이다. 도대체 정의란 무엇인가. 사람이 모여 사는 커다란 조직 내에서 그 지향점은 무엇이고, 그에 속한 개인은 무엇을 해야 하는가.

지금의 우리나라도 정치적으로 사회·경제적으로 매우 혼란스러운 상황이다. 특히 꾸준한 경제 성장에도 불구하고 더 이상 생활이 나아지지 않는다고 분노하는 사람들과 미래의 희망을 찾을 수 없다고 불안해하는 사람들이 늘어나고 있다. 때로는 우리 사회가 점점 분노를 자주 분출하고 분노를 부추기는 사회로 가고 있는 것은 아닌지 걱정이 앞설 때도 있다.

최근까지 뜨겁게 불고 있는 '정의 열풍'은 이런 사회상을 반영하는 것이다. 나는 사람들이 왜 마이클 샌델의 『정의란 무엇인가』에 열광하는지 궁금했다. 그러기 위해 정의 혹은 올바름이라는 주제로 가장 먼저 이야기한 사람이 플라톤이니, 그의 책을 읽어봐야겠다는 생각이 들었고, 그 본격 시도가 『국가』였다. 후대에 의하여 '정체 혹은 올바름에 관하여(Politeia ē peri dikaiou)'라는 부제가 붙은 플라톤의 『국가』를 읽으면서 내가 만난 것은 고대 그리스가 아니라 21세기를 살고 있는 대한민국이었다.

플라톤의 다른 〈대화편〉과 마찬가지로 이 책에서도 플라톤 자신은 등장하지 않는다. 모두 10권으로 구성된 『국가』는 처음부터 끝까지 50대 후반으로 추정되는 소크라테스의 입을 통해 서술된다. 또한 작품의 배경이 되는 특정 장소와 시간을 설정하고 자신이 잘 아는 주요 등장인물들을 선정함으로써 철학 이야기를 한 편의 드라마처럼 재미있게 끌어간다.

소크라테스는 플라톤의 형인 글라우콘과 함께 아테네에서 남서쪽으로 7킬로미터쯤 떨어진 피레우스 항을 방문한다. 벤디스 여신에게 제례를 올리기 위해서였다. 참배를 마치고 돌아오던 길에 소크라테스는 폴레마르코스의 간절한 청으로 무기 제조공인 늙은 케팔로스의 집을 방문한다. 케팔로스는 시칠리아의 시라쿠사 출신으로, 상당한 재산을 축적한 부자였다. 폴레마르코스는 그의 장남으로, 훗날 펠로폰네소스 전쟁이 끝날 무렵인 기원전 404년~403년 사이 아테네에 들어선 30인 과두정에 의해 재산을 몰수당하고 처형당한다.

소크라테스의 죽음이 전쟁 후 3~4년이 지난 시점임을 고려하면, "불사의 신들조차도 운명은 거스를 수 없다"는 그리스인들의 격언을 생각하게 된다. 이 날의 만남 이후 10여 년이 지났을 때 두 사람 모두

죽임을 당하였기 때문이다.

그날 케팔로스의 집에는 폴레마르코스의 형제 뤼시아스와 에우튀데모스, 칼케톤 출신의 이름난 소피스트인 트라쉬마코스, 파이아니아 구의원 칼만티데스, 아리스토니모스의 아들 클레이톤 등이 모였고, 이 책은 그들과 함께 나눈 대화를 담고 있다.

『국가』에서 예리한 질문을 주도적으로 던지는 인물은 플라톤의 작은형 글라우콘이고, 이야기가 중단되지 않도록 적절한 보충 질문을 던지는 사람은 큰형인 아데이만토스다.

플라톤의 흉상 그리스 원본을 로마 시대에 복제한 것. 파리, 루브르 박물관.

책은 소크라테스가 폴레마르코스의 아버지 케팔로스와 노년, 건강, 은퇴, 돈에 관해 가벼운 대화를 주고받는 것으로 시작된다. 그러나 이어서 정의(올바름)란 무엇인가, 이상 국가의 조건에 대해 뛰어난 통찰력과 다양한 의견과 사례를 제공한다. 나아가 이상 국가를 다스리는 철인 군주와 교육 방법, 이데아, 시의 역할과 영혼의 불멸성까지 교육학, 철학, 인식론, 예술론에 해당하는 심도 있는 여러 가지 주제들을 다룬다.

재산 공유와 같은 주장 때문에 훗날 엉뚱한 의도로 악용되기도 하지만, 당시 시대상을 생각하면 그의 주장들이 가진 한계점들은 이해할 수 있다.

이 책이 다루고 있는 두 가지 핵심 주제는 '개인 차원의 정의론'과

'국가 차원의 정의론'이다. 누구든 정의로운 삶과 정의로운 국가에 대한 의문을 갖게 마련인데, 이 두 가지 질문에 대해서 플라톤은 명료한 답을 제시하고 있다. 그는 각자가 자신의 직분을 최대한 충실히 수행하는 것을 정의로 규정한다.

그런데 당대의 국가론을 현재의 국가에 그대로 적용하려고 하면 안 될 것 같다. 책 제목 『국가(Politeia)』의 기원이 되는 'police'는 바로 고대 그리스의 '도시국가'를 뜻하는 것으로 오늘날 우리가 말하는 국가(nation)와는 그 규모나 특성에서 분명한 차이가 있다. 책을 다 읽어갈 무렵, '국가'라고 번역되는 제목이 현대인들의 일독을 막는 하나의 벽을 만든 것은 아닐까 하는 생각이 들었다.

일단 플라톤이 『국가』에서 가정한 사회는 닫힌사회이다. 플라톤 시대의 사회는 근본적으로 계급사회로, 계급이 상당 부분 정체되어 있는 사회였다. 플라톤이 이상적으로 생각한 것도 닫힌사회였다. 칼 포퍼는 『열린사회와 그 적들』이라는 책에서 플라톤을 신랄하게 공격한다. 왜냐하면 플라톤이야말로 '유토피아적 공학(Utopia engineering)'의 창시자이기 때문이다. '유토피아적 공학'이란 '점진적 공학(Piecemeal engineering)'에 반대되는 개념으로 강력한 힘을 가진 소수의 지도자들이 한 사회에 대한 비전이나 청사진을 갖고 혁명적 조치를 통해 사회를 이상적으로 개조할 수 있다고 주장하는 것이다. 여기서 훗날 공산주의 혁명의 뿌리를 찾을 수 있다.

그러나 칼 포퍼는 '사회 생활이란 너무 복잡하므로, 전체적 규모의 사회 공학을 위한 청사진에 대해서는 거의 아무도, 어쩌면 전혀 그 누구도 판단할 수 없다'는 점과 아울러 '대규모 공학에 필요한 사회학적 지식은 전혀 존재하지 않는다'는 점을 들어 플라톤적 접근 방식을 반박한다. 오히려 점진적 공학자들이 추구하는 방식 즉, '최대의 궁극적 선을 추구하고 그 선을 위해 투쟁하기보다는, 사회 최대의 악과 가장 긴급한 악을 찾고 그에 대항해서 투쟁하는 방법'에 손을 들어준다.

한편 플라톤이 『국가』에서 말하는 '국가'는 지금의 국가 단위와는 규모나 형태가 다르다. 당시 도시국가의 규모는 평균적으로 시민의 수가 5,000명 정도의 조직에 불과했다. 지금으로 치면 현대의 지방 소읍이거나 대기업 정도의 조직이다. 이 정도 단위의 조직에서는 플라톤의 국가 원리, 지도자론이 효과적으로 적용될 수 있다. 그중 아테네는 예외적인 도시국가로『서양고대사강의』(김진경 외)에 의하면 2만~4만 명에 이르는 시민에다 거류외인과 노예를 포함해서 전체 주민의 수가 무려 20만~30만 명에 이르렀다고 한다. 그렇다고 하더라도 현대적 개념의 '국가'에 비하면 상당한 차이가 있다.

플라톤 당시의 도시국가는 계급주의의 닫힌사회였지만 오늘날 국가는 그보다 훨씬 규모가 큰 사회로 열린사회 개념이 적용되어야 한다. 바깥세상과 훨씬 더 많은 교류와 사회적 이동이 존재하기 때문이다. 즉 보다 확장된 질서가 적용되어야 할 대상이다.

그래서 나는 『국가』를 읽으며 제목에서 뜻하는 것처럼 '나라'나 '국가'라는 개념에 갇히지 않고 현대의 대기업이나 지방자치단체와 같은 조직으로 맥락을 살피며 읽었다. 또 국가의 지도자들을 정치인과 같은 관료의 개념에서 확대해 대기업 등의 조직 리더들로 적용해 읽었다. 그랬더니 전혀 무리가 없었고, 오히려 더 들어맞는 부분이 많아 놀랍기도 하였다.

이는 일반적인 정통 철학에서의 『국가』에 대한 해석과는 상당 부분 차이가 있을 수 있지만 오히려 2,500년이란 시간의 간극을 메우고 진정으로 현대인들이 플라톤을 자기 삶 속에서 만날 수 있는 방법이라고 생각한다. 그런 경우 플라톤의 이상 사회에 대해서도 보다 정확하게 읽을 수 있을 것이다.

플라톤이 이야기하는 이상 사회는 말 그대로 너무 '이상적'이어서 지금 현실에서는 불가능할지도 모른다. 그러나 현실과 이상 사이의 거리를 좁히고, 현재를 되돌아보는 계기를 제공한다는 점에서 매우 걸출한 작품이라고 할 수 있다. 왜냐하면 살면서 우리가 어디로 가야 하는지, 무엇을 개선해야 하는지에 대해서 의미 깊은 시사점을 던져주기 때문이다.

『국가』는 플라톤의 다른 〈대화편〉에 비해서 그의 철학을 체계적으로 잘 정리한 책이다. 또한 플라톤의 사상적인 부분에서 마지막 작품은 아니지만 그의 철학을 가장 많이 이해할 수 있는 책이기도 하다.

또한 다른 〈대화편〉들이 은유적인 표현이 많이 사용되는 데 반해서 『국가』는 상대적으로 명쾌한 메시지를 담고 있기에 쉽게 읽힌다. 정독할 가치가 충분한 멋진 책이다.

흥미롭게도 나는 이 책에서 자기계발서적인 요소를 발견할 수 있었다. 제목이 『국가』이다 보니 이 책이 국가에 대한 정치학 책이라고만 생각하기 십상인데, 실질적으로 국가의 구성원들이 어떻게 처신해야 하는가, 어떻게 살아야 되는가 하는 부분이 주를 이룬다.

올바른 국가(조직)란 무엇인가도 중요하지만, 올바른 국가 이전에 올바른 개인이란 무엇인가, 올바른 삶이란 무엇인가를 다루고 있다. 때문에 이 책을 이해하면 할수록 인간에 대한 깊은 메시지를 발견하게 된다. 훌륭한 조직이 있기 위해서는 훌륭한 개인이 있어야 하고, 이들이 모여 살 때 이를 효과적으로 이끌 수 있는 지도자가 있어야 할 것이다.

결국 어떻게 사는 것이 훌륭하게 사는 것이냐라는 문제를 되새기게 한다. 현대적으로 보면 국가는 물론 기업의 지도자론이라고 해도 손색이 없다. 그런 면에서 『국가』는 멋진 리더십 교과서이기도 하다.

앞에서 설명한 대로 '열린사회'에 반대되는 의미로 흔히 플라톤은 '닫힌사회'를 옹호한 철학자로서 비판받아 왔다. 2,500년이라는 세월을 뛰어넘어 살아남은 그의 메시지에서, 빛은 빛대로 어둠은 어둠대로 가려서 택할 건 택하고 버릴 건 버리면 될 것이다.

* 이 장의 원전 인용문의 출처는 왕학수 번역의 『소크라테스의 변명/국가/향연』(동서문화사, 2007)입니다.

강자의 이익을 위하는 것이 정의는 아니다

"헌데 조금 더 여쭈어보아도 될까요? 선생께서 재산을 많이 가지고 있기를 잘했다고 생각한 것 가운데 가장 큰 비중은 무엇입니까?" (……)
"내게 돈의 소유가 최대의 가치를 갖는 것은 다음과 같은 옳은 일(정의로운 일)을 하는 경우라고 생각되오. 물론 모든 사람에게 적용된다는 것은 아니고, 훌륭하고 착실한 사람에게만 해당되오만. 즉, 돈이 있으면 본의 아니게 남에게 거짓말을 한다든가 속이는 일이 없게 되지요. 또한 신께 공양도 하지 않고, 혹은 남에게 돈을 꾼 채 불안한 마음으로 죽는 일에서 벗어날 수 있지요." (……)
"그리고 또 트라쉬마코스, 일반적으로 어떤 종류라도 지배적 지위에 있는 자는, 적어도 지배자인 한은 결코 자기를 위한 이익을 생각하지도 않거니와 명령하는 일도 없으며 지배당하는 측, 자기 일에 미치는 대상자들의 이익을 생각하고 명령하는 것일세. 그리고 그 언행의 전반에 있어서 그의 눈은 자기 일의 대상인 피지배자와, 또 그들에게 이익이 되는 일, 적합한 것 쪽으로 돌려지고 있는걸세." (제1권) pp.60~61, p.83

"정의롭지 않습니다"라는 말이 우리 사회에 부쩍 늘어나는 이유는 무엇일까? 우리의 부패지수가 OECD 가입 34개국 중에서 27위로 하위권에 속한 것(국제투명성기구 발표)은 이 사회에 올바르지 않은 룰과 관행이 공공연하게 뿌리 내리고 있음을 말해 주는 것은 아닐까?

『정의란 무엇인가』라는 책으로 전 세계를 비롯 대한민국에 정의 논의의 불씨를 당겼던 마이클 샌델 교수는 한 인터뷰에서 한국에서 자신의 책이 잘 팔린 이유를 묻는 질문에 이렇게 답하였다. "정치가 경제 문제에만 초점을 맞추다 보니 풍요로울수록 사람들은 공허함을 느끼게 되었습니다. 미국처럼 한국 사회에서도 경제적 성취를 넘어 정의나 공동선과 같은 삶의 본질적인 문제와 논의에 대한 배고픔이 있다는 겁니다."

어쩌면 우리가 다시 고전과 같은 철학 공부를 통해 다시 삶과 세상의 본질을 궁구해야 하는 이유도 이러한 본질적 가치가 흔들리고 있기 때문인지도 모른다. 그렇다면 정의와 올바름의 가치에 대해 어떻게 정의(定義)내릴 수 있을까. 나는 이러한 의문을 품고 2,500년 전의 '정의 논쟁' 속으로 걸어들어갔다.

아테네와 긴 성벽 회랑으로 연결된 피레우스 항에 있는 폴레마르코스의 집. 폴레마르코스의 간청에 의해 이곳을 방문한 소크라테스와 집주인인 늙고 부유한 케팔로스 사이에 노년에 대한 대화가 오고간다. 소크라테스는 노인에게 '노년이 되면 어떻습니까?' 하고 진지하게 묻는데, 여기서 오가는 이야기들이 그냥 넘어가기엔 아까울 정도다.

소크라테스의 질문에 대해 답을 하던 중에 케팔로스의 입에서 '올바름(올바른 상태, 正義, dikaiosynē, justice)'이라는 단어가 등장한다. 예컨대, 소크라테스가 재산을 많이 가지고 있기를 잘했다고 생각하는 점이 무엇이냐고 묻자, 케팔로스는 "내게 돈의 소유가 최대의 가치를 갖는 것은 다음과 같은 '옳은(올바른 상태, 정의) 일'을 하는 경우라고 생각되오"라고 말한다. 그는 돈이 있으면 남에게 거짓말을 하거나 남을 속이는 등의 일을 할 필요가 없을 뿐만 아니라 "부(富)는 사리를 분별할 줄 아는 사람에게 최대의 효용을 갖는다"고 이야기한다.

참고로 이 책에서 '정의' '올바름' 혹은 '올바른 상태'를 섞어서 사용하는데 같은 뜻으로 받아들이면 된다. 지금까지 대부분의 번역자들은 '정의(正義)'라는 용어를 즐겨 사용해 왔는데 성균관대학교 명예교수인 박종현 교수는 '정의'라는 말 대신 '올바름(dikaiosynē)'을 고집한다. 사실 정의라는 용어만으로 의미 전달이 충분치 못하는 경우가 자주 발생하기 때문에 '올바름'을 기본으로 하고 '정의'를 보조적으로 사용하는 것이 바람직하다고 본다. 그러나 정의라는 용어가 워낙 우리들의 의식에 깊이 뿌리내리고 있기 때문에 올바름과 정의를 편의에 따라 번갈아 사용할 수밖에 없다.

한편 케팔로스가 물러난 후 '정의(올바름)란 무엇인가?'에 대해 본격적인 대화가 시작된다. 우선 두 가지 의견을 살펴보자.

첫째, 폴레마르코스는 "친구에겐 착한 일을 베풀고 원수에겐 나쁜 일을 하는 게 정의다"라고 말한다. 이런 정의는 당시의 아테네인들 다수가 공유하는 정의관이었다. 그러나 소크라테스는 여러 가지 예를 들어가면서 "폴레마르코스여, 상대가 친구이건 누구건 무릇 사람을 헤친다는 것은 옳은 소행이 아니라, 그 반대되는 성격의 사람, 즉 부정한 사람의 짓이란 말이오"라고 폴레마르코스의 정의관에 문제가 있음을 지적한다.

둘째, 트라쉬마코스는 이익을 위해 지식을 파는 소피스트답게 "정의는 강자의 이익이다"라고 강하게 주장한다. 이때 트라쉬마코스는 소크라테스가 타인을 설득하는 방법에 화가 난 나머지 목소리를 크게 높여서 이야기한다. 그러자 소크라테스는 상대의 분을 녹여주려는 듯 차분하게 이야기하는데, 모욕에 가까운 공격을 받았음에도 상대방의 체면을 세워주면서 점잖게 잘못을 지적하는 소크라테스의 태도와 화술이 실로 대단하다. 소크라테스가 진리에 대해 겸허한 마음을 갖고 있으며, 인간적으로 어떤 사람인지를 알 수 있는 대목이다. 플라톤의 기억 속에 남아 있는 스승의 모습이 그러했을 것이다.

트라쉬마코스는 어느 나라에서든 강한 자들이 자신들에게 이익이 되는 법률을 제정한 다음 어기는 자들을 범죄인으로 처벌하므로 강한 자의 이익이 되는 일이 곧 정의라고 주장한다.

트라쉬마코스가 이런 주장을 편 것은 고대 그리스의 도시국가들 중에 참주제를 택한 나라들이 있었기 때문으로 보인다. 참주제에서는 특정인이 정권을 잡은 다음 독재 권력을 행사하며 권력자와 그 측근들이 자신들의 이익을 위해 시민들을 수탈하는 경우가 종종 발생했기 때문에 자연스럽게 '정의는 강자의 이익이다'라는 생각이 비롯되었을 수 있다. 트라쉬마코스가 자신의 주장을 뒷받침하는 근거는 이렇다.

"지배 계급이라는 것이 각기 자신들의 이익에 맞게 법률을 제정합니다. 예를 들어, 민주제의 경우라면 민중 중심의 법률을 제정하고, 참주제의 경우라면 참주 중심의 법률을 제정하며, 그 밖의 정치 형태의 경우도 마찬가지죠. 그들은 그러한 법률을 제정한 뒤에 곧바로 자기들의 이익이 되는 일이야말로 피지배자들에게도 옳은 일이라 선언하고, 이걸 어긴 자를 법률 위반자, 부정한 범죄인으로 처벌을 합니다." (제1권) p.75

그러나 참주제에서 참주와 그 측근들이 갖는 정의에 대한 견해가 정의에 대한 일반적인 견해가 될 수 없다. 이러한 트라쉬마코스의 주장에 대해 소크라테스는 병을 고치는 의사는 자신의 이익보다는 환자를 보살피는 것을, 배를 모는 선장은 자신의 이익보다는 배에 탄 사람들의 이익을, 말을 다루는 마술(馬術)은 말의 이익을 우선시한다고 반박한다.

그리고 "지식이란 어떤 지식이든 결코 강한 자의 이익이 되는 사항을 고찰하는 것이 아니라 약한 자의, 자기가 지배하는 상대자의 이익이 되는 것을 고찰하는 것이겠지"라는 말로 정의는 강자의 이익을 위한 것이란 주장에 의문을 던진다. 그리고 트라쉬마코스는 제한된 몇몇 경우만을 근거로 전체인 양 말하는 '일반화의 오류'에 빠져 있다고 지적한다.

결국 소크라테스는 이익이란 자신이 기술을 베푸는 대상에 대한 헌신과 기여의 결과물로서 거둘 수 있다고 말한다.

이 같은 메시지가 정의에만 해당되는 이야기는 아닐 것이다. 흔히

'돈을 좇으면 돈을 벌 수 없다'거나 '돈은 발이 여섯 개라서 좇으면 좇을수록 자꾸 멀어져간다'는 말들을 한다. 돈이나 명성은 그것 자체로 추구하는 목적이 되었을 때는 오히려 얻기 힘들다. 노력하다 보면 그런 것들이 저절로 따라오는 것이다. 그러면 누구를 위해 노력해야 하는가? 자신의 기술이나 상품을 사용하는 사람들을 대상으로 해야 함은 물론이다.

제아무리 '승자 독식 사회'라 할지라도 엄연히 경쟁이 존재하는 시장에서는 상대방을 수탈하면서 오랫동안 시장에서 우위를 차지할 수 있는 조직이나 사람은 거의 없다. 마찬가지로 선거를 통해 권력 교체가 인정되는 체제라면 지배자가 수탈을 위해 지식을 사용하는 것은 스스로 무덤을 파는 일이다. 언론이나 지식인들을 탄압하여 자신들의 권력 추구를 공고히하려 했던 동서고금의 역대 정권에서 그 끝이 좋았던 경우는 거의 없었다.

정의가 강자의 이익을 위한다는 말에는 동의할 수 없다. 하지만 어떤 이들은 그것은 이상일 뿐 현실 속에서 정의는 이미 강자의 이익이라는 논리대로 움직이고 있다고 항변할 수도 있다. 또한 그 스스로 힘을 가진 자들 중에는 자신의 이익이 곧 정의라고 생각하는 부류들도 분명 존재한다.

사실 의사는 환자의 이익을 보호해야 하고 관료는 공공의 이익을 보호해야 하는 것이 정의라고 말하지만, 현실 세계에서 그 반대로 이루어지는 경우가 있다. 세상이 그만큼 불안정한 것이다. 이뿐만 아니라 상당히 많은 부분들이 비합리적인 기준에 따라 움직인다. 안타깝게도 우리 사회는 사회적으로 수직적 위계질서가 강하고 갑과 을의 관계가 명확하기 때문에, 갑과 을의 거래 관계를 비롯해 사회 전반에서 합리성보다는 힘의 논리에 의해 움직이는 경우가 비일비재하다. 약탈적인 성격이 여전히 많이 남아 있는 것이다. 정규직과 비정규직, 대기업과 중소기업, 모기업과 협력업체, 관료와 민간 등에서 관찰할 수 있는 불합리하고 불공정한 사례들은 우리 사회에 깊게 배어 있는 이러한 '수직적 질서'를 반영한다. 그렇기에 사람들이 상대적으로 우리 사회가 정의롭지 못하다는 인식을 가지기 쉽다.

소크라테스는 정의란 강자가 누군가에게 기여한 대가로 얻는 것인데 되려 강자의 이익이 정의라고 생각하고 지속적인 약탈을 행하면 사회는 유지될 수 없음을 지적한다.

이는 지극히 실리적인 측면에서 생각해 보아도 그렇다. 예를 들어 거대 기업이 존재할 수 있는 것은 바로 그 기업이 고객들에게 혹은 사회에 무언가를 기여했을 때 가능하다. 정권도 마찬가지다. 국민들에게 도움이 되고 해를 끼치지 않을 때 존속할 수 있다. 즉 무언가 상대방이 필요로 하거나 귀하게 여기는 가치를 제공함으로써 유지되는 것이다. 그러나 만약 경영자들이 혹은 국가의 리더들이 지속적으로 자신들에게만 유리한 행위를 계속한다면 관계는 유지될 수 없고 언젠가는 반드시 파열음을 일으키게 되어 궁극적으로 큰 손실을 입게 될 것이다.

'정의는 강자의 이익이다'라는 트라쉬마코스의 주장이 현실적으로 맞아떨어지는 것처럼 보이는 사례들도 간혹 있지만 그의 주장을 일반적인 진리로 받아들일 수는 없다. 어느 사회나 불합리한 부분이 존재한다. 그러나 이는 차근차근 개선해 나가야 할 부분이지, 정의(올바름)에 대한 정의(定義) 자체를 바꿀 수 있는 본질적인 부분은 아니라고 생각한다.

이익이란 누군가를 도와준 대가이지
지배의 대가가 아니다

"모든 기술은 저마다 이룩해 나갈 자기만의 일을 가지고 있으므로 자기가 배치된 해당 대상에 이익을 주는 것이지. 그러나 만약 보수가 각각의 기술에 수반되지 않는다면, 전문가가 자신의 기술에서 이익을 얻는다는 일이 있을 수 있겠는가?" (……)
"어떠한 기술이나 지배도 자신을 위해 이익을 가져오는 게 아니고, 아까 우리가 이야기한 것처럼 지배받는 측에 이익을 가져다주고, 또 그런 것을 명령한다는 말이야. 이때 고려해야 할 점은 약자인 피지배자 쪽 이익이 결코 강자의 이익은 아니라는 것일세." (제1권) p.89

오늘날처럼 각박한 세상에서 정의(올바름)를 지키며 사는 것이란 어쩌면 지나치게 '순진한' 처세인지도 모른다. 하지만 난 인간에게는 정의에 대한 본능적인 욕구가 있다고 믿는다. 나아가서 정의를 지키는 것이 부정의한 것보다 더 이익이 된다고도 믿는다. 그 근거를 흥미롭게도 소크라테스의 이야기에서 구할 수 있었다.

'정의는 강자의 이익이다'라는 주장을 펼친 트라쉬마코스는 소크라테스의 설득을 받아들이지 않는다. 그는 한 걸음 더 나아가 공직을 맡게 된 사람의 사례를 든다. 공직자로서 부정한 방법으로 축재를 하지 않고 깨끗하게 처신한 사람은 도움을 주지 않았던 친인척들에게 원성을 사고, 자신의 가정을 제대로 돌보지 않아 어려운 상황에 이른다. 이처럼 옳은 사람은 부정의한 사람에게 뒤지며, 부정의한 짓이야말로 자신의 이익이 되고 덕이 된다는 강한 반론을 제시한다.

이처럼 '부정의 쪽이 정의보다 덕(德)이 된다'는 주장을 반박하기 위해 소크라테스는 '보수 획득의 기술'이란 용어를 사용한다. 오늘날은 공직을 맡으려 애쓰는 사람들이 많지만, 당시의 시민들 대부분은 공직에 앉지 않으려고 했다. 그 이유는 무엇보다도 생계에 타격을 받기 때문이었다. 참고로 『서양고대사강의』(김진경 외)에 실린 김봉철의 「아테네의 역사」에 따르면 아테네에서 배심원, 500인 평의회 의원, 그리고 기타 추첨에 의해 임명된 공직자 등에게 국가 수입으로 수당을 제공하기 시작한 것은 페리클레스(기원전 495년~429년) 때부터였다. 공직자에게 수당을 지불하는 것은 당시로선 파격적인 개혁이었는데, 이를 관

페리클레스 고대 아테네의 문화와 민주정치의 전성기를 이끌었던 위대한 정치가이자 군인. 파리의 카루셀 공원에 있는 대리석상.

철시킨 페리클레스는 수당이 없다면 가난한 시민들이 생업을 중지하고 공직에 임하지 않을 거라는 이유를 들었다. 당시의 수당은 보통 노동자들이 하루에 벌어들이는 수입을 초과하지 않았다. 그러나 가장 영향력 있는 공직자들(민간 부문 중 특히 재정 및 군사 부문을 책임지는 10인 장군단)은 여전히 선출직이었고, 수당은 없는 대신 위세라는 명예가 보상으로 주어졌다.

결국 지배당하는 측에서 지배자를 모시기 위해 일정한 보수를 지불하게 된 것이다. 이런 현상을 두고 소크라테스는 "이것(보수를 지불하는 것)은 지배함으로써 이익을 보는 건 자기 자신이 아니라 지배를 받는 사람들이라고 생각하고 있다는 게 아닐까?" 라고 되묻는다. 예를 들어, 재능을 개인의 이익을 위해 사용할 경우 모든 이익은 자신에게 속하게 되지만, 공직에 뛰어들면 지배받는 사람들의 이익을 위해 재능을 사용하게 되는 것이다.

그렇다면 지금은 어떨까? 앞다투어 공직에 종사하려는 사람들이 늘어나고 있다. 출세를 꿈꾸거나, 공직 외에는 달리 할 만한 일이 없기 때문에 많은 이들이 공직에 종사하고자 한다. 하지만 공직 외에 다른 활동에서 두각을 나타낼 수 있는 사람들의 입장에서 보면 공직은 자신의 이익을 잠시 제쳐두고 타인의 이익을 위해 봉사하는 것이다.

이 책을 집필하는 동안 한 국회의원이 쓴 책을 읽었는데, 거기에 사적 이익과 공적 이익에 대해 생각해 보게 하는 내용이 담겨 있었다. 선거에 패배해서 야인 생활을 하면서 고생하던 시절 이야기인데 그는 자신의 원래 직업이었던 치과의사를 계속하였더라면 좀더 경제적으로 풍족하게 살 수도 있었는데, 공직을 선택하면서 치르게 된 대가를 이렇게 털어놓았다.

"내가 제일 잘못한 일은, 정치를 하는 동안 그나마 가지고 있던 병원을 처분한 일이다. 어렵더라도 생업을 가지고 있어야 하는 건데, 쥐뿔도 없는 주제에 있던 병원도 없애버리고 정치에 올인해서 결국 이 고생이다. 그래도 '살 집 한 칸은 가지고 있어야 하는 건데' 하는 후회를 한 적이 한두 번이 아니다." 김영환, 『최초에 도전하라』, p.43

어쨌든 의사는 의술을 제공하는 대가로 보수를 받고, 선장은 항해의 안전을 제공하는 대가로 보수를 받는다. 지배자들 역시 지배당하는 측이 누리는 혜택에 상응하는 보수가 주어져야 한다. 물론 그 보수는 돈이 될 수도 있고 명예가 될 수도 있다. 결과적으로 지배자가 자신의 이익을 위해 지배당하는 자들의 이익을 빼앗는다는 이야기는 설득력을 잃게 된다. 이는 곧바로 트라쉬마코스의 주장, 즉 '정의는 강자의 이익이다'라는 논리가 잘못되었음을 입증하는 것이다.

물론 강자의 이익을 위해 활동하는 사람들도 더러 있다. 그러나 그것은 일반적인 사실이 될 수 없다. 왜냐하면 강자가 약자를 수탈하는 일은 지속될 수 없기 때문이다.

갑이 을을 돕고 그 대가로 금전을 받는 것은 보수 획득의 기술로 이해할 수 있다. 아테네 사회는 교역이나 상업이 활성화되어 있었기 때문에 플라톤은 주고받는 거래 관계를 정확히 이해하고 있었다. 지배자와 피지배자의 관계 역시 지배자가 상대방이 원하는 가치를 제공하고 그 대가로 지배당하는 측이 보수를 제공하는 주고받는 거래 관계로 이해한 점이 인상적이다.

흔히 세상에는 "정의가 밥 먹여주냐?"라면서 자신과는 관계없다는 태도를 보이는 부정적인 사람들이 있다. 그러나 정의를 지키는 것은 궁극적인 의미에서 이득을 가져오는 일이다. 예를 들어 불법 거래를 거부하고 정의를 지켰을 때는 자신의 영혼이 타락하는 것을 막을 수 있고, 범법자가 될 가능성이 줄어든다. 게다가 사람에게는 양심이 있기 때문에 불법을 저지른 경우 분명히 양심의 가책을 느끼게 된다. 이처럼 단기적으로는 정의를 지킴으로써 금전적 손실이 발생할지 모르지만 장기적으로는 이득이 될 가능성이 높다.

한편 소크라테스의 말처럼 '어떠한 기술이나 지배도 자신을 위해 이익을 가져오는 게 아니고, 아까 우리가 이야기한 것처럼 지배받는 측에 이익을 가져다주는 것'이 정의(올바름)라면 그만큼 사람들의 자발성과 열정을 불러일으킬 수 있다.

최근 『전략의 본질』이라는 책을 읽었는데, 저자의 한 사람인 노나카 이쿠지로 교수는 지식 경영으로 유명한 학자다. 이 책은 대포위 토벌전, 영국 전투, 스탈린그라드 공방전, 인천 상륙 작전, 이스라엘 아랍 전쟁, 베트남 전쟁을 기초로 전략에 대해 쓴 책으로, 전쟁의 전후와 승패 요인들을 다루었다.

거기에 보면 중국 대장정 동안 장제스가 이끌던 국민당 병사들이 탈출해서 마오쩌둥 군에 속속 투항을 했다는 내용이 나온다. 합류한 병사들은 굉장히 열악한 조건에도 불구하고 자발적으로 재미있게 군 생활을 한다. 그 이유는 마오쩌둥 군이 정치·군사·경제적으로 공정함을 유지했기 때문이다. 누구나 자유롭게 발언할 수 있고(정치적 민주), 누구나 공평하게 음식을 나누고(경제적 민주), 누구나 작전에 대해 의견을 개진할 수 있었다(군사적 민주).

물론 내가 마오쩌둥 군이 지향했던 사상에 동조하는 것은 아니다. 그런데 당시의 기준으로 보면 마오쩌둥 군대는 병사들이 느끼기에 '강자의 이익을 위한 조직'이 아니었다. 사람은 본능적으로 정의에 대한 개념이 있기 때문에 조직의 리더가 올바름을 행할 때 많은 사람들의 자발적 충성과 헌신과 몰입을 불러온다.

이처럼 소크라테스는 어떤 기술이나 통치도 다스림받는 쪽의 이득을 제공해야 한다고 강조한다. 즉, 국가 경영자는 국민에게, 기업이라면 고객에게 이득을 제공해야 한다는 뜻이다. 특히 기업은 거래 관계다. 한쪽에서 일방적으로 자기 몫 이상의 이익을 지속적으로 가지게 될 때 기업의 생태계는 파괴될 것이고, 그 불공정함에 대해 분노를 불러일으킬 수 있다. 또한 그 분노는 기본적으로 사회적 이슈로 발전될 수 있다. 그러므로 거래 관계가 장기적으로 지속되려면 상대방에게 도움을 주어 교환 관계로 유지할 수 있어야 한다.

사우스웨스트 항공사 회장 허브 켈러허는 서번트 리더십(servant leadership)으로 유명하다. 그는 윗사람들은 자리가 높아질수록 부하들한테 더 잘해주어야 한다고 강조한다. "대접받고 싶은 대로 대접해라. 그러면 그 사람들이 고객들을 그렇게 대우할 것이다. 그러면 회사가 잘 될 것이다"는 것이 그의 논리이다. 그의 경영 철학에 대해 『켄 블랜차드의 러브 스토리』의 작가 켄 블랜차드는 "수익이란 직원들에게 동기를 부여하는 환경을 창출하고 고객들을 돌보는 데서 받는 일종의 갈채다"라고 말한다. 한마디로 이익은 리더가 부하들을 섬김으로써 받게 되는 보상이라는 의미다.

  리더는 구성원들이 각자 자기의 직분을 가장 잘 실천할 수 있도록 자극하고 도와주는 것이 최선이다. 즉 구성원들 개개인이 훌륭함(탁월함)을 추구할 수 있게 하는 것이다. 이것은 소크라테스가 정치 참여에 목말라 하는 젊은 알키비아데스에게 리더로서 정치가가 갖추어야 할 덕목 가운데 하나로 강조하는 부분이기도 하다. 정치가의 임무는 사회 구성원들로 하여금 각자 자신의 일을 최대한 잘할 수 있도록 돕는 것이며, 그것이야말로 정의다. 그러므로 트라쉬마코스의 주장처럼 결코 강자의 이익이 정의(올바름)가 될 수는 없다.

리더의 자리를 거부하는 사람은
그만한 '벌'을 감수해야 한다

"훌륭한 인물이 지배자의 지위에 앉기를 승낙한다면 그건 바로 그 보수 즉, 벌 때문이라네." (……) "그렇기 때문에 뛰어난 사람들이 지배자의 지위에 앉기를 승낙하는 것은 돈 때문도, 명예 때문도 아니란 말이네. 왜냐하면 지배로 인한 보수를 노골적으로 요구함으로써 돈으로 고용된 자라고 불리는 것도, 직권을 이용하여 몰래 자기 손을 더럽힘으로써 도둑놈이 되는 일도 다같이 그들이 바라는 바가 아니니까 말이네. 그렇다고 명예를 위해서도 아니지. 그들은 명예를 사랑하고 밝히는 사람들이 아니니까. 그러니 그들을 지배자가 되게 하려면 벌을 줌으로써 그들을 강요하는 수밖에 없지. 강요도 받기 전에 자진해서 지배자의 자리에 앉는 자들은 일반적으로

꼴불견이라고 생각하는 것도 아마 이런 데서 유래될 걸세. 그런데 최고의 벌이 무엇이고 하면, 만약 자기가 지배할 것을 거부했을 때 자기보다 열등한 사람에게 지배를 받아야 하는 일이지. 훌륭한 사람이 지배자가 될 때는 이런 벌이 무섭기 때문에 자기가 지배자가 되는 거라고 나는 생각하네."
[제1권] pp.90~91

"훌륭한 사람이 정치 참여를 거부하면 벌을 받는다고요? 그게 무슨 말입니까?" 『국가』에 등장하는 위의 인용문은 이처럼 반문을 하게끔 오해를 불러올 수 있는 질문이다. 그러나 자세히 들여다보면 얼마든지 현실에서 일어날 수 있는 일이다.

미국의 실패한 대통령 리처드 닉슨이 자기 성찰의 입장에서 쓴 『20세기를 움직인 지도자들』이라는 책에 보면, 너무 개인적인 공격이 심해지고, 생활을 까발리기 때문에 미국에서도 유능한 사람들이 공직을 점점 멀리한다는 얘기가 나온다. 대중을 위해 발로 뛰어야 하는 정치가 고달프고 청문회가 골치 아픈 것이다. 그러나 그렇게 유능한 이들이 공직에 나서지 않게 되면 그들은 자기보다 못한 이들이 정치하는 것을 보고 넘겨야 할 것이다.

이런 점에서 소크라테스의 조언, 즉 '자기보다 열등한 사람에게 지배를 받아야 한다'는 말은 훌륭한 사람들이 정치에 참여하지 않을 때 지불해야 하는 비용이 무엇인지 정확하게 지적하고 있다.

이따금 내 주변에도 '저분이 정치를 하면 사회에 큰 도움이 될 텐데

……'라는 생각이 들 정도로 뛰어난 사람들이 있다. 그런데 정작 자신의 분야에서 탄탄한 전문성을 지닌 인재들 중에는 정치나 공직에 뛰어들기를 거부하는 경우도 많다.

그런데 이토록 훌륭한 사람이 정치 참여를 염두에 두지 않는다면, 그들은 현실에서 대중 앞에 서기에 자격 미달인 정치인들의 비상식적인 행태로 인해 심리적이고 금전적인 비용을 지불해야만 한다. 한 예로 2008년 총선 당시 선관위 등록 후보 중 9.7퍼센트가 전과가 있는 것으로 밝혀져 충격을 준 적이 있었다. 10명 중 1명 꼴로 전과 기록이 있는데, 그 죄목도 세금 체납, 뇌물 수뢰 등 참으로 불명예스러운 것들이었다. 그런 이들이 우리의 리더임을 인정하고 그들의 정책과 행동을 받아들이는 것 자체가 유쾌한 일은 아니다.

나 역시 나와 정치적인 시각이 판이하게 다른 사람들이 집권했을 때 유쾌하지 않은 경험을 많이 했다. 상식 밖의 정책으로 기분을 상하거나, 공영방송을 이용해 이해할 수 없는 내용의 프로그램을 방영하는 것을 지켜보노라면 때로는 착잡함마저 느껴졌다. 하지만 내가 직접 정치를 하지 않는 이상 어느 정도는 불가피하게 이를 인정하고 받아들여야 한다.

물론 자신의 전문 능력이 뛰어나더라도 정치 자체에 전혀 흥미가 없거나 성정(性情)이나 기질이 맞지 않은 경우도 있을 것이다. 그런 경우라면 정치에 뛰어들긴 힘들다. 그렇다고 참여의 방법이 전혀 없지는 않다. 도움이 되지 않는 정치인이나 정당이 선거에서 승리할 수 없도록 하는 것이다. 특정 정치인을 위해 후원금을 낼 수도 있고 직접 시간을 내서 그를 도울 수도 있다.

이처럼 정치에 직접 참여하지 않아도 시민 사회 단체에서 활동하거나 인터넷이나 SNS(Social Networking Service) 등을 통해서 준 정치 활동을 할 수 있다. 하지만 권력을 직접 잡은 사람들은 그들만이 갖는 강력한 힘이 있다. 입법이나 행정을 통해서 자신의 뜻을 실행에 옮길 수 있는 것이다. 이는 '펜'이나 '부(富)'와는 비교할 수 없을 정도로 많은 사람들에게 직접적인 영향을 미친다.

힐러리 클린턴 상원의원의 젊은 날 일화이다. 1968년 6월 5일, 로버트 케네디 상원의원이 암살되었다는 소식을 들은 대학생 힐러리는 우울한 마음에 온종일 전화기를 붙들고 친구 케빈 오키프와 이야기를 나눈다. 그와 힐러리는 대화 중에 고통과 고생을 감내하면서까지 자신이 정치에 참여하는 주인공이 될 필요가 있는가 하는 고민을 했다. 힐러리 클린턴은 자서전에서 "케빈의 말을 빌리면, '다른 놈들이 우리를 멋대로 지배하지 못하게 하는 것'만으로도 충분한 가치가 있다"라고 말한다. 정치를 해야 하는 이유를 찾을 수 있는 멋진 문장이다.

두 사람이 이런 부분에 대해 젊은 나이에도 통찰력을 지닐 수 있었던 것은 독서의 힘 때문이 아니었을까? 그들은 대학 시절에 플라톤의 『국가』를 읽어보지 않았을까? 힐러리 클린턴이 정치에 참여하지 않고 기업가나 직장인으로 진로를 정했다면, 그녀의 표현처럼 말도 되지 않는 사람들이 자기 위에서 군림하면서 정책을 좌지우지하는 것을 받아들일 수밖에 없었을 것이다. 소크라테스가 지적하고 싶었던 '벌(罰)'이 바로 이것이다.

선거 때가 되면 막상 뽑을 사람이 없다고 얘기하는 경우가 많다. 그런 경우라도 투표에 참여해 최대한 자기의 의견을 표시하는 것이 낫다. 물론 직접 권력을 쥐고 들어가는 것만은 못하지만 그나마 차선책이 될 수 있다.

회사에서도 자신이 만일 회사 내의 정치에 관심이 없고 간부급 이상으로의 성장에 관심이 없다고 했을 때, 이상한 사람이 자신의 직급 위에서 자신을 괴롭히는 상황이 올 수 있다. 그렇게 되지 않으려면 스스로 정치에 관심을 갖고 올라가야 한다. 회사든 국가든 결국 인간이 모여 사는 곳에서는 정치란 것이 피할 수 없는 것이다.

주어진 상황에서 최선을 다하라,
그것이 행복이다

"그럼 나아가서 각기 물건에는 그것이 본래 완수해야 할 정해진 기능(ergon)과 대응하는 덕(훌륭함, aretē)이 있다고는 생각하지 않는지? 다시 한 번 같은 예를 가지고 생각해 보기로 하지. 우리의 주장에 따르면 눈에는 눈 고유의 기능이 있겠지?"

"있지요."

"그럼 그것에 따라 눈의 덕(훌륭함)이라는 것도 있을까?"

"덕도 있지요."

"한데 귀에도 특정의 기능이 있지?"

"그렇지요." (……)

"그럼 생각해 보게. 눈이 자기 고유의 덕을 갖지 않고 대신 악덕(kakia)을 가지고 있다고 한다면, 과연 자기 본래의 '기능'을 훌륭하게 완수해 낼 수 있을까?"

"물론 할 수 없지요. 시력 대신 맹목성을 가질 경우의 일을 당신은 말씀하시는 모양이니까요."

"눈의 덕(훌륭함)이 무엇을 의미하든 상관없네. 지금은 아직 그 점에 대해 묻고 있는 건 아니니까. 질문의 요점은, 저마다의 기능을 갖고 있는 것은 자기 고유의 덕(훌륭함)으로써만 그 기능을 훌륭히 수행해 낼 수 있는 반면, 악덕을 가지고는 졸렬하게 수행하지 않겠느냐는 걸세." 〔제1권〕 pp.101~102

소크라테스는 '올바름(정의)'과 '올바르지 못함(부정의)'에 대한 트라쉬마코스의 반박을 마무리하기 전에 중요한 두 가지 개념을 명확히 하려고 한다. 하나는 덕(德, 훌륭함, 훌륭한 상태, aretē)이고 다른 하나는 악덕(惡德, 열등함, 열등한 상태, 졸렬함, kakia)이다. 소크라테스는 이 문제가 결코 시시한 것이 아니고, 적어도 인생을 어떻게 사는가 하는 것과 직결되는 일이라고 한다.

사실이 그렇다. 어떻게 살아갈 것인가? 어떻게 사는 것이 올바른 삶인가? 일과 직업에 대한 관점을 정하는 문제는 모두 덕(훌륭함)이란 단어와 깊이 관련되어 있다.

이 책에서 번역자인 왕학수 교수가 사용하는 '덕(德)'은 영어로 버추(virtue)이고 그리스어로는 아레테(aretē)이다. 기존의 번역자들이 대부분 '덕'이라고 번역해 왔지만 『국가』의 또다른 번역자인 박종현 교수는 '훌륭함'으로, 아리스토텔레스의 『니코마코스 윤리학』을 번역한 이창우 교수는 '탁월성'이나 '훌륭함'으로 번역하는 것이 더 낫다고 말한다. 이 책에 등장하는 '덕'이라는 용어는 모두 '훌륭함'이나 '탁월성'이란 용어로 대체해도 좋다. 그래서 아레테는 우리말로 탁월성, 훌륭함, 훌륭한 상태 혹은 덕이란 용어 가운데 어떤 것을 선택하더라도 괜찮다.

다만 훌륭한 상태를 발휘하게 하는 사람의 덕목과 관련될 때는 '훌륭함'이란 용어보다는 '덕'이란 용어가 더 바람직하다. 예를 들어 '현명함' '원만함' '사려분별' 등은 훌륭함이란 용어보다는 덕이란 용어로 표현하는 것이 더 적합하다.

훌륭함(탁월성, 아레테, 덕)은 '어떤 사물이나 생명체가 갖고 있는 고유의 기능과 목적 혹은 본성을 최고로 잘 발휘한 (품성) 상태'를 말한다. 여기서 '기능(ergon)'은 '그것만이 할 수 있는, 혹은 다른 무엇보다도 그것이 가장 잘 해낼 수 있는 일'을 말한다. 위의 인용문에서 소크라테스는 '각기 물건에는 그것이 본래 완수해야 할 정해진 기능'이 있다고 말하는데, '이런 기능을 최고로 잘 발휘한 상태'가 바로 '훌륭함(덕)'에 해당한다.

눈의 기능은 보는 것이므로 '눈의 훌륭함(덕)'은 눈이 고유 기능을 아주 잘 발휘한 상태, 즉 잘 보는 것이다. 발의 기능은 걷는 것이므로 '발의 훌륭함(덕)'은 발의 기능을 아주 잘 발휘한 상태, 즉 잘 걷는 것이다. 또한 사업가의 기능은 사업을 하는 것이므로 '사업의 훌륭함(덕)'은 사업을 아주 잘하는 것을 말한다.

마찬가지로 학생의 기능은 공부를 하는 것이므로 '학생의 훌륭함'은 공부를 아주 잘하는 것을 말한다. 여기서는 '덕'이란 표현보다 '훌륭함'이란 표현이 의미를 전달하는 데 더 나은 감이 있다.

'훌륭함(아레테)'에 대해 조금 더 살펴보자. 우리 주변에 있는 생명체나 사물을 보면, 각자가 수행해야 할 어떤 기능 혹은 구실을 갖고 있다. 예를 들어 학생, 직장인, 가장, 경영자, 연구자, 세일즈맨 등은 각자가 수행해야 할 고유한 기능을 갖고 있다. 각자는 그 기능을 제대로 수행할 수도 있지만 그렇지 않을 수도 있다.

인간을 비롯한 동물이나 식물과 같은 생명체만 그런 것이 아니라 사물도 마찬가지이다. 안경, 칼, 신발, 의복 등 모든 물건도 고유한 기능을 갖고 있다. 이들 역시 그 고유 기능을 잘 발휘할 수 있고 그렇지 않을 수도 있다. 우리는 물건을 구입하고 나서 기쁜 마음을 갖기도 하는데 이런 경우는 그 물건이 자신의 기능을 최대한 잘 발휘할 때 가능한 일이다. 기대와 다르게 물건을 사용하면서 실망할 때도 있는데 이때 기대는 주로 기능에 대한 것이다.

'덕'의 반대 말은 '악덕(惡德)'이다. 악덕은 영어로 바이스(vice), 그리스어로는 카키아(kakia)다. 악덕은 '어떤 사물이나 생명체가 갖고 있는 고유 기능과 목적 혹은 본성을 최고로 잘 발휘하지 못한 (품성) 상태'를 말한다. '사업가의 악덕'은 도덕적인 면보다는 사업가로서의 기술이나 숙련도를 발휘하는 데 문제가 있음을 뜻한다. 여기서 기능이란 점에 더 큰 비중을 두고 있음에 유념해야 한다. 도덕적이지 않은 사업가도 사업가로서의 기능을 잘 발휘하는 경우가 있을 수 있기 때문이다.

그렇다면 올바름(정의)와 훌륭함(덕)은 어떤 관계가 있을까? 뒤에서 좀더 상세히 살펴보겠지만 정의는 혼의 훌륭함(덕) 즉, 혼의 고유 기능을 최고로 잘 발휘한 상태를 말한다.

'올바름'은 협조와 우애를, '올바르지 못함'은 불화와 증오 그리고 싸움을 만든다. 전자는 신들의 사랑을 가져오고, 후자는 신들로부터 미움을 받게 만든다. 신들에게 미움만 받는 것이 아니라 자주 신들을 적으로 만들어버리기도 한다.

'올바르지 못함'을 만들어내는 불화는 타인과의 관계에서뿐만 아니라 자신과의 사이에서도 생겨난다. 여기서 우리는 한 가지 사실에 주목해야 한다. 신의 존재를 믿는다면 신은 우리가 가진 고유한 기능을 한껏 발휘하기를 기대할 것이라는 점이다. 제대로 된 신이라면 개인이 가진 고유한 기능을 제대로 발휘하지 않기를 바라지 않을 것이다. 따라서 종교가 있는 사람들에겐 최선을 다해 훌륭함을 추구하는 것이야말로 올바른(정의로운) 일이다.

'덕(훌륭함, 탁월성)'과 '악덕' 모두 행위와 관련되어 있다. 이는 우리가 '덕(훌륭함)'을 선택할 수도 있고 '악덕'을 선택할 수 있음을 뜻한다. 아리스토텔레스는 자신의 걸출한 작품인 『니코마코스 윤리학』에서 탁월성과 악덕에 대해 다음과 같은 멋진 조언을 해준다. 한마디로 우리 자신이 덕(훌륭함)의 표본이 될지 아니면 악덕(졸렬함)의 표본이 될지는 각자가 하기 나름이라는 것이다.

"탁월성(훌륭함, 덕) 역시 우리에게 달려 있으며, 악덕 역시 마찬가지이다. 행위하는 것이 우리에게 달려 있는 것들의 경우, 행위하지 않는 것 또한 우리에게 달려 있으며, 우리가 '아니오'라고 할 수 있는 것에는 또한 '예'라고 할 수 있기 때문이다. 따라서 실제로 고귀한 일을 하는 것이 우리에게 달려 있다면, 부끄러운 일을 하지 않는 것 또한 우리에게 달려 있을 것이다." 『니코마코스 윤리학』, 아리스토텔레스 저, 이창우 외 역, 3권 5장 |2| 1113b6~8

아리스토텔레스 아리스토텔레스는 플라톤의 아카데미아에서 학생과 교수로 20여 년간을 보냈고 플라톤의 철학을 알리는 데 적극 앞장섰다. 라파엘로 〈아테네 학당〉 부분도. 로마, 바티칸궁.

그렇다면 '올바름(정의)'은 행복과 더 나은 인생을 가져다줄 수 있을까? 반면에 '올바르지 못함(부정의)'은 불행과 더 못한 인생을 가져오는 것일까?

이미 살펴본 바와 같이 모든 사물에는 본래부터 완수해야 할 정해진 기능이 있고, 이 기능에 대응하는 덕(훌륭함)이 있다. 행복 또한 기능을 잘 수행할 때만이 얻을 수 있다. 이는 상식적으로도 이해할 수 있는 일이다. 수행해야 할 일을 제대로 수행하지 않은 사람이 행복감을 느끼기가 쉽지 않다. 결국 혼이 자기 고유의 기능을 최고로 발휘하는 훌륭함이 행복한 인생을 가져오는 지름길임을 이해하는 것은 어렵지 않다.

예를 들어 주말에 반나절 동안 특별한 계획 없이 채널을 돌려가며 텔레비전을 시청한 상태를 머릿속에 그려보자. 행복이 느껴지는가, 공허함이 느껴지는가? 사람에 따라 다를 수 있지만, 대체로 행복감과는 거리가 먼 상태일 것이다. 육체든 혼이든 기능을 제대로 발휘하지 않은 상태에서 사람은 결코 행복해질 수 없다.

반대로 신규 프로젝트를 맡아서 한두 달간 팀원들과 함께 힘껏 노력하여 성공시켰다고 해보자. 이때는 어떠한가? 최선을 다했다면 혼의 기능을 최고로 잘 발휘한 상태로 '혼의 덕(훌륭함)'을 이루었기 때문에 행복할 것이다.

이를 확장하면 열심히 사는 것 즉, 자신의 고유 기능을 최대한 발휘하는 것은 정의(올바름)이지만 반대로 게으른 것은 부정의(악덕)에 해당한다. 그래서 나는 흔히 '게으름은 죄악이다'라는 이야기를 나 자신에게 하곤 하는데, 이런 주장 때문에 때로 주변 사람들로부터 비난(?)을 받기도 한다.

'덕(탁월성)'과 '악덕'이 직업관과 인생관에 있어 시사하는 의미는 매우 크다. 어디서 무엇을 하든 대충대충 건성으로 하지 말라는 점이다. 대충 사는 것은 스스로에게, 그리고 나와 관련되어 있는 이들에게는 일종의 '악덕'이다. 언제 어디서나 삶과 일에 대해 '최고로 잘 발휘된 상태'를 유지하는 것이야말로 훌륭함(덕)에 합당한 행동이다.

이 부분을 읽을 때 나는 나의 신조를 고전 속 현자들의 지혜를 통해 재확인하는 것 같아 가슴이 뛰었다. '나에게 인생은 훌륭함을 향한 도전이어야 한다.' 그것이 바로 내가 품고 있는 가치 기준이고 직업관이자 인생관이었다. 또 내가 신조로 삼는 문장이 바로 '탁월함을 향한 열정'이었다. 이러한 나의 삶의 지표나 가치가 2,500년 전에 이미 명쾌한 정리가 되어 있었던 것이다.

훌륭한 기능을 발휘하는 삶, 사실 이것이 맞는 말이고 좋은 이야기이긴 하지만, 살다 보면 자의든 타의든 자신의 훌륭한 기능을 발휘하지 못할 경우가 종종 있다. 가령 몸에 어떤 장애가 있다면, 몸의 제약 때문에 본인의 기능을 100퍼센트 다 발휘할 수 없다. 그런 경우를 생각하면 너무 기능적으로만 사람들을 바라보는 것이 아닌가 하는 생각이 들 수도 있다.

우리가 분명히 알아두어야 할 점은, 여기서 고유 기능은 자신이 처한 형편에서 발휘할 수 있는 기능이란 점이다. 장애인 올림픽에서 몸이 불편한 이들이 최선을 다하는 모습을 보고 우리는 박수를 보낸다. 역경이나 불운 속에서도 자신에게 주어진 환경에 굴하지 않고 최선을 다해 사는 사람에게 우리는 가슴 뭉클한 감동을 느낀다. 그들은 자신이 처한 환경에서 발휘할 수 있는 기능을 최고로 발휘하는 사람이기에 우리는 감동을 느낀다.

TV에 나와서 춤추고 웃고 개그하던 틴틴파이브의 이동우 씨는 6년 전 희귀병인 '망막색소변성증'으로 시력을 잃어버렸다. 폐인처럼 자포자기하면서 살아가고 있을 때 근육병으로 전신마비가 된 40대 한 분이 눈을 기증하겠다고 나섰다. 이동우 씨는 시력만 잃어버렸지 나머지 모든 것이 멀쩡한 자신은 자포자기한 채 살아가는데, 눈을 빼고 모든 것을 잃어버린 사람이 자신을 돕겠다고 나서는 것을 보고 큰 충격과 깨달음을 얻게 된다. 그는 그 일을 계기로 재기하여 이제는 눈을 뜨고는 도저히 경험할 수 없는 새로운 인생을 열심히 살아가고 있다.

소설가 최인호 선생의 암 투병 과정도 참으로 많은 생각을 하게 한다. 병이 자신의 육신을 하루하루 압박하고 고통과 걱정이 짓누르는 날들이 계속되는 속에서도 작가는 《서울주보》에 암 투병기를 연재하였다. '이 세상 어딘가에서 울부짖고 있는 사람과 주리고 목마른 사람과 아픈 사람과 가난한 사람들의 고통을 잊어서는 안 된다'는 그의 글은 독자들에게 어떻게 살아야 하는가를 깊이 성찰하게 해준다.

  인생은 그런 것이다. 끝까지 완주하는 것이고, 자신이 할 수 있는 한 최선을 다 하는 것, 그것이 나에게 주어진 기능을 제대로 발휘하여 훌륭함을 추구하는 길이다.

각자 자신의 기능을 최고로 발휘하는 것, 그것이 정의다

"정의는 정신의 덕이고, 부정(의)은 악덕이라는 데에 의견이 일치되었었지? (……) 그렇다면 옳은 정신이나 옳은 사람은 잘 살고, 부정한 사람은 열악하게 산다는 것이 되겠는데."
"그렇게 되는 것 같군요. 당신의 설에 의한다면."
"그러니까 잘 사는 사람은 축복받은 행복한 사람이고, 그렇지 않은 사람은 그 반대겠지?"
"그야 아무래도 그렇게 되겠지요."
"따라서 옳은 사람은 행복하며, 부정한 사람은 비참할 테고."
"그렇다고 해두지요."

"그러니까 비참하다는 것은 덕이 되는 일이 못 되며, 행복하다는 것은 덕이 되는 것이겠지?"

"그건 그렇지요."

"따라서 행복한 트라쉬마코스여, 부정(부정의)이 정의보다 덕(훌륭함)이 된다는 일은 절대로 없는 것일세." 〔제1권〕 p.103

국어사전에 보면 '정의(正義)'에 대한 뜻풀이가 다양하게 나와 있다. 첫째, 진리에 맞는 올바른 도리. 둘째, 플라톤의 철학에서 지혜·용기·절제의 완전한 조화를 이르는 말. 셋째, 사회를 구성하고 유지하는 공정한 도리.

'정의를 위해 싸우다' '분배의 정의를 실현하다'와 같이 보통 우리가 현실 속에서 사용하는 '정의'의 뜻은 세 번째 뜻인 경우가 많은데, 플라톤의 철학에서 말하는 뜻은 두 번째인 경우다. 거칠게 구분하면 각각 정의의 '기능적 측면'과 '가치적 측면'을 지칭한다고 볼 수 있다. 그렇기에 『국가』를 읽다 보면 정의에 해당하는 부분이 언뜻 우리가 일반적으로 사용하는 경우와 매끄럽게 연결이 되지 않을 때가 있다.

플라톤의 정의론은 이상 국가를 이루기 위해서 국가의 구성원이 어떻게 해야 하는가에 초점을 맞추고 있지만, 이를 개인의 직업관이나 인생관에 연결시켜 보면 더 적합하다. 이같은 사실을 염두에 두고 『국가』를 읽게 되면 오해의 소지를 그만큼 줄일 수 있다.

한편 훌륭함(덕)과 악덕에 대해 설명한 뒤, 소크라테스는 혼(魂, 정신,

영혼, psychē)의 기능에 대해 이야기한다. 우리에게 혼은 무척 중요하다. 왜냐하면 혼의 고유 기능에는 살아가는 것뿐만 아니라 보살피는 것과 지배하는 것, 그리고 심사숙고하는 것 등이 모두 포함되어 있기 때문이다. 혼은 일반적으로 숨 혹은 목숨을 뜻하지만 소크라테스와 플라톤은 인간의 혼에 이성(logos)과 지성(정신, nous)의 기능과 작용을 포함하여 넓게 해석하였다.

혼의 기능을 다루면서 소크라테스는 '올바르지 못함(부정의)이 올바름(정의)보다 덕이 된다'는 트라쉬마코스의 주장을 반박한다. 혼의 기능이 있다면 당연히 그 기능을 제대로 발휘한 훌륭한 상태가 있을 것이다. '올바름(정의)'은 혼의 훌륭함(덕)이고, '올바르지 못함(부정의)'은 혼의 악덕이다. 이를 쉽게 풀어 설명하면, 올바름(정의)은 '혼의 고유 기능을 최고로 잘 발휘한 (품성) 상태'를 말한다.

이미 살펴본 바와 같이 모든 사물에는 그 사물이 본래부터 완수해야 할 기능이 있고, 이 기능에 대응하는 덕(훌륭함)이 있다. 결국 혼이 자기 고유의 기능을 최고로 발휘하는 것이야말로 행복한 인생을 가져오는 지름길이다. 지금까지 설명한 논거들만으로도 얼마든지 올바른(정의로운) 사람은 행복하고 더 훌륭한 인생을 살 수 있다는 결론을 얻을 수 있다.

나는 이따금 책을 집필하는 고된 일을 왜 자꾸만 하게 되는 것일까, 하는 질문을 스스로에게 던져보곤 한다. 책을 마무리하고 나면 또 새로운 책을 시작하고, 또 시작하고 하다 보니 어느덧 출간한 책이 100권을 넘어서게 되었다. 앞으로도 이런 집필 활동을 멈추고 싶은 마음은 없다. 지금도 새벽에 책을 쓰고 있는데, 내 머릿속에서 지금 일어나고 있는 일과 관련해서 한 가지 이미지가 또렷이 떠오른다. 마치 자동차의

아테네 학당(아카데미아) 그림의 중앙에 있는 플라톤과 그 오른쪽에 있는 아리스토텔레스. 플라톤은 아카데미아 창설 후 교육과 집필에 몰두하고 『국가』와 같은 역작을 완성한다. 라파엘로, 로마, 바티칸궁.

엔진을 구성하는 여러 개의 피스톤들이 최고의 속도로 움직이는 장면이다. 그들은 상상할 수 없을 정도로 빠르게 움직인다. 이처럼 혼의 고유 기능을 최고로 발휘한 상태에서 느끼는 행복감도 집필을 계속하게 하는 큰 동인(動因)이라 생각한다. 인간에게 있어 자신의 이성이나 지성을 한껏 발휘하는 것이야말로 고유 기능인 것이다.

여기서 플라톤이 혼(혹은 정신)에 대해 갖고 있던 생각을 잠시 살펴볼 필요가 있다. 플라톤은 '영혼의 삼분설'을 통해 인간의 혼은 이성·기개·욕망으로 이루어지는데, 부정한 일을 저지르면 이들 사이에 부조화가 일어나고 이는 곧바로 나쁜 상태와 불행을 낳는다고 말한다. 반면에 혼이 올바르다면 혼의 기능들 사이에 조화가 이루어져 행복을 낳게 된다고 주장한다. 인간이라면 누구든 양심을 갖고 있다. 설령 부정한 일로 타인을 속일 수 있을지라도 자신을 속이기는 쉽지 않다. 때문에 부정한 일을 저지르는 사람은 두고두고 고통 속에 살아가게 된다.

인간의 혼을 구성하는 이성·기개·욕망이 최고도로 발휘된 것이 각각 지혜·용기·절제의 세 가지 덕(훌륭함)이다. 여기서 주목해야 할 점은 한두 번 최고로 발휘하는 것이 아니라 지속적으로 최고로 발휘하여 '굳어진 상태(hexis)', 즉 습성이 된 지혜·용기·절제이다. 그리고 이 세 가지 덕목이 조화를 이룬 상태가 정의(正義), 즉 올바름이다. 그러므로 앞에서 밝힌 바와 같이 『국가』에서 플라톤이 말하는 '정의(올바름)'는 현대인들이 흔히 도덕적·사회적 공평성이라는 관점에서 사용할 때의 '정의'와는 다소 의미의 차이가 있다.

플라톤의 정의론은 이상 국가 내에서 구성원이 무엇을 해야 할 것인가를 고려한다. 거시적으로 보면 모든 구성원들이 각자의 직분을 최대한 잘 발휘한 상태라는 것이다. 혼란스럽지 않고, 질서가 있고, 절제된 상태에서 각자가 자신의 직분을 최대한 잘 수행하면 그 직분 안에는 개별적 정의론이 다 포함된 것이다.

지금까지 이야기를 종합하면 플라톤의 정의론은 개인이든 국가이든 각각을 이루고 있는 구성 요소들이 최고의 기능을 발휘하여 이들 사이에 올바른 관계가 형성된 훌륭한 상태를 말한다는 사실을 알 수 있다. 국가의 경우라면 국가를 이루는 구성 요소들인 통치자·군인·생산자가 각자 혼의 고유 기능을 최고로 잘 수행한 상태가 정의이며, 개인의 경우라면 혼을 이루는 구성 요소들인 이성·기개·욕망의 각각을 최고로 잘 발휘한 상태가 정의이다.

플라톤 시대는 정치와 철학, 그리고 경영이 구분되지 않았던 시대였다. 현대의 거대하고 복잡한 국가나 조직 입장에서 보면 이 바쁜 시대에 옳고 그름의 문제, 정의와 부정의를 계속 따진다는 것은 얼핏 비효율적으로 보일 수 있다. 특히 국정 운영이나 대기업 운영에도 고도의 전문 지식이 필요한데, 이러한 상황에서 옳고그름과 같은 원칙적인 문제는 자칫 소홀히 다뤄질 우려가 있다.

이러한 시점에 우리가 플라톤으로부터 얻을 수 있는 가르침은 무엇인가? 정의의 문제 등을 이야기하는 철학은 무엇보다 사려분별, 즉 전문 지식이 커버할 수 없는 것들을 이야기해 준다는 것이다. 국정 운영자나 대기업의 회장은 판단하거나 전망을 해야 되는 사람들이다. 전문적인 식견이나 기술 등은 다른 사람들이 대체해 줄 수 있지만, 판단이나 전망은 다른 사람들이 대신할 수가 없다. 그런 면에서 이러한 지도자들이 철학자다운 면모를 갖추는 것은 매우 의미 있는 일이다.

언젠가 삼성그룹의 창업자인 호암 이병철 회장이 털어놓은 이야기는 철학자다운 면모가 무엇을 말하는지 보여준다.

"나는 일종의 고독감 비슷한 게 있어서 집에서나 사무실에서 나 혼자 가만히 앉아 있는 시간이 적지 않다. 그런 때면 곧잘 도자기나 불상 앞에 정좌하여 한껏 사색의 날개를 펴본다. 나에게는 여간 좋은 파적(破寂)거리가 아니다. 선정삼매(禪定三昧)라면 너무 송구스러운 일이겠으나 어떻든 잠시나마 세속의 번거로움을 잊고 무애무상(無碍無常)의 심경에 이를 수 있다는 것은 나에게는 여간 고마운 게 아니다." 『호암 이병철 義』, 1976년 〈사담(私談)에서〉, 민석기, p.286

정의는 '계산'과 '계약'의 결과물이 아니다

"결국 정의(올바름)란, 타인에게 부정을 가하면서도 벌을 받지 않는다는 최선과, 자신이 부정을 당하면서도 보복할 능력이 없다는 최악과의 중간적인 타협책이죠. 올바른 것이 이 양자의 중간에 있으면서도 환영받는 것은 그것이 결코 적극적인 선으로서가 아니라 부정(부정의)을 가할 만한 힘이 없기 때문에 존중된다는 것일 뿐입니다. 마침내 능력이 있는 자, 즉 참으로 남자라면, 부정을 가하지도 당하지도 않는다는 계약 따위를 결코 누구와도 맺지 않지요."(……)

글라우콘이 이렇게 말했을 때, 이번에는 내가 그 문제에 대해서 말을 조금 할 작정이었다. 그런데 그때 그의 형 아데이만토스가 끼어들었다. (……)

"일반적으로 사람 됨됨이를 걱정하는 사람이라면 누구나 올바른 사람이 되어야 한다고 타이를 것입니다. 그러나 이것은 정의라는 것을 그 자체로서 찬양하는 것이 아니라 정의가 불러올 좋은 평판을 칭송하는 것입니다. 결국 그들이 그렇게 권고하는 참뜻은 올바른 사람이라고 간주된 평판으로 직장, 결혼, 기타 글라우콘이 지금껏 열거한 좋은 것을 죄다 얻을 수 있습니다. (……) 누구나 이구동성으로 되풀이하는 것을 보면, 절제나 정의는 과연 아름다운 것이기는 하지만 어렵고 힘들며 올바르지 못한 것입니다. 이에 반해서 방종이나 부정의는 기분 좋은 것이라 손쉽게 자기 것이 되며, 이것을 추하다고 하는 것은 세간의 생각이나 법률, 습관상의 것에 불과하다고 합니다. 그들은 또한 대개의 경우 부정의 쪽이 정의보다는 득이 된다고 합니다." [제2권] p.108, pp. 113~115

'정의는 무엇인가?'에 대한 본격적인 대화에서 네 사람의 이야기 가운데 두 가지(폴레마르코스, 트라쉬마코스)를 앞에서 살펴보았다. 나머지 두 사람, 즉 소크라테스와 동행했던 글라우콘과 그의 형 아데이만토스의 의견이 남았는데, 글라우콘은 정의는 사회계약설에 바탕을 두고 있다고 주장한다.

 자신의 이익을 앞세우는 개인들이 올바르지 않은 일을 행함으로써 쌍방이 입을 수 있는 피해를 방지하기 위해 정의가 비롯되었다는 이 주장은, 절대적인 정의라기보다는 이익을 보호하기 위한 수단으로서 정의를 말해 준다. 예를 들어 상대방을 강제할 수 있는 힘이나 자유를 가

진 사람이 자신의 이익을 위하여 상
대방을 억압해서 그의 재산을 빼앗
지 않는다면 사람들은 그를 어떻게
평가할까? 글라우콘은 세상 사람들
은 그런 사람을 보면 '바보 천치 같
은 가련한 놈'으로 생각할 거라고
말한다. 절대적인 정의(올바름)란
있을 수 없으며 정의는 사회계약의
결과물이라는 주장이다.

헤시오도스 기원전 8세기경 호메로스와 어깨를 나란히 한 고대 그리스의 서사시인.

한편 아데이만토스는 정의를 행
함으로써 생기는 이득이 부정의를
행했을 경우의 이익보다 크기 때문
에 올바르게 행동해야 한다고 주장하는 사람들도 많다고 한다. 예를 들
어, 부모나 어려운 형편에 놓인 사람들을 돌보는 자들이 올바르게 행동
해야 한다고 세상 사람들이 이야기할 때는 "올바름 자체로 찬양하는 것
이 아니고, 그것으로 해서 생기는 명성을 찬양하는 것입니다"라고 주장
한다.

정의에 대한 세상 사람들의 생각을 반영한 헤시오도스의 시 「노동과
나날」에서는 악덕이 덕보다 쉬운 길이라고 묘사한다. 힘들기만 하고 자
신에게 이득이 되지도 않는 정의의 길을 누가 가려 하겠는가라는 의미
를 담고 있다.

나쁨은 쉽게 얼마든지 취할 수 있지
그 길 평탄하면서도, 아주 가까이 있어서

하나, 훌륭함 앞에는 신들이 땀의 고역을 치르게 해놓으셨느니라

글라우콘과 아데이만토스가 제시한 정의에 대한 견해는 현실 속에서 보통 사람들도 얼마든지 제기할 수 있다. 아데이만토스는 소크라테스에게 '올바름(정의)은 그 자체의 힘으로써 그 소유자에게 어떤 이익을 가져다주며, 반대로 부정의는 어떤 해를 가져오는가'를 명확히 설명해달라고 요구한다.

여러분이 똑같은 질문을 받는다면 어떻게 답하겠는가? 누구나 어떤 상황에서 올바른 일과 올바르지 않은 일 가운데 고민할 때가 있다. 올바르지 않은 일을 저지름으로써 두고두고 지불하게 될 심리적 고통은 상당히 크고, 사람에 따라선 무척 오랫동안 여기에서 헤어나오지 못하는 경우도 있다.

반대로 정의로운 일을 했을 경우에는 단기적으로는 시간이나 금전적 손해를 볼 수 있겠지만 마음이 편하고 자긍심도 남는다.

무엇보다 '정의'에 관한 두 사람의 의견에 따르면 정의는 상대적이고 조건부적인 개념이 될 수 있다. 하지만 나는 소크라테스와 마찬가지로 정의란 언제 어디서나, 그리고 누구에게나 보편타당한 절대 가치로 존재한다고 생각한다. 당시 아테네의 소피스트들은 도덕적 상대주의자들이 다수를 차지하였다. 이들은 사람은 저마다의 생각이나 의견(판단, doxa)을 가질 수 있으며, 이것이 지식(앎, epistēmē)과 차이가 없다고 생각하고 행동하였다.

반면 소크라테스는 이는 위험한 생각이며 무엇이든 '척도'나 '기준' 그리고 '본'이 존재한다는 믿음을 갖고 있었고, 그것은 의견이 아니라 지식(앎)이라 생각하였다. 또한 그는 자신의 사명 가운데 하나가 단순

히 '의견'에 불과한 것을 '지식'이라고 생각하는 사람들을 스스로 깨우치도록 돕는 일이라 생각하였다.

이와 관련해서 내가 경험한 한 가지 사례가 도움이 될 수 있을 것이다. 시칠리아의 중앙부에 오랜 역사를 가진 요새 도시 엔나가 있다. 엔나는 인구 4만 명 정도로 유럽에서 가장 높은 곳에 있는 도시이다. 평지에서 바라보면 아찔할 정도로 우뚝 솟은 산꼭대기에 있다. 아내와 나는 여행 중에 큰 준비도 없이 그곳을 방문하게 되었는데, 자동차에 기름이 얼마 남지 않아 곤란한 상황에 처하고 말았다. 낯선 곳에서 주유소를 찾기 위해 헤매다가 우연히 오래전에 문을 닫은 시골 기차역의 작은 레스토랑에 들렀다. 그곳에서 순박한 이탈리아 가족의 도움을 받게 되었는데, 그들은 10여 킬로미터 떨어진 곳에 가서 기름을 사서 플라스틱 통에 담아와 우리를 위급한 상황에서 벗어나게 해주었다. 아내가 아무리 사례를 하려고 해도 "돈을 받기 위해 한 일이 아니다"라며 극구 거절했다.

곤경에 처한 타인에게 도움의 손길을 내민 그 시칠리아 사람은 정의로운 일을 행했다. 그들이 어떠한 대가나 칭찬을 바라서 그렇게 행동한 것은 아니다. 다만 그들은 인간으로서의 올바른 도리를 지켰고, 그로 인해 어려운 사람을 도왔다는 자긍심을 가질 것이다. 이처럼 당장 이익이 되지 않더라도 선의에서 나오는 기부나 선행, 봉사 활동은 보통 사람들도 얼마든지 정의로움의 주체가 될 수 있음을 말해 준다.

이처럼 가장 작고 가까운 정의, 개인이 실천할 수 있는 정의로부터 출발하면 어쩌면 그런 것들이 모여 나라의 정의, 기업의 정의가 실현될 수도 있을 것이다.

내가 살아가는 인생과 일, 세상의 큰 그림을 다 읽지 못한다고 할지라도, 그것 때문에 내가 마땅히 해야 할 바를 하지 않고 허무에 빠지면 안 된다. 최소한 내 도리라도 잘하는 것, 그것이 어쩌면 정의를 조금씩이라도 이루는 것이 아니겠는가. 그걸 알기 위해서 마이클 샌델의 『정의란 무엇인가』 같은 책을 힘들여 읽을 필요가 없다. 당장 실행할 수 있는 심플한 정의론이 있지 않은가.

시칠리아에서 나를 도왔던 사람들처럼 본인이 마음속으로 약자나 힘든 자를 돕는 것이 인간으로서 마땅히 해야 할 일이고 옳은 일이라고 믿는 것이 바로 정의이다. 그건 사회계약에 의한 것이라기보다는 인간의 고유 기능이다.

그러나 글라우콘과 아데이만토스는 소크라테스에게 더 명확한 답변을 요구한다. 두 사람의 예리한 질문에 대해 소크라테스는 정의(올바름)에 대한 견해가 중요한 만큼 화제의 폭을 넓히는 것이 어떻겠냐고 조심스럽게 묻는다. 다시 말해서 개인의 정의보다 더 큰 국가의 정의에 대해 살펴보면 개인의 정의에 대해서도 설명이 가능하지 않겠느냐는 것이다.

이렇게 해서 드디어 대화의 주제는 국가로 옮겨가고 국가의 발생 기원에서 이야기가 본격적으로 시작된다. 소크라테스는 "만일 우리가 대화를 통해 국가가 발생한 기원을 관찰할 수 있다면 국가의 정의와 부정의가 어떻게 실현되어 가는가도 알아볼 수 있겠지?"라고 묻는다.

특별한 능력을 타고난 자만이
다른 사람들을 이끌 수 있다

"인간이란 자기와 이해관계가 가장 많은 대상에 애착을 느끼게 마련이네. 말하자면 자기의 운명을 좌우하고 가장 큰 영향을 주는 그런 것에 말일세. (……) 그렇다면 우리의 수호자는 이러한 사람들 가운데서 선출해야 되네. 즉, 국가에 이롭다고 생각되는 일에는 열성을 기울이지만, 그 반대의 일에는 절대로 관심 없이 외면하는 사람 말이네." (……) "국민들이여, 자네들은 형제요, 다만 신이 자네들을 서로 다르게 만들었을 뿐이고, 자네들 가운데 누군가는 명령하는 힘을 지니고 있으며, 신들은 이러한 사람을 만들 때 금을 섞어서 만들었다고, 그래서 그들은 최상의 영예를 가지고 있고, 다른 사람들은 그들의 보조자가 되게 하기 위하여 은으로 만들었다고, 또 그 밖의 사람들은 놋쇠나 철로 만들어져 농부나 직공이 된 것이라고, 이와 같은 대체로 어릴 때 마련되지만, 그러나 모든 사람은 한줄기에서 태어났으며, 금의 양친도 때로는 은의 아들을, 또 은의 양친이 금의 아들도 가질 수도 있다고." 〔제3권〕 p.192, 195

리더는 타고나는 것인가, 길러지는 것인가?

리더십과 관련해서 이것만큼 오래된 논쟁의 주제는 없을 것이다. 후천적인 노력을 강조하는 현대 사회로 올수록 후자에 힘이 실리는 것 같지만, 나는 어느 정도의 선천성을 무시할 수 없다고 생각한다. 개인간의 우열의 문제가 아니라 개인의 특성이란 관점에서 말이다.

오래전에 들은 이야기가 생각난다. 한 재벌 기업의 회장이 대통령 출마를 앞두고 분위기를 조성하고 있을 때였다. 관직에서 잔뼈가 굵은 장관 출신의 인사가 있었는데 그분 말씀이 아직도 뇌리에 선하다. "수십 년 간 사익을 추구해 온 사람이 공적인 이익을 다루는 일이 쉽지 않아요"라는 말이었다. 사람은 각기 그릇이 다르고 그릇의 용도 또한 다르다. 각자 자신의 그릇에 맞게 또한 그 용도에 따라 잘 찾아간 사람들이 행복한 인생을 산다.

특히 한 나라를 이끄는 일은 아무나 그 역할을 수행하는 것은 아니라고 생각한다. 누구나 지도자 직분을 수행할 수도 없거니와 열성을 다해 국가의 이익을 위해 헌신하기란 쉽지 않다.

이처럼 위의 인용문은 지도자가 될 사람은 나라의 일을 추진함에서 있어서 그 누구보다 열의를 갖고 행할 뿐만 아니라 큰 기쁨을 누리는 사람임을 강조하고 있다.

소크라테스는 국가의 기원을 이야기하는 과정에서 국가를 구성하는 이들에 대한 설명을 차분히 이어나간다. 우선 사람은 모든 것을 자급자족하며 살아갈 수 없다. 그래서 사람들이 하나둘 모여 생활하면서 국가가 생겨난다. 그리고 식량, 주거, 의복, 나아가 해외 무역 등이 필요해지면서 점점 국가 규모가 커진다.

이때 나라의 일을 맡는 두 집단을 수호자들(guardians)이라 부르는데, 이들은 전쟁을 수행하는 군인들(soldiers)과 시민들 사이의 갈등을 해결하고 국가 정책을 결정하는 통치자들(rulers)로 구성된다. 현대를 기준으로 하면 수호자들은 군인이나 정치가, 공직자 등에 해당할 것이다. 그리고 나머지 하나의 집단은 농민, 수공업자 및 상인으로 이루어지는 생산자들이다. 요컨대 플라톤이 말하는 국가를 이루는 세 계급은 통치자들, 군인들, 그리고 생산자들이다.

이처럼 혼자서 삶이 요구하는 필요와 욕구를 채울 수 없는 사람들이 각자의 직분을 다하기로 계약을 맺은 사회계약론에서 국가의 기원을 찾는 것은 오늘날에는 보편적인 생각이다. 하지만 당시의 아테네인들 중에는 국가가 신의 뜻에 의해 세워졌다고 믿는 사람들이 다수였다. 따라서 이러한 생각은 당시로서는 생소한 것이었다.

여기서 수호자는 특별한 능력을 타고나는 사람들이다. 때문에 플라톤은 '주어진 신성한 금속'이라는 용어와 함께 모든 사람을 금·은·동으로 나눈다. 물론 금이나 은의 양친으로부터 동의 자식이 태어날 수 있고, 그런 자식들은 아래 계급으로 내려가 농부나 직공이 되었다. 그리고 금이나 은이 섞여 태어난 직공의 아들 역시 명예를 얻어 통치자나

마라톤 전투에서 싸우고 있는 군인들 19세기 초 사람들이 상상한 마라톤 전투의 장면. 고대 아테네에서 군인들은 수호자 집단에 속했다. 카를 로텍의 작품.

군인이 될 수 있었다. 이렇게 계급 이동을 인정하긴 했지만 본래 타고나는 부분이 더 중시되었다. 그렇기에 금과 은이 아닌 동으로 만들어진 인간, 즉 수호자가 될 자격이 없는 인간이 한 국가의 수호자가 될 때는 그 국가는 몰락을 면할 수 없다.

『국가』의 제2권과 제3권에서는 수호자의 조건을 밝히고 있다. 수호자의 조건은 첫째, 필요 이상의 재산을 가져서는 안 되고, 둘째, 국민들로부터 받는 보수는 결코 많아서는 안 되며, 셋째, 야영 중인 병사들과 함께 생활해야 한다는 것 등이다.

태어날 때부터 인간이 금·은·동으로 나뉜다는 플라톤의 주장은 현대인들에게는 거부감을 줄 수 있다. 다만 수호자의 역할을 맡는 사람들은 타고난 능력 면에서 사업 등을 통해 개인의 이익을 추구하는 사람과 차이가 있다는 점은 인정한다. 나는 이를 두고 '공적인 인간'과 '사적인 인간'으로 부르고 싶다.

특히 훌륭한 통치자나 군인의 경우에는 일정 부분 타고난 기질이 있어야 한다고 본다. 흔히 '자리가 사람을 만든다'라는 이야기를 하지만 무조건 자리에 앉는다고 해서 임무를 잘 수행하게 될까? 그렇지 않다. 작은 조직이든 큰 조직이든 타인을 이끄는 데 뛰어난 자질을 지닌 사람들의 경우엔 남다르게 타고난 부분이 분명 있다.

사람마다 타고난 자질이 다르다는 것을 주장하면 자칫 유전적 특성을 지나치게 강조하는 위험이 있지만, 사람은 유전적 특성으로부터 완전히 자유로울 수는 없다. 어떤 사람은 공익의 길로 가야 하고 또 어떤 사람은 사익의 길로 가야 한다.

그런데 날 때부터 특별한 능력을 부여받은 자만이 다른 사람을 이끌 수 있다는 플라톤의 생각은, 훗날 인간의 혈통에는 태어날 때부터 우열이 있고 이 가운데 아리안 혈통이 최상이라고 믿었던 히틀러의 우생학과 연결된다는 오해도 낳았다. 나치의 생물학적 결정론은 유대인에 대한 조직적인 박해를 낳게 되는데 이런 행동을 뒷받침하는 이론으로 플라톤의 생각이 악용되었던 것이다.

어쨌든 분명한 사실은 플라톤의 말대로 사람은 각자 다르게 태어난다는 점이다. 즉 천성적인 차이가 존재한다.

난 생물학적 결정론을 믿지는 않지만 사람은 제각각 특성이 다르다는 것은 인정한다. 물론 시간이 흐르면 약간씩 변화하긴 하지만 그 사람의 고유한 특성은 변하지 않는다. 나 자신만 관찰해 보아도 그렇다. 우리가 자기 자신의 구조적인 특성을 이해한다면 다른 사람을 부러워하기보다 자신의 그릇을 꽉 채워 나가는 데 시간을 집중할 것이다. 그러면 좀더 행복한 삶을 살 수 있을 것이다.

『국가』의 제2권과 제3권에서는 수호자의 조건과 함께 어린 시절부터 이들을 수호자로 육성하기 위한 교육 방법에 대해서도 상세하게 설명한다. 교육에 대한 플라톤의 설명 가운데 오늘날 자녀들을 키우는 부모들이 참조할 만한 실용적인 조언 두 가지를 뽑아보았다.

첫째, 아이들에게 좋은 이야기를 들려주어야 한다. 이는 아이들의 정신을 올바르게 만드는 데 중요하다. 눈으로 보는 것들이 많아지는 이 시대의 특징을 고려하면 아이들에게 좋은 것들을 보여주어야 한다는 것도 포함되어야 한다.

둘째, 아이들에게는 모방이 중요하기 때문에 모방의 대상은 용감하고 절도 있고 존경할 만한 인물이어야 한다. 소크라테스는 모방에 대해 "유년 시절부터 이런 모방을 계속한다면 마침내는 이것이 습관이 되어 몸과 정신까지도 바꾸어놓는 제2의 천성이 되기 때문이네"라고 중요성을 강조하고 있다. 아이들이 본받고 싶은 역할 모델을 제시하는 데 신중해야 함을 말한다.

후천적인 노력이 강조되는 현대 사회다. 우리는 아이들에게 너는 무엇이든지 할 수 있다고 용기를 준다. 그리고 꿈을 꾸라고 가르친다. 그러니 플라톤처럼 선천적인 능력을 강조하는 것은 여기에 배치될 수 있다. 그러나 우리가 헤아려야 할 점은 누구나 무엇이든 다 잘할 수는 없다는 사실이다. 자신이 잘할 수 있는 가능성이 높거나 잘해야 될 분야를 선택해서 집중하는 것이 현명하다.

누구나 먼저
자신의 직분에 충실하라

"우리가 세운 국가에서는 어느 한 계급만이 행복하게 살 수는 없고, 모든 국민이 다 행복하게 살기를 바라고 있네. 그리고 이러한 나라에서만이 비로소 정의를 분명하게 할 수 있을 테니, 우리들이 계속 관찰해 나가는 동안 처음에 우리들이 탐구해 오던 것을 찾아낼 수 있다고 생각하네. 우리는 이렇게 찾아낸 이 행복한 나라를 어느 특수층의 행복을 위해서가 아니라 온 국민의 행복을 위해 이끌어 나가야 하네. (……) 기타 국민들에게는 한 가지 두드러진 재주를 갖도록 권장해서 각자가 자기 위치를 지켜야만이 나라 전체가 번영하고 올바른 정치가 베풀어질 수 있고, 각자 나름대로의 행복을 차지할 수 있다고 생각하네." [제4권] pp. 201~202

'왜 우리는 다른 계급의 사람들이 누리는 것을 누릴 수 없는가?'

아테네는 20세 이상의 남자들에게만 시민 자격이 부여되고 노예제의 물적 생산에 의해 돌아가는 계급사회였다. 이를 반영이라도 하듯이 플라톤의 이상 국가는 통치자, 군인, 그리고 생산자라는 세 개의 계급으로 이루어진 엄격한 계급사회였다.

플라톤에 의하면 이상 사회에서는 각자가 타고난 적성에 맞는 일을 하도록 허용되며 이 일에 평생 동안 종사해야 한다. 물론 그의 주장은 한 가지 일에 집중하는 대신 다른 일을 소홀히함으로써 그 한 가지 일을 좀더 훌륭하게 해낼 수 있다는 논리에 바탕을 두고 있다.

그러다 보니 수호자 계급에 속한 사람들은 다른 사람들처럼 재산이나 땅을 소유할 수 없고, 아름다운 집을 지을 수도 없으며, 귀한 손님이 와도 제대로 대접할 수 없는 처지를 두고 "오직 용병처럼 국가를 지키는 일 외에는 아무것도 하지 못하는 바보 신세가 되었다"라고 한탄한다.

이는 다른 계급에 속한 사람들도 마찬가지다. 농부들은 비단 옷을 입고 금으로 된 장식품을 주렁주렁 매달고 거리를 활보할 수 있도록, 도공들은 녹로 옆에서 모닥불을 피워놓고 술타령을 할 수 있도록 해달라고 요구할 수 있다.

그러나 플라톤은 국민 각자가 자기 직분에 충실한 것은 의무이며, 그 의무를 지킬 때만 국가가 번성하고 국민 전체의 행복이 커진다고 말한다. 자신에게 맡겨진 직분을 성실하게 수행할 때 나라 전체는 '조화'가 이루어지는데 이런 국가가 바로 이상 국가이다. 플라톤은 "우리는 각자가 제 나름의 분수에 맞는 그림 도구를 갖추어 전체를 아름답게 만들려고 칠하고 있으니 그것이 잘 조화가 되었는지나 보아주시구려"라고 말하기도 한다.

플라톤의 이러한 주장은 근대의 철학자들에게 종종 비난의 대상이 되곤 했다. 또한 일부 전체주의자들에 의해 잘못 적용되어 폐해를 낳기도 했다. 그러나 우리는 『국가』의 배경이 되는 고대 그리스는 엄격한 계급 사회였음을 기억해야 한다. 세 개의 계급으로 구성된 일종의 닫힌사회라고 볼 수가 있다. 또한 전후의 혼란 속에 말 그대로 '이상 국가'에 대한 염원이 그 어느 때보다 컸을 무렵 플라톤이란 철학자의 '창(窓)'으로 설명되고 있음을 알아야 한다. 이러한 특수성을 감안하지 않은 채 『국가』의 이야기를 현대에 대입하게 되면 오해와 폐해를 낳을 수 있다.

현대는 고대처럼 신분제도도 존재하지 않을 뿐더러, 계층 이동이나 신분 이동이 충분히 가능한 사회다. 그럼에도 각자의 직분에 충실하자는 이야기는 여전히 충분한 설득력을 갖는다. 시스템적인 문제에서는 시대적 특수성을 따져야 하나 그 본질은 지금도 유효하다.

아테네는 직무 중심으로 보면 엄연하게 자기 분야가 있던 사회였다. 그렇기에 각자가 자신이 처한 위치에서 고유 기능을 최고로 잘 발휘하는 상태, 각자의 직분을 최대한 잘 수행하는 것이 중요했다.

이는 현대적 의미로 보았을 때 바람직한 직업관으로 해석할 수도 있다. 인간이 갖고 있는 영혼, 혼이란 부분이 제대로 발현되면 엄청난 생산성을 이룰 수 있다. 그런데 자신의 능력을 한껏 발휘하기에 앞서, 자신이 어떠한 직분을 지니고 싶은지를 충분히 탐색해야 한다. 만약 경제적 자유를 누리기를 간절히 소망한다면, 그것을 공직에서 구하는 일은 쉽지 않다. 공직보다는 사기업으로 뛰어들어 그곳에서 최선을 다하며 사는 것이 맞다. 그래서 요즘은 장래가 촉망되는 공직자들 가운데 이런 저런 이유를 들어 사기업으로 전직하는 사람들이 종종 있다.

이렇게 각자가 원하는 것들에 대해서 명확한 우선순위를 매기고 행동한다면 자신의 위치에서 갖기 힘든 것들에 대한 욕구를 줄일 수 있다.

각자 자기 직분에 충실해야 하는 것은 일종의 의무이다. 자기 역할을 제대로 못하면 그동안의 명성이나 결과물들이 물거품이 되어버리는 것은 물론 타인에게도 악영향을 끼칠 수 있다.

2001년 파산 신청을 한 미국의 에너지 회사 엔론 사건에서 그 대표적인 경우를 발견할 수 있다. 엔론은 빠른 속도로 성장을 했지만, 내부 비리, 주가 조작, 분식회계로 공중분해되어 버렸는데, 이는 미국 역사상 최대의 회계 부정 스캔들 가운데 하나였다. 42세인 켄 레이는 1984년 6월에 엔론의 전신인 휴스턴 내추럴 가스의 CEO가 된다. 1990년대 들어 엔론의 주가는 세 배가 뛰고 1995년 5억 2,000만 달러의 이익을 남길 정도로 성장 가도를 달리게 된다. 1996년 론 바론이란 분석가는 "레이는 심오한 사색가요 멀리 내다보는 전략가로서 긴 세월 동안 천연 가스 산업을 주도해왔습니다"라는 찬사에 덧붙여 "그는 이 산업이 어디로 향할지 10년 먼저 알고 있습니다"라고까지 했다.

그런데 바로 이때부터 켄 레이는 고객에게 훌륭한 사람이 아니라 정치인이나 그 밖의 사람들에게 훌륭한 사람으로 자신을 자리매김하고 싶어했다. 『엔론 스캔들』의 저자인 베서니 맥린와 피터 엘킨드는 "(이때부터) 켄 레이는 점차 엔론 업무보다는 외부 활동에 치중하는 듯했다"고 평한다. 당시 레이가 외부 활동에 얼마나 분주하였던지 엔론의 한 임원은 "레이를 회의에 참석시키고 싶다면 핵심 인사를 초대해야 할 걸요"라고 말하기도 했다. 그는 기업 경영에 무관심하였으며 오히려 자선단체 활동이나 선거 자금 모집, 그리고 자신이 이사로 있던 워싱턴 두뇌 집단의 활동에 더 많은 시간을 투자한다.

창업자가 경영에 무심한 사이에 제프리 스킬링이라는 뜬구름만 잡는 최악의 경영자가 등장하여 사업 모델을 바꾸면서 분식회계로 고속 성장을 이끌어나가게 된다. 1993년 엔론 영업 이사로 영입되어 2000년 CEO에 오른 제프리 스킬링은 CEO로 임명된 지 6개월 만인 2월에 사표를 던지지만 회사는 12월에 파산하고 말았다.

스킬링은 휴스턴 법정에서 24년 6개월의 형과 아울러 재산 전액 몰수형을 선고받고 복역 중이다. 마찬가지로 유죄 판결을 받은 창업주이자 회장은 형량 확정을 앞두고 심장마비로 사망했다.

두 사람 모두 자신의 직분을 제대로 수행하지 못해 생긴 결과들이다. 기업 경영은 경영의 본질 즉, 가치 창출을 통해서 고객에게 봉사하고 이를 통해 생존과 성장을 보장받아야 한다는 원칙에 의해 운영을 해야 하는데, 이익만을 극대화하기 위해서 많은 비리를 저지르다 결국 일이 터진 것이다.

이처럼 각자의 직분을 지켜낸다는 것은 단순히 열심히 하는 것만을 뜻하진 않는다. 여기에는 스스로에게 요구되는 원칙과 도덕 같은 것들을 지켜내는 것, 곧 스스로를 컨트롤하는 것까지를 포함한다.

특히 고대 그리스 아테네의 수호자 계급처럼 리더가 자신의 해야 할 바와 할 수 있는 바를 최선을 다해 이룰 때 그 영향력은 매우 클 수밖에 없다. 리더가 재능을 한껏 발휘하면 조직의 능력을 몇 배로 이끌어내고, 조직원 개개인의 역량을 엄청나게 끌어올릴 수가 있다. 이렇듯 리더가 한 사람 한 사람의 영혼에 동기부여하기 위해선 어느 정도 자율적인 권한이 전제되어야 하는데, 오너십(ownership)이 명확하지 않은 조직들은 리더십 문제라든지 조직 구조상의 문제로 효율성이 많이 떨어진다. 극단적으로 사회주의가 몰락할 수밖에 없었던 것은 모든 사람이 열심히 일하는 척만 했기 때문이다.

각 개인이 자신의 직분에서 능력을 최대한 끌어올리고 조직의 생명력(vitality)을 유지하려면, 피가 막힘없이 돌아야 우리의 몸이 건강하듯 사회 전반이 보다 유연하게 순환해야 한다.

국가의 경우도 마찬가지다. 그런데 수호자, 즉 통치자가 자기 직책에 따른 불편함 때문에 불평을 하는 경우가 있다. 지도자가 되면 당연히 치러야 할 비용이 있는데 그걸 감당하지 못해 대통령직을 수행하는 것을 두고 툴툴대는 얘기를 하면 안 된다. 대통령이 누리는 화려한 점이 있으면 본인이 지불해야 할 비용이 있다. 가장이 되면 가장으로 누리는 즐거움이 있지만 치러야 할 비용이 있다. 이처럼 모든 직책은 본인이 수용해야 될 의무가 있다. 좋은 일만 있을 수가 없다.

자리가 올라가면 갈수록 치러야 할 비용 역시 커진다. 지도자가 된다는 것은 그만큼 더 눈치를 봐야 하고 더 조심해야 된다. 그런데 한국 사회를 보면 사람들이 치러야 할 비용은 생각하지 않고 누려야 할 것을 먼저 생각하는 경우가 많다. 지도자의 자리를 권리나 특권으로만 생각하니까 문제가 되는 것이다. 지도자가 원래대로 자신을 '섬기는 자'라고 생각하면 비극이 전혀 발생하지 않을 것이다. 어떤 자리에 갈 때 꼭 생각해야 할 것은 그 자리가 본인한테 어떤 비용을 요구하는가 하는 점이다.

인생의 이른 시점에 내가 무엇을 원하는지를 정확히 알고 이에 정직하게 대응할 필요가 있다. 그것은 개인을 돕는 일이기도 하고 조직을 돕고, 나아가 국가를 돕는 일이기도 하다. 요컨대 사회의 구성원들이 각자의 직분을 제대로 수행하는 것은 한 사회가 조화로운 상태가 되는 데 꼭 필요한 일이라는 플라톤의 주장은 이상 국가를 만들기 위해 무엇이 필요한가라는 질문에 중요한 의미를 던진다.

이제까지의 논의를 종합하면 우리는 나라 차원에서 정의(올바름)란 무엇인가에 대한 해답을 얻을 수 있다. 한 나라의 정의(올바름)는 어떤 것일까? 그리고 어떻게 실현될까? 나라를 구성하는 시민 개개인이 자신에게 맞는 일을 찾아서 자신의 일을 제대로 수행할 때 나라의 정의 혹은 나라의 올바른 상태가 실현된다. 이런 나라를 우리는 훌륭한 나라, 반듯한 나라, 정의로운 나라로 부를 수 있을 것이다.

나라의 정의를 소망하는 사람이라면, 다른 사람을 나무라기에 앞서 자신의 일을 제대로 하고 있는가를 찬찬히 자문자답할 수 있어야 한다.

이처럼 각자가 자신의 일을 제대로 수행할 때 구성원들 사이에 불화도 사라지고 나라의 화합을 이룰 수 있다. 플라톤은 『알키비아데스 I』에서 "각자가 제 일을 하는 한에서, 나라가 잘 경영된다"라고 말한다. 또한 그는 한 나라에서 시민들이 각자의 일이나 직분을 제대로 수행하게 되면, 서로서로 좋아하고 존중하게 된다고 말한다.

주요한 사안마다 이렇게 해야 하고 저렇게 해야 한다고 주장하는 소란스러움이 지나치게 많은 우리 사회가 새겨둘 만한 조언이다. 그런데 모두가 자신의 직업이 가져다줄 수 없는 것들을 국가 혹은 다른 사람들이 제공해야 한다고 주장하는 사회라면 늘 불화와 불만이 가득할 것이다. 물론 훌륭한 시민으로서 나라의 일에 대해 이런저런 의견을 내놓는 일도 중요하지만 우선은 각자가 자신의 직무를 최대한 잘 수행하는 것이 필요하다. 나라 차원의 올바름(정의)이란 무엇인가? 이런 질문에 대한 답이 의외로 명쾌하다는 사실을 다시 한 번 확인하게 된다.

'올바른 국가'는
지혜·용기·절제를 지녀야 한다

"생각건대 우리들의 국가는 적어도 올바르게 건설되기만 하면 완전한 뜻에서 좋은 거지."
"네, 당연하지요."
"따라서 그 나라에는 틀림없이 '지혜'가 있고, '용기'가 있고, '절제'를 가릴 줄 아는 데가 있고, '정의'가 있겠지?"
"네, 분명히 그렇습니다." (……)
"그건 이렇지. 용기와 지혜는 둘 다 국가의 어떤 특정 부분에 존재하는 것으로서 하나는 그 나라를 지혜스러운 것으로 만들고, 또다른 하나는 용감한 것으로 만든다고 했는데 절제는 그렇지가 않거든. 오히려 그 나라 전체에 마치 악기의 현(絃)의 전음역처럼 널리 퍼져 있어서, 저음부에 해당되는 사람도, 고음부에 해당되는 사람도, 또는 중음부에 해당되는 사람도 같은 노래를 모두 함께 합창하는 거지. 여기서 말하는 높낮이의 구별은 사려의 차이에 의한 것이건, 체력의 강약에 의한 것이건, 아니면 사람의 수나 재산이라든가 그밖에 그와 비슷한 종류 가운데의 하나에 의한 것이건 간에 자네 마음대로 구별해도 좋아. 그러니, 이 한마음이야말로 바로 절제이다, 라고 하는 것이 가장 옳겠지. 그것은 국가의 경우이건, 개개인의 경우이건, 소질이 뛰어난 자와 뒤떨어진 자 중에서 어느 쪽이 지배해야 하느냐에 따라 일어나는 협화(協和)거든." 〔제4권〕 p.212, 219

어릴 때부터 많이 들었던 말 중에 '자신의 본분을 다하라'는 것이 있다. 크고 나서도 학교에서 가정에서 직장에서 이 말만큼 귀가 닳도록 들어본 이야긴 없을 것이다. 그런데 평범한 것이 진리라는 사실은 시간이 좀더 흐른 뒤에야 깨닫는 것인지, 이 말에 담긴 심오한 의미를 『국가』를 읽으며 재확인하게 되었다.

자신의 본분, 즉 직분을 이야기하려면 먼저 사회 속에서 구성원들에게 요구되는 조건들이 있을 것이다. 이는 처한 상황에 따라 사람마다 다를 것이다. 바로 플라톤은 세 가지 계급으로 구성되는 이상 국가의 구성원들이 갖춰야 할 네 가지 조건에 대해 말한다. 이는 플라톤의 4주덕(四主德)인 지혜·용기·절제·정의이다.

플라톤은 "처음부터 바로 네 가지 사실을 찾아낼 수만 있다면 문제없

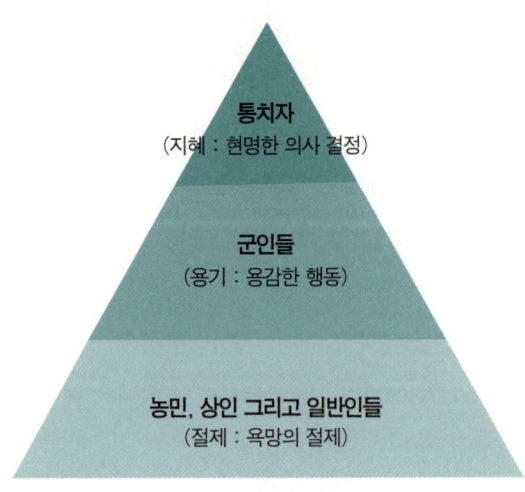

이상 국가 구성원의 조건

지만 그것보다도 다른 세 가지를 먼저 찾아낸다면"이란 가정을 하는데, 그는 우선 이상 국가의 구성원들이 갖춰야 할 세 가지 조건인 지혜·용기·절제에 대해 이야기한 다음에 이를 종합해서 나머지 하나를 이야기한다.

우선 통치자들은 국내 정치와 외교에서 최선의 결과를 올릴 수 있는 방안을 만들어내는 지혜를 갖추어야 하는데, 이를 두고 '지혜의 덕(The virtue of wisdom)'이라 부른다. 한 국가에서 소수의 지도자 계층이 가진 지혜로 인해 전체적으로 지혜를 갖추게 된 사회를 플라톤의 용어를 빌리면 '진정한 지혜가 있는 나라'라고 한다.

두 번째는 군인들, 즉 전사들이 가져야 할 '용기의 덕(The virtue of courage)'이다. 군인들은 목숨을 잃을 수 있는 위험을 무릅쓰고서라도 위험에 맞서 명령을 기꺼이 수행할 수 있어야 하는데, 이때 필요한 것이 용기다. 그렇다면 용기는 구체적으로 무엇을 뜻할까? 군인들은 전쟁이 터지기 전에 교육을 통해서 두려워할 것이 무엇이며, 두려워하지 말아야 할 것이 무엇인지와 관련해서 소신(판단, doxa)을 배운다. 이렇게 배운 소신을 두려움이 휘몰아칠 때나 고통이 따를 때나 즐거움을 느낄 때에도 지킬 수 있어야 한다. 따라서 용기는 소신을 지키는 것이기 때문에 소크라테스는 '용기란 일종의 보전(保全)'이라고 표현하였다. '진정한 용기가 있는 나라'는 군인들이 두려워할 것들에 대한 소신을 언제나 보전해 주는 능력을 지닌 나라를 말한다.

한편 생산자들은 수호자에 속하지 않는 계층으로 농민들과 상인들, 그외 사람들을 말한다. 그들은 때로는 더 높은 목적에 사적인 이익을 굴복시킬 수 있는 '절제의 덕(The virtue of moderation)'을 가져야 한다. 플라톤은 절제를 '하나의 질서이자 어떤 종류의 쾌락이나 욕망을 극복하는 일'일 뿐만 아니라 '자기를 이겨내는 일'이라고 표현한다. 한 사회가 화합이나 조화를 유지하기 위해서는 농업이나 상업 등에 종사하는 일반인들 스스로 각자의 욕망이 일정한 한계를 벗어나지 않도록 삼가는 노력이 필요하다.

요컨대 통치자는 '지혜의 덕(훌륭함)'을 발휘함으로써 '진정한 지혜가 있는 나라'를, 군인들은 '용기의 덕'을 발휘함으로써 '진정한 용기가 있는 나라'를, 농민과 상인 그리고 일반인들은 '절제의 덕'을 발휘함으로써 '진정한 절제가 있는 나라'를 만드는 데 애써야 한다. 그런 나라가 이상 국가다.

지혜·절제·용기 가운데 올바른 국가, 올바른 조직을 위해 지도자들에게 가장 핵심적인 것은 지혜이다. 물론 요즘같이 사회가 거대해지고 나라 안팎으로 기술과 사회 시스템이 급속도로 진화하는 시대에는 지

생산자들의 모습 기원전 480년 아테네 도기에 그려진 작업 장면. 플라톤이 말하는 정의란 국가 구성원들이 각자 자신의 직분에 최선을 다하는 것을 뜻한다. 그중 생산자들에게는 절제의 덕이 요구되었다. 베를린, 슈탈리히 박물관.

혜가 생존에 있어 전부가 될 수는 없다. 그러나 실질적인 기술 등은 누군가가 대신해 줄 수 있지만 흐름을 통찰하고 문제의 핵심과 본질을 꿰뚫는 지혜는 타인이 대신해 줄 수 없는 영역이다. 반면 지혜를 통해 현재에 대한 판단을 하고 미래에 대한 통찰력을 가지면 의사 결정을 잘 내릴 수 있고 그만큼 사람들을 가르치고 이끌어나갈 수 있다. 거기에 맞춰 사람들을 뽑고 사람들을 움직이면 된다. 그것이 생존에도 오히려 더 중요할 수 있다.

이처럼 구성원들이 갖추어야 할 직분의 본질이 지혜·용기·절제라는 사실은 플라톤 철학의 핵심이다. 세 계급이 각각 갖추어야 할 최고의 덕(훌륭함)인 지혜·용기·절제를 말한 다음에야 비로소 '정의(올바름)'가 등장한다. 플라톤은 세 계급이 각자의 혼에서 가장 중요한 것을 고도로 반복적이고 지속적으로 발휘한 상태인 지혜·용기·절제가 조화를 이룬 상태를 정의(正義)라고 말한다. 다시 말하면 나라의 구성원들이 각각 갖추어야 할 것(지혜, 용기, 절제)들 사이에 올바른 관계가 맺어진 훌륭한 상태가 정의(올바름)이다.

즉, 정의는 국가의 구성원들이 자신이 수행해야 할 직분에서 최선을 다하는 것을 뜻한다. 플라톤의 표현에 따르면 정의는 '마땅히 자기 자신의 것을 유지하고 행하는 일' 혹은 '본업에 충실함'을 뜻한다.

그렇다면 역으로 한 국가에서 정의롭지 못함은 무엇을 뜻하는가? 구성원들이 각자의 직분에서 최선을 다하지 않는 상태이다. 플라톤은 이처럼 국가 구성원들이 자신의 본분을 잊고 다른 곳을 기웃거리거나 참견할 때 국가 파멸의 중요한 원인이 된다고 한다. 플라톤은 이들 세 계급이 서로 쓸데없이 관여하거나 서로의 역할을 바꾼다거나 하는 일이 국가에 있어 가장 큰 손해일 뿐만 아니라 옳지 못한 행위의 극치라고 단호하게 말한다.

"마땅히 자기 자신의 것을 유지하고 행하는 일이 바로 정의라고 인정받을 수 있을걸세. (……) 한 나라에서 주로 돈벌이를 하는 종족, 보조 역할을 하는 종족, 나라를 통치하는 종족 등이 제각기 자기의 일을 잘하고 있을 경우, 이 '본업에 충실함'이야말로 아까와는 정반대로 그 나라를 올바르게 만드는 정의라고 말이야." 〔제4권〕 pp.222~223

국민들이 각자의 일에 최대한 충실하면 정의로운 국가에 이바지하게 된다. 어린 시절부터 자주 들어온 평범한 상식의 실천이 정의로운 국가, 한 걸음 나아가 정의로운 인간을 만든다. 자신의 직분에 충실하라! 스스로 앞가림을 하기 위해 노력하라! 잘 모르는 분야에 대해 참견하는 것을 가능한 한 줄여라!(참견하고 싶다면 공부해서 참견하라!) 타인이 자신을 돕는 것을 당연하게 여기지 말라! 내가 힘드니까 당신들이 나를 도와야 한다고 아우성치지 말라! 플라톤의 정의론에 대해서 이와 같은 메시지로도 해석할 수 있을 것이다.

물론 스스로를 도울 수 없는 사람에게 사회가 도움의 손길을 내미는 일은 반드시 필요하지만, 스스로를 도울 수 있는 사람에게까지 사회가 손길을 내미는 것은 정의로운 사회와는 거리가 멀다. 이것이 플라톤의 정의론이 갖는 현대적 의미라 할 수 있다.

플라톤의 정의론은 건강한 상식과 근면함을 갖고 살아가는 시민들에게 좀더 호소력이 있다. 자조 정신을 갖고 근면함으로 스스로의 운명을 개척해 가는 것이 자신과 가족 그리고 조직과 국가에 이바지하는 길이다. 그것이 정의가 아니고 무엇인가?

여기서 재미있는 것은 '자기 일을 잘하고 남의 일에 참견하는 것에 신중한 것'이 정의 즉 올바름이라고 한 대목이다. 이는 개인의 차원에서도 매우 중요한 부분이다. 자신의 직분에 충실한 것이 바로 자신의 인생에서 탁월함을 추구하는 과정이라고 할 때, 꼭 새겨두어야 할 부분이기도 하다.

흔히 자기 앞가림을 잘하다 보면 세상을 보다 폭넓게 볼 수 있는 안목이나 시야가 생긴다. 내 나이가 되면 주변 사람들의 삶의 부침(浮沈)이 다 보인다. 가만히 보면 이 분야 저 분야에 기웃거린 친구들은 아무것도 남지 않았다. 머리 좋은 것이 인생의 성공에 큰 영향을 주지 못한 경우가 허다하다. 하지만 우직하게 한 분야를 파고든 사람들은 대부분 승자가 되었다.

나는 『공병호 미래 인재의 조건』에서 T자형 경력 관리에 대해 언급한 바 있다. 이는 자신이 해야 할 분야가 무엇인지 정해지면 일단 그 분야를 깊게 파고들어 가고 어느 정도 파고들면 그때부터 옆으로 조금씩 곁가지를 치는 것을 말한다. 말하자면 먼저 본인의 직분과 할 일에 충실하고 나서 분야를 넓혀가라는 것이다.

사람은 누구나 관심도 제한되어 있고 힘도 제한되어 있고 시간도 제한되어 있기 때문에 일단 한 분야에서 깊게 파고들어가 본 사람들이 또 다른 분야도 파고들 수가 있다. 한 10년 정도 한 분야를 파고들면 사물의 이치를 어느 정도 깨닫게 되고, 그 다음에는 깨닫는 주기가 짧아진다. 그렇기 때문에 처음 시작할 때 제대로 파고들어야 한다.

그 대신 무엇을 파고들 것인가에 대한 진지한 탐색이 필요하다. 그리고 방향이 정해지면 최소한 10년 정도는 지긋이 깊게 파고들어 보자는 것이다. 그러면 그것을 통해 세상을 보는 눈도 생기고 인간에 대한 안목도 생긴다.

한 세계적인 여행 잡지의 창업자가 신문 인터뷰에서 젊은 사람들에게 자기가 좋아하는 일을 하라는 충고를 했다. 말은 좋지만, 좋아하는 일을 20대에 만나기란 쉽지 않다. 20대와 30대는 자신만의 것을 찾는 과정이다. 그것은 수많은 탐색과 시도 끝에 찾게 되는데, 그 과정을 참아내야 하는 기간이 분명 존재한다. 일단 일을 하다 보면 익숙해지고 익숙해지면 좋아지게 되는 거다.

그 과정을 버틸 수 있는 것은 바로 자신의 철학이다. 철학이 없으면 줏대없이 흔들리고, 그러다 평생 남의 의견에만 휩쓸린 채 살아갈 수밖에 없다.

남에 대한 참견도 마찬가지이다. 과학자들이나 예술가들 중에 노년이 됐을 때 사회적 발언들을 하는 것을 보면, 기대 밖의 엉뚱한 발언들을 하는 경우가 종종 있다. 자신의 분야에서는 통달했을지 몰라도, 다른 부분에서 미숙함이 드러나는 경우를 자주 본다. 남에게 충고를 하거나 사회적 발언을 할 때는 자기 분야에서 충분히 경험을 하고 숙고를 하고 성찰을 한 사람들이라도 지적 겸손함을 유지하는 게 좋다. 자신의 주장 역시 검증이 필요한 의견으로 생각하면 지적 겸손함을 유지할 수 있다. 의견은 앎(지식)과는 다르다.

요즘 SNS라든지 인터넷 공간에서 많은 사람들이 쉽게 발언을 하고 곧잘 남의 문제에 조언을 하곤 한다. 그들은 사실을 정확히 모르면서도 그걸 아는 것처럼 포장하고 있는 경우가 많다. 플라톤 당시의 사람들도 지금과 비슷했던 것 같다. 아무것도 모르면서 고함을 치고 발언하고 참견을 한다. 이미 청년 시절에 소크라테스에 대한 재판을 보면서 플라톤은 민주정체에서 보통 사람들의 본래 모습을 정확하게 볼 수 있었을 것이다. 그때나 지금이나 사람의 본성에는 변함이 없다.

누구나 자신의 분야에서 목소리를 낼 수 있다. 그러나 다른 분야에서는 그 분야 전문가의 말에 귀 기울이고, 배우는 자세와 지적 겸손함을 유지해야 한다. 또 자신의 전문 분야에 대해 이야기할 때도 경험을 했던 부분들을 겸손하게 얘기하는 것이 자기에게는 물론 타인에게도 도움이 된다. 나이 든 사람 이야기도 겸손하게 경청해 보고, 그 분야 전문가들의 이야기를 경청해 보는 게 개인적인 발전이나 사회적 안정에 도움이 될 것이다. 이는 올바른 개인과 올바른 국가가 되기 위한 굉장히 중요한 조건이다. 의견과 지식이 다를 수 있음을 기꺼이 인정하면서 사는 것이 바람직하다.

자칫 플라톤이 제시하는 국가와 구성원들에게 필요한 조건이란 것이 지나치게 이상적이라는 오해를 낳을 수도 있다. 당시에도 그러했을 것이다. 실제로 이상 국가에 대한 대화를 하는 동안 몇 번씩이나 대화에 참여한 사람들이 소크라테스를 재촉한다. 이는 플라톤 자신이 이상 국가가 사람들의 통념에 위배되는 주장을 많이 포함하고 있음을 잘 알고 있었다는 얘기다.

그러나 개인이든 국가든 현실이 어떠하더라도 지속적으로 추구해야 할 이상적인 모습은 존재한다. 일종의 지향성 같은 것 말이다. 현실과 이상 사이의 간격을 메우기 위해 노력하면 할수록 개인이든 국가든 보다 더 나아질 것이다. 이것이 바로 오늘날에도 우리가 플라톤의 이야기에 귀기울여야 하는 이유이다.

'올바른 개인'은
이성·기개·욕망을 잘 관리해야 한다

"개인의 경우에 있어서도 사랑하는 나의 친구여, 그런 식으로 자기 자신의 마음속에 그것과 똑같은 종족이 있어서 국가 안에서의 세 종족과 마찬가지 상태로 있는 것이 같은 이름으로 불릴 자격이 있다는 것은 당연하겠지." (……)

"우리들은 마음속에 깊은 생각을 일으키게 하는 쪽을 마음의 '사유적 부분(思惟的 部分; rational soul)'이라 이름 붙이고, 다른 한편, 즉 마음에 애욕을 일으키게 한다든지, 배고픔이나 갈증을 느끼게 한다든지, 그 밖에 일반적으로 욕망에 사로잡혀 이성을 잃게 하는 것은 욕망의 충족 및 쾌락과 연결되는 부분으로서 이것을 '비사유적(非思惟的)·욕망적 부분(慾望的 部分;

appetitive soul)'이라고 이름지을 수 있지."

"충분한 이유가 되겠습니다. 오히려 당연하다고 할 수 있겠지요."

"그럼, 우리들 마음속에는 그런 두 가지 종류가 존재한다고 결정지을 수 있겠네. 그런데 '의욕적인 부분(意慾的 部分; spirited soul)' 즉, 우리들을 분발시키는 부분은 제3의 부분일까, 아니면 아까의 그 두 개 부분 중 어느 한 쪽과 같은 성질의 것일까?" (……)

"마치 국가 안에서 돈벌이를 주로 하는 사람, 보조하는 사람, 정무를 심의하는 사람의 세 종류가 국가를 구성하고 있듯이, 마음속에서도 이 의욕적인 것이 제3의 것으로 끼어들어 나쁜 방식으로 양육을 받아 엉망이 되어 있지 않는 한, 그 소질로 보아 '사유적 부분'을 보조하는 것이 되지 않을까?"

〔제4권〕 pp.224~225, 232, 234

'살아보지 않은 인생에 대해 함부로 말하지 말라.'

나는 요즘 강연에서 이 말을 참 많이 한다. 20대 젊은이나 30·40대들이나 세상이 불안해지면서 목표를 이루며 살아가기가 너무 힘들다는 이들이 많아졌기 때문이다. 대한민국에서 살기가 만만치 않다는 데에는 동감하면서도 이럴 때일수록 정신을 더 가다듬어야 한다고 생각한다. 바로 '기백'이 있어야 하는 것이다. 나는 이 기백을 다름 아닌 올바른 정신이라고 보는데, 이때 우리가 참고할 수 있는 것이 플라톤의 '영혼 삼분설'이다.

이 즈음에서 우리는 국가의 정의에 대한 논의가 왜 시작되었는지를 다시 한 번 떠올려볼 필요가 있다. 원래의 논의는 개인의 정의에 대한 이해를 위해 국가의 정의를 알아보기 시작했다. 이에 대해 플라톤은 "우리들은 정의를 가지고 있는 것 중에서 개인의 경우보다도 대규모의 것(국가의 정의)부터 먼저 알아보면 한 개인에 있어서의 정의가 어떤 것인지를 더욱 잘 알 수 있으리라고 생각하고 이 고찰을 시작했지"라고 말한다. '올바른(정의로운) 국가'와 '올바른(정의로운) 개인'은 서로 닮은꼴이기 때문이다.

『국가』 제4권의 마지막 부분에 이르면 비로소 국가의 정의로부터 시작된 논의는 다시 개인의 정의에 이르면서 끝에 도달하게 된다.

앞에서 설명한 바와 같이 플라톤의 이상 국가는 정의로운 국가를 뜻하며, 정의로운 국가는 그가 주장하는 '4주덕(지혜, 용기, 절제, 정의)'에 바탕을 두고 있다. 덕(德)은 혼의 훌륭한 상태, 즉 훌륭함을 뜻한다. 플라톤에 의하면 인간의 혼은 한편으로는 이데아를 지향하지만 다른 한편으로는 감각적인 현상에 얽매어 있기 때문에 훌륭한 상태에 도달하는 일이 만만치 않다고 말한다.

국가에 세 계급이 존재하듯 개인의 혼 역시 세 부분으로 이루어져 있다. 첫 번째는 지적 이데아의 세계에서 작용하는 이성(理性: logos)이다. 이는 '헤아리는(추론적, 이성적) 부분', 즉 '사유적 부분(rational soul)'으로 사실과 사실이 아님, 참과 거짓을 구분하고 현명하게 의사결정을 내리도록 하는 사유 혹은 사고하는 부분이다.

두 번째는 이성의 명령에 복종하여 육체적 욕구를 억압하는 기개이다. 이는 '의욕적 부분(spirited soul)'으로, 이성이 최선이라고 결정한 것에 따라 명령을 수행하는 부분이다.

세 번째는 충동적인 성향을 지닌 채 감각적·육체적 욕구를 느끼는 욕망이다. 이는 '비이성적(헤아릴 줄 모르는)이며 욕구적인 부분', 즉 '비사유적·욕망적 부분(appetitive soul)'으로, 느끼고 소유하기를 갈망하는 욕구와 관련된 부분이다.

일상생활에서 우리는 이와 같은 이성(mind or intellect), 기개(will or volition), 그리고 욕망(emotion or desire)이 충돌하는 것을 자주 경험한다. 배가 고파서 먹을 것을 향해 짐승처럼 달려가고픈 욕망이 일어날 때도 품위 있게 행동해야 한다는 마음의 소리를 듣고 욕망을 억제한다. 좋은 것을 보면 사고 싶은 충동이 들지만 경제적 형편을 고려해야 한다는 이성의 소리가 그 충동을 억제한다.

혼의 세 부분에 각각 대응하는 혼의 훌륭함(덕, 훌륭한 상태)을 살펴보면, 이성은 머리에 관계된 부분으로 '지혜의 덕(훌륭함)'이 요구되며, 기개는 심장에 관계된 부분으로 명예나 권력을 추구하는 데 있어 '용기의 덕'이 요구되며, 끝으로 욕망은 복부에 관계된 부분으로 영양과 생식 그리고 소유를 추구하는 데 있어서 '절제의 덕'이 필요하다. 이들 세 부분이 각기 분수를 지켜 각자의 훌륭한 상태에 도달함으로써 조화와 균형이 이뤄지면 '정의의 덕'이 성립한다.

즉, 플라톤은 인간의 혼을 사유적 부분, 의욕적 부분, 그리고 비사유적·욕망적 부분으로 나누고 각각 이들의 최고 상태(훌륭함, 훌륭한 상태)를 지혜·용기·절제로 삼분한다. 사람은 태어나면서부터 이 세 가지 덕 중 한 가지의 탁월한 능력을 지닌다고 생각했다. 어떤 사람은 지혜의 덕에 탁월함을 보이고, 어떤 사람은 용기의 덕에, 어떤 사람은 절제의 덕에 탁월함을 보인다. 이들은 각각 수호자 계급, 군인 계급, 생산자 계급에 속한다.

이와 같은 '영혼 삼분설'에 따르면 올바른 국가와 마찬가지로 올바른

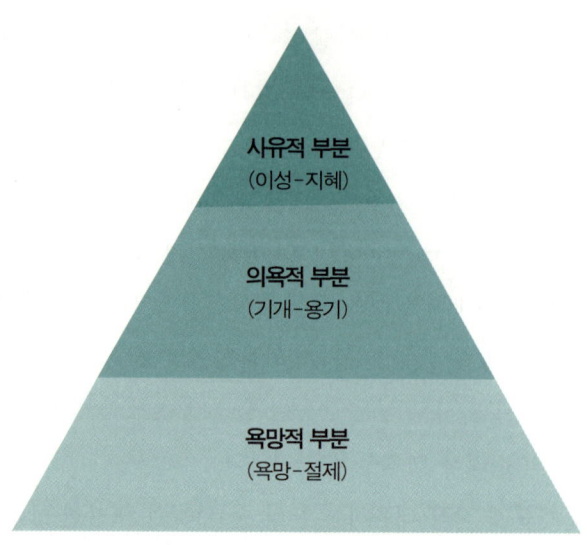

혼의 세 부분과 각각의 덕(훌륭함)

사람도 세 가지 요소인 이성·기개·욕망이 각각의 훌륭한 상태에 이를 때 비로소 정의가 실현된다. 그런데 이 세 가지 요소 사이에는 서열이 존재하며 그 맨 위에 이성이 존재한다.

혼을 이루는 세 부분, 즉 이성·기개·욕망에 대해 각각 지혜의 덕·용기의 덕·절제의 덕이 조화를 이루는 사람을 '올바른(정의로운) 개인'이라 부른다. 다시 말하면 세 가지 부분이 각각의 덕(훌륭함)에 도달한 상태를 정의라 할 수 있다. 각자의 직분을 충실히 수행하는 것이 국가의 정의(올바름)인 것처럼 개인에게 있어서도 혼의 각 부분이 직분을 충실히 수행하는 것이 정의(올바름)이다.

쉽게 말하자면 나는 과연 정의로운 인간인가, 올바른 삶을 살고 있는가 하고 자문할 때 이렇게 질문을 던져볼 수 있다. 지혜를 발휘해야 할 때 지혜를 제대로 발휘하는가? 용기를 발휘해야 할 때 용기를 제대로 발휘하는가? 욕망을 절제해야 할 때 절제를 제대로 발휘하는가? 세 가지 가운데 어느 것 하나 소홀함 없이 실행되는 상태가 개인 차원에서의 정의(올바름)이다.

지금처럼 소비가 존재의 보증수표가 되는 사회에서 혼을 강조하는 플라톤의 이야기는 특별히 새겨볼 필요가 있다. 얼마 전, 20대 여성이 명품을 사는 데 쓴 카드 빚이 걷잡을 수 없이 늘어나자 자살을 했다는 뉴스를 보았다. 그것을 보고 플라톤의 혼에 대한 이야기가 지금처럼 욕망을 자극하는 시대에는 정말 필요하다는 생각이 든다. 소비, 돈, 권력, 지위 등은 대부분 다 욕망이다. 그것을 적절하게 제어할 수 있는 이성이 필요한 것이다. 욕망을 절제하고 욕망이 이성의 지배하에 분수를 넘지 않도록 움직이게 하는 것이 중요하다.

그리스인들은 건강한 육체에 건강한 정신이 깃든다고 했지만, 플라톤은 오히려 과도할 정도로 혼을 강조하고 있다. 이와 달리 현대의 우리는 과도하게 육체적인 것, 물질적인 것을 추구한다. 사람들은 혼이 대단히 중요한 것임에도 불구하고 눈에 보이지 않는다고 별로 중시하지 않는다. 육체는 눈에 바로 보이니까 성형도 하고 꾸미기도 한다. 몸짱 얼짱이라는 말들이 그런 세태를 반영한다.

이런 시대에 플라톤의 혼에 대한 '극단적인' 강조가 영혼의 문제에 둔감해져 있는 우리에게 그 중요성을 환기하고 영혼과 육체, 정신과 물질의 균형추 역할을 해줄 수 있을 것이라고 생각한다. 플라톤의 조언을 받아들여서 각자의 혼을 잘 다스리면 욕망에 휘둘리지 않고 자기 혼의 주인이 되는 데 도움을 받을 수 있다.

오늘날 많은 젊은이들은 삶에 대해 불안해하고 힘들어한다. 그런데 가만히 들여다보면 사회의 시스템적인 문제에서 비롯되는 부분도 있겠지만, 기대 수준이 '너무 빨리 너무 높게' 설정된 탓도 있는 것 같다. 기대 수준을 조금 낮추고 길게 내다보고 그것을 이루어가는 과정 자체를 즐기면 살아가는 데 큰 도움이 될 것이다. 본인의 기대 수준을 조절하지 못하면 앞으로 아무리 돈을 많이 벌고 높은 지위에 오르더라도 항상 욕구불만에 시달릴 것이다.

사실 알고 보면 그 기대 수준도 자기 자신이 설정한 게 아니다. 사회가 설정한 것이다. 그러니 자기도 모르는 사이 사회적 분위기 탓을 할 수도 있다. 그러나 그에 앞서 남이 가라는 대로 가면 기회가 없다는 사실을 알아야 한다. 스스로 기준을 설정하라! 대다수가 가는 길, 대다수가 믿는 것을 무작정 따라가지 않아야 한다. 그것이 바로 자기 혼의 주인이 되는 길이다.

사회 혹은 타인의 기준에 의문을 품어보는 용기, 그리고 자신이 무엇을 원하는지에 대해 과감하게 탐구해서 얻는 지혜, 사회가 주입하는 소비와 순간적인 즐거움을 스스로 통제하는 절제, 이 세 가지가 어우러져 올바른 사람이 된다면 자기의 꿈을 이루는 것은 물론 그 개인이 속한 사회도 발전하게 되는 것은 자명한 사실이다. 즉, 정의로운 사회에 한 걸음 더 다가서게 될 것이다.

미국의 경영학자이자 사회생태학자인 피터 드러커의 『피터 드러커 자서전』에 오랫동안 여운을 남기는 이야기가 나온다. 그가 열네 살 되던 1923년 11월 11일, 그날은 합스부르크 왕가의 마지막 황제가 물러나고 공화정이 선포된 날이다. 당시 수도 빈 인구의 대다수는 사회주의자들이거나 사회주의에 동조하는 사람들이었기 때문에 그날은 그들의 승리의 날이기도 했다. 사회주의자들의 기념행사가 그렇듯이 그날도 청소년들과 노동자, 그리고 시민들은 각자 조직의 깃발을 들고 대규모 행렬을 지어서 시내를 향한다. 설레는 마음으로 그날의 행사를 기다렸던 열네 살 소년은 행렬의 앞줄에 서서 신이 나 있었다. 드러커는 "나는 그 순간이 내 인생에서 제일 행복한 순간이 될 거라고 생각했었다"고 회고한다.

그러나 얼마 가지 않아서 그는 행렬을 빠져나와서 행렬이 나아가는 반대 방향으로 향한다. 자신이 그들과 어울리지 않는다는 사실을 발견

피터 드러커 다수의 길을 따라가기보단 자기만의 길을 감으로써 오히려 후대에 더 큰 영향을 남긴 최고의 경영학자.

한 드러커는 "그 차갑고 떠들썩한 11월의 어느 날, 내가 구경꾼이라는 사실을 발견했다"고 말한다.

난 드러커에 크게 공감했다. 나도 깃발을 따라가지 않은 인생이었다. 왜 내가 깃발을 따라가야 하는가, 나는 나인데. 젊은 날에는 이런 정도의 기백이 있어야 한다. 즉 자기 혼을 강하게 붙들고 주인으로서 살아가야 하는 것이다.

소크라테스, 플라톤을 읽으면서 가장 중요한 것은 결국 나를 찾아야 한다는 것이다. 그러면 두려워할 이유도 없고, 불안해할 이유도 없다. 지금 앞서가고 뒤서가는 것은 그리 중요하지 않다. 조금 늦더라도 자신의 길을 꿋꿋이 가는 게 중요하다. 나이 쉰 정도에 이르니 그게 너무나 확연히 보인다.

거침없는 욕망은
우리를 시험하고 정의를 파괴한다

"우리는 누구이건 간에 자기 안에 있는 각 부분이 자기 일을 충실히 할 때 '올바른(정의로운) 사람'이 될 수 있고, 자기 일을 제대로 하는 사람이 된다는 점을 말이야." (……) 양자(사유적 부분, 의욕적 부분)는 욕망적 부분을 잘 감시하여 어쩌다가, 이른바 육체적인 쾌락을 맛본 나머지 그 세력이 커져서 아까의 경우와는 반대로, 자기의 본업을 지키지 않을 뿐만 아니라 오히려 분수에 맞지 않게 감히 다른 부분까지도 자기의 노예로 만들어, 온 생명체를 전도(轉倒)시키는 일이 없도록 할 거란 말이야." (……)
"그런데 사실은 정의란 아마도 그런 것이었겠지만 자기 일이라곤 해도 그것은 외면적인 행위로서가 아닌, 오히려 내면적인 행위, 진정한 의미에서의 자기 자신 내지는 자기 자신의 일에 관계되는 것이란 말이야. 올바른 사람이란 자기 안에 있는 각 부분이 다른 부분의 일을 하지 못하도록 하고 마음속의 종족들이 서로 쓸데없이 남의 일에 손대는 것을 허용하지 않지. 진정한 의미에서의 본업을 착실히 처리하고, 자기 스스로를 다스리고, 질서를 확립하여 자신의 친구가 되어, 마치 음계에 있어서의 세 개의 가락인 고음, 저음, 중간음이 조화되듯이 세 개의 부분을 조화시켜서, 다시 말하면 그것 이외에 뭔가 중간음 같은 것이 있으면 그것도 모두 결합시켜서, 여러 가닥으로 분열되어 있는 것을 절제와 조화로써 완전한 하나로 만들지."

[제4권] pp.236, 239

'욕망의 시대'를 살아가다 보니, 이를 제어하지 못해서 자신의 중요한 것을 잃어버린 이들이 많다. 그중에서도 안타까운 경우가 타이거 우즈이다. 세 살 때부터 골프채를 손에 쥐었던 우즈는 동양적인 예의와 겸손 때문에 가장 사랑받는 미국인 중 하나였고, 전무후무한 실력으로 골프의 황제로 군림했다. 그러나 그는 욕정을 제어하지 못해 인생이 한 순간에 나락으로 떨어지는 경험을 했다. 전 세계적으로 망신을 당한 것은 물론 지금까지 제대로 재기하지 못하고 있는 실정이다. 욕망이란 얼마나 강력하고 파괴적일 수 있는지 보여주는 사례이다.

인간의 혼을 구성하는 세 가지 부분들 중에서 가장 큰 비중을 차지하는 것이 바로 '욕망적 부분'이다. 욕망이 가진 어마어마한 힘을 두고 플라톤은 '이것이야말로, 각자의 마음 중 가장 큰 부분을 차지하고 있으며, 그 소질로 미루어보아 끊임없이 덮어놓고 돈을 탐내는 것'이라고 표현한다.

각자의 일상을 돌아보자. 살아 있다는 것은 끝없이 욕망이 꿈틀거리는 것을 뜻한다. 인간은 살아 있는 한 소유욕, 성욕, 식욕 등과 같은 욕망으로부터 결코 자유로울 수 없다. 물론 이러한 욕망이 성취를 이루게 하고 무언가를 끊임없이 추구하게 하는 연료가 되기도 한다. 그러나 욕망은 잠시라도 방심하면 금세 끓어넘쳐 인간을 쥐고 흔들기 쉽다. '지나침은 미치지 못함과 같다'는 말 과유불급(過猶不及)을 떠올리게 된다.

중요한 것은 이들 욕망이 지나치게 분출되어 자신과 타인을 불편하게 하지 않도록 노력하는 일이다. 또한 욕망이 파괴적인 방향으로 흐르지 않고 건설적인 방향으로 흐를 수 있도록 관리할 수 있어야 한다.

젊은 날에는 나이를 먹으면 그런 욕망들이 순치(順治)될 것이라는 순진한 생각을 가졌던 적도 있다. 물론 일부 욕망들은 그 강도가 낮아지기도 하지만, 대부분의 욕망은 나이와 무관하게 강함을 잃지 않는다. 『국가』의 시작 부분에서 소크라테스가 부유한 늙은이 케팔로스에게 노년이 주는 이로움이 무엇인가라는 질문을 던진다. 그러자 그는 나이를 먹어가면서 성적인 욕망으로부터 벗어난 기쁨을 이야기하는 작가 소포클레스의 말을 인용하며 이런 이야기를 들려준다.

"사실 나이를 먹으면 그런 종류의 정념(이성에 대한 욕정)에서 해방되는 대신 평화와 자유가 듬뿍 안겨지게 되니까요. 모든 욕망이 사라지고 마음의 여유가 생기면, 바로 소포클레스가 말한 대로 미친 듯이 날뛰는 아주 많은 (아주 사납고 무서운) 폭군의 손에서 완전히 풀려나오는 것과 마찬가지 기분이 드니까요." [제1권] p.58

그러나 요즘은 수명이 점점 길어지는 추세여서 이 정도의 경지에 도달하려면 상당히 나이가 들어야 할 것이다. 아마도 나이를 아주 많이 먹어 욕망 자체가 생겨나기 힘들 정도로 육체적으로 쇠약한 상태여야 할지 모른다. 그렇다면 이런 욕망들을 어떻게 제어할 것인가? 플라톤은 '사유적 부분'과 이의 명령을 수행하는 '의욕적 부분'을 제대로 활용하라고 조언한다. 그리고 전자는 아름다운 말〔言論〕이나 학문으로 양육할 수 있고, 후자는 조화와 율동으로 길들이고 가라앉히고 늦출 수 있다고 말한다.

소포클레스 두상 고대 그리스 3대 비극시인의 한 사람이었고 정치가로서도 탁월한 식견을 지니고 있었다.

"이 두 부분은 또한 적이 외부로부터 공격해 온다 해도 마음 전체와 육체를 위해 더할 나위 없이 훌륭하게 수호해 나가겠지? 즉, 한쪽 '사유적 부분(이성)'이 깊이 생각하고 심의하면, 다른 한쪽 '의욕적인 부분(용기)'은 그 통치자의 명령에 따라 방어해 주는 동시에 깊이 생각하고 심의된 그 구상을 용기를 갖고 잘 수행함으로써 말이야." 〔제4권〕 pp.236~237

누군가 나에게 욕망을 제어하는 방법을 묻는다면 나는 이렇게 답하고 싶다.

"생이 끝나는 순간까지 자신이 오늘 그리고 현재 이 순간에 무엇을 해야 하는 존재인지를 깊이 각성하고, 이를 최고로 잘하기 위해서 혼신의 힘을 다해서 과정에 최대한 충실하게 살아가라. 늘 더 잘하기 위해서 어떻게 해야 하는가 고민하는 이성의 힘을 최대한 발휘함으로써 욕망을 제어할 수 있다. '더 잘함(better than)'이란 화두는 새롭게 배워야 할 것을 계속해서 제공한다. 욕망의 출구를 배움과 더 나아짐으로 향하도록 만드는 것이다. 물론 그 출구에는 직업인으로서 더 나아짐뿐만 아니라 한 인간으로서의 더 나아짐이 함께 포함되어야 한다."

한편 혼의 세 부분이 각각 지혜·용기·절제의 훌륭함(덕)을 기꺼이 받아들인다면 조화를 이룰 수 있을 뿐 아니라 개인의 정의와 행복을 실현할 수 있을 것이다. 하지만 욕망은 끊임없이 지혜와 용기를 시험하려 달려든다.

인간은 불완전한 존재이기에 계속해서 욕망에 휘둘린다. 욕망에 흔들리는 것은 모든 인간의 숙명이라 할 수 있다. 게다가 현대 자본주의는 끊임없이 인간의 욕망을 부추긴다. 플라톤의 조언에 따르면 살아 있음은 욕망에 의해 부추김을 당하는 것이므로 이것 자체를 부정할 필요는 없다. 다만 욕망을 이성과 용기로 방어할 수 있을 때만 온전한 삶을 누릴 수 있다. 이를 달리 표현하면 사려분별이 동반된 숙고(熟考)와 실행으로 욕망을 제어하는 것이다.

욕망의 노예가 되어 카지노나 경마 같은 데 빠져 전 재산을 날리고 참담한 세월을 보내는 사람들이 있다. 나이를 꽤 먹었는데도 그런 습관을 버리지 못하는 사람들도 적지 않다. 그래서 삶의 마지막 순간까지 스스로를 욕망으로부터 방어하는 의무를 저버리지 않아야 한다. 깨어 있지 않으면 언제든 욕망의 파고(波高)에 무너져내릴 수 있다. 이성과 용기를 최대한 발휘해서 내부로부터, 혹은 외부로부터 침입하는 욕망을 제어할 수 있어야 한다.

또한 적절한 출구를 만들어주지 않으면 언제든지 자기를 파괴할 수 있는 게 욕망이다. 욕망은 절제된 출구 없이 내부에 쌓아두면 언젠가는 한번 터지게 되어 있다. 인생을 살다 보면, 어떤 사람이 실수를 저질렀을 때 그게 '오늘 우연히 일어난(happen to be)' 실수가 아니고 '언젠가 터질 수밖에 없었던(inevitable)' 것이라는 게 보인다.

개인들의 욕망이 마구잡이로 분출되면 혼의 세 부분 간의 조화를 깨뜨림으로써 부정의를 낳는다. 또한 개인에게 맡겨진 직분을 소홀히 하게 함으로써 사회적 차원의 정의를 침범하게 된다. 욕망이 분출되면 남보다 더 갖고 싶고 더 이익을 챙기고 싶게 되는데, 그러면 사회는 혼란스러워진다. 가령 정치인이 본인의 분수를 넘는 의사 결정을 내리게 되면 나라 전체가 혼돈 상태에 빠진다.

이처럼 국가의 정의와 개인의 정의를 파괴하는 욕망에 대해 우리는 끊임없이 주의를 기울이고 방어책을 마련해야 할 의무와 책임이 있다.

미국의 부호 워렌 버핏과 빌 게이츠는 엄청난 부와 그 욕망이 가질 수 있는 파괴력에 대해 일찍부터 깊이 인식하고 있었던 것 같다. 특히 워렌 버핏은 주체할 수 없을 정도로 재산이 늘어났음에도 불구하고 부자가 되기 전의 라이프 스타일을 그대로 유지하는 것처럼 보인다. 일찍 세상을 떠난 그의 아내는 워렌 버핏을 두고 "내 남편은 (책을 읽을 수 있는) 백열등과 책 한 권만 있으면 행복할 사람이다"라고 말한 적이 있다.

또한 빌 게이츠의 얼굴과 언행에서 나이를 제대로 먹어간다는 것이 어떤 것인지를 알 수 있다. 자신을 욕망을 채우기 위한 용도가 아니라 아프리카의 아이들의 생명을 구하는 자선사업에 뛰어든 그의 얼굴은 젊은 날의 패기와 또다른 원숙미를 느끼게 한다.

욕망을 다스림에 있어서 훗날 아리스토텔레스는 습관의 중요성을 강조하는데, 플라톤 역시 좋은 생활 습관이야말로 인간으로서의 훌륭함을 갖추는 데 큰 도움을 주는 방법임을 다음과 같이 강조한다.

"일상생활에서 '아름다운 일(훌륭한 '생활 습관', epitēdeumata)'을 하려고 노력하면 [사람으로서의] 덕(훌륭함)을 소유하게 될 것이고, '추악한 일(부끄러운 '생활 습관')'을 하게 되면 악덕(나쁨)을 소유하는 쪽으로 기울어지겠지?" [제4권] p.241

습관은 반복적으로 행해짐을 그 특징으로 한다. 우리의 몸가짐과 마음가짐을 일정한 방식으로 오랫동안 반복하다 보면 알게 모르게 그 사이에 '굳어진 (마음의) 상태' 및 '성격'이 만들어지게 되는데 이를 흔히 습성(hexis)이라 부른다. 영어의 habit이란 단어의 어원인 라틴어 habitus 또한 헬라스 말인 hexis와 비슷한 의미를 갖고 있다.

사람은 그 자체가 습관의 덩어리다. 욕망이 일어났을 때 이성과 논리를 가지고 항상 따져볼 수가 없다. 매번 일이 벌어질 때마다 그것을 할지 말지를 따져야 한다면 너무나 많은 에너지가 소모되기 때문이다. 그래서 인간은 그냥 자극에 반응하도록 스스로를 단련한다. 툭 욕망이 떠오르면 탁 반응이 튀어나오도록 만드는데, 그것이 습관이다.

인간의 중요한 본성 가운데 하나는 자신의 이익을 추구하는 것이고, 또다른 하나는 어떤 행위를 하더라도 경제적으로 하려는 것이다. 걷더라도 가장 에너지가 적게 드는 방향으로 걷는다. 습관은 두 번째 본성을 충족시키는 좋은 방법 가운데 하나로 불필요하게 에너지를 쓰지 않고 해결책을 내놓는다.

습관은 의지의 산물인 것처럼 알고들 있지만 사실은 뇌 자체가 그것을 인식하도록 몸에다가 '심는' 것이다. 물리학에서 보면 물체가 운동을 할 때 최단 경로를 찾는다. 지름길로 가야 에너지가 제일 덜 소모되기 때문이다. 몸도 그렇게 되어 있다. 습관이 붙으면 새벽에 일어날 것인가 말 것인가를 고민할 필요가 없다. 그냥 그 시간에 자동적으로 일어나게 되어 있다.

그렇다면 왜 훌륭한 생활 습관과 습성이 필요한가? 그것은 우리 모두가 훌륭한 사람이 되기를 바라기 때문이다. 우리가 동의하든 동의하지 않든 스스로 나쁜 사람이 되기를 소망하는 사람들은 거의 없을 것이다. 훌륭함에 다가서기를 소망하는 사람들이라면 훌륭함은 곧바로 혼의 훌륭함임을 명심해야 한다.

"덕(훌륭함, arete)이란 바로 마음(혼)의 건강과도 같은 것 또는 아름다움, 건장함(좋은 상태)일 테고, 악덕(나쁨, kakia)이란 질병 또는 추악함, 허약함 등이라고 할 수 있지." [제4권] p.241

여러분은 왜 고전을 읽는가? 내가 고전 읽기와 쓰기를 인생 후반전의 대형 프로젝트로 시작하게 된 것은 딱 한 문장으로 요약할 수 있다. "나는 지금보다 더 훌륭한 사람이 되고 싶다."
이 목표에 여러분도 동의하리라 믿어 의심치 않는다.

우리 모두는
동굴의 세계에 살고 있다

"우리가 본래적인 뜻으로 본 교육(paideia)을 받느냐, 받지 않느냐의 차이를 다음과 같은 상태와 비슷하다고 봐주게나. 즉, 인간이 땅 속 동굴에 갇혀 산다고 가정하세. 깊숙한 동굴은 빛이 있는 쪽을 향해 그 입구가 동굴 너비만큼 열려 있다고 하세. 인간은 그 속에서 어렸을 때부터 손발과 목을 묶인 채 꼼짝 못하고 있어 앞을 볼 수 있을 뿐, 고개를 돌릴 수도 없네. 그들을 위해선 저만치 뒤쪽 위에서 불이 타오르고 있고, 그 불과 이 죄수들 사이에는 높다랗게 길이 나 있다고 치세. 그리고 그 길을 따라 나지막한 담이 나 있다고 치세. 그 담은 인형을 조종하는 사람들이 그것을 자기네들 앞에 놓아두고 그 위로 인형들을 내보이는 무대와 같은 것일세."(……)

"우리 자신과 흡사하지. 즉, 그 같은 상태에 있는 인간이 자기 자신이건 상대방이건 자기네들의 정면에 있는 동굴 벽에 불빛으로 투영되는 그림자 이외에 다른 것을 보았을 것이라고 자네는 생각하나?"
"아아뇨. 어떻게 그럴 수가 있겠습니까? 만일 일생 동안 머리를 움직일 수 없는 상태라면."(……)
"지나다니는 사람들 중의 누군가가 소리를 낼 때마다, 그 수인들은 그 동굴 벽을 지나가고 있는 바로 그 그림자가 내는 것이라고 생각하는 이외에 달리 생각할 것 같은가?"
"결코 그렇지 않다고 봅니다."
"그렇다면 무슨 짓을 하든 그 사람들이 진실이라고 인정하는 것은 기물(器物)의 그림자 외에는 없다는 셈이 되겠지?" [제7권] pp.344~345

한 번도 바깥세상을 구경하지 못한 죄수가 동굴에 갇혀 있다. 햇볕이 들어오는 뒤쪽은 전혀 볼 수 없이 벽을 응시하고 있다. 그의 등 뒤에는 나지막한 담장이 있고 그 너머로 길이 있다. 길에서 멀리 떨어진 곳에 추위를 덜고 어둠을 밝히기 위한 불이 타오르고 있다. 동굴 뒷길로 사람이나 수레가 오고갈 때 죄수는 벽면에 비치는 사람이나 수레의 흐릿한 그림자를 볼 수 있을 뿐이다. 마치 영화관의 스크린에 비친 영상처럼 말이다.

동굴 속의 죄수는 벽면에 어른거리는 그림자 외에는 볼 수 없기 때문에 그림자를 실물들(실재들, ta onta)이라고 받아들인다. 그리고 동굴

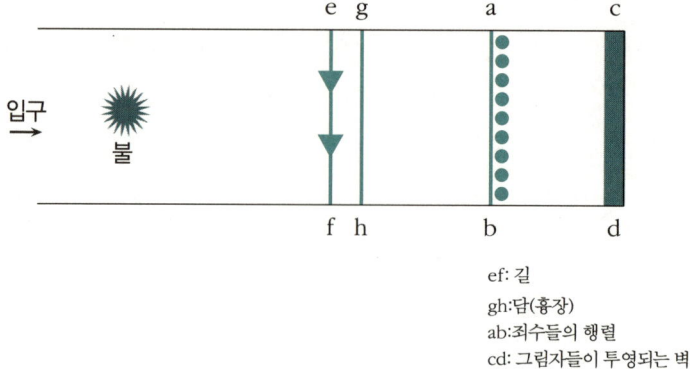

ef: 길
gh: 담(휘장)
ab: 죄수들의 행렬
cd: 그림자들이 투영되는 벽

동굴의 비유 불에 비친 그림자를 진짜라고 여기게 되는 동굴 속 죄수들에 대한 플라톤의 비유는 오늘날 우리들에게도 무엇이 올바른 삶인지에 대해 생각하게 한다.

벽에서 반향된 목소리와 목소리의 주인공, 즉 살아서 움직이는 사람은 단지 그림자라고 생각한다.

여기서 죄인들이 인식하는 그림자는 감각을 통해 알 수 있는 가시적(可視的) 세계 즉, 가시계(可視界)를 뜻한다. 죄수들은 한 번도 그림자와 사물들의 원형(forms) 혹은 형상(eidos), 즉 이데아(idea)를 본 적이 없기 때문에 가시적 세계를 진짜의 세계로 받아들이지만, 그들이 보는 세계는 가짜 세계일 뿐이다.

동굴을 벗어날 기회를 얻은 일부 죄수들은 태양 아래 낱낱이 모습을 드러내는 동식물과 사람들을 보게 된다. 그리고 진실이 무엇인지 깨닫고 자신들이 실재라고 믿었던 그림자가 허상이었음을 알게 된다. 그러면 그들은 동굴 속에 남아 있는 동료 죄수들을 불쌍하게 여기게 되고 지상에서 살아가기를 소망할 것이다. 그리고 동굴 안으로 돌아가서 다른 죄수들에게 바깥세상 이야기를 할 것이다. 하지만 대부분의 죄수들은 그 말을 믿지 않을 것이고, 그들이 동굴 바깥으로 나가서 눈을 버렸을 뿐만 아니라 이상한 사람이 되었다고 생각할 것이다. 하지만 일부는 바깥에 나갔다 온 사람들의 이야기에 설득되어 빛의 세계를 갈망하게 될 것이다.

플라톤의 『국가』 제7권에 나오는 너무도 유명한 '동굴의 비유(The allegory of the cave)'를 쉽게 재구성해 보았다.

여기서부터 플라톤은 정의에 대한 논의를 마치고 이상 국가에 대한 논의를 본격적으로 시작한다. 이상 국가에 대해 이야기하려면 플라톤의 '이데아론'에 대한 기본적 이해가 필요하다. 참고로 이데아(idea)는 '보다'라는 의미를 가진 동사 'idein'에서 나왔으며, 형상(eidos)은 '본다'는 의미를 가진 동사 'eidō'에서 나왔다.

플라톤의 이 비유에서 동굴 속 세계는 감각을 통해 알 수 있는 가시계(可視界)를, 동굴 밖의 세계는 지성을 통해서 알 수 있는 가지계(可知界) 혹은 가사유적(可思惟的) 세계를 말한다. 철학은 바로 가사유적 세계를 인식하도록 돕는다.

플라톤은 현실 세계의 인간들과 국가가 모두 동굴 속에 있다고 생각하고, 이들 가운데 철학자들만이 동굴을 벗어난 자로 이해했다. 그리고 국가를 철학자나 철학하는 왕(哲人王)이 이끌면 그를 따르는 다수의 사람들도 감각의 세계를 벗어나게 될 거라고 생각했다.

특히 그는 무언가를 볼 수 있도록 돕는 빛의 원천인 태양에 특별한 의미를 부여하여 모든 인식의 원천이자 모든 존재의 원천인 '선(善, 좋음, to agathon)의 이데아' 혹은 '이데아 중의 이데아'라고 말했다. 한 번이라도 '선의 이데아'를 본 사람들은 큰 변화를 경험하게 되는데, 이를 두고 플라톤은 다음과 같이 말한다.

"인식(지식, epistēmē)되는 것의 입장에서는 궁극적인 곳에 '선'의 실상이 존재하는데 이것은 간신히 보일 뿐이지. 그러나 이것을 본 이상은 역시 그 실상이 모든 일에 있어서 온갖 정상의 것, 아름다운 것의 원인(aitia)이 되며, 이것이 가시계(可視界, 가시적 영역)에 있어서는 빛과 빛이 주(主)가 되는 것을 낳으며, 가지계(可知界, 지성에 의해서[라야] 알 수 있는 영역)에 있어서는 자신이 주가 되어, 진실성과 지성을 공급하는 것이라고 생각해야 되겠지. 또 공과 사를 불문하고 뜻있는 일을 하려는 사람이라면, 선의 실상을 보아야(idein) 된다고 생각하네." [제7권] p.348

이데아론(Theory of Ideas)은 흔히 원형이론(原形理論, Theory of Forms) 또는 형상이론(形相理論)으로 불린다. 이데아론의 핵심 주장은 세상의 모든 사물에는 초월적이고 완전한 원형(原形)이 존재하며, 사물들은 원형, 즉 이데아의 불완전한 복사체에 지나지 않는다는 것이다. 그리고 완전한 모습의 원형 또는 이데아는 '선(옳음)의 이데아'이며, 이는 모든 이데아들의 근원이라고 한다.

이를 '그림자'에 대한 비유로 풀어서 설명해 보자. 플라톤에 따르면 '그림자'는 우리가 살고 있는 '현실 세계'를 말하며, 그림자를 만들어내는 '진짜 세계'가 '이데아'다. 한마디로 현실 세계는 이데아의 그림자에 지나지 않는다. 우리는 가짜에 둘러싸여 가짜를 진짜라고 착각하며 살아가고 있는 셈이다.

그러면 여기서 이데아는 무엇을 말하는가? 일종의 '관념'을 뜻한다. 예를 들어 '아름다움'에 대해 생각해 보자. '아름다움'은 두 가지로 나뉜다. '아름다움을 품고 있는 사물'과 '아름다움 그 자체'가 그것인데, 앞의 것은 그림자를, 뒤의 것은 이데아를 가리킨다. 우리는 그림자를 보고 진짜로 착각하지만 진짜는 아름다움이 내재된 사물이 아니라 아름다움 그 자체다. 아름다움은 시대나 상황에 따라서 변할 수 있는 주관적 요소이지만, 아름다움이라는 개념 자체는 시대나 상황을 뛰어넘는 불변의 절대적인 존재라 할 수 있다.

그림자는 눈으로 볼 수 있고 만질 수도 있지만, 이데아는 볼 수도 만질 수도 없으며 오로지 지성으로만 알 수 있다. 우리가 사는 현실 세계는 이데아라는 관념의 그림자에 불과하다고 주장하는 플라톤은 세상에 존재하는 것을 다섯 가지로 분류했다.

모방으로 이루어지는 예술이나 현실에 실제로 존재하는 사물이나 동물 등은 감각을 통해 볼 수 있기 때문에 가시계(可視界)에 속한다. 반면 개념, 이데아, 그리고 선의 이데아는 지성으로만 알 수 있기 때문에 가지계(可知界)에 속한다. 여기서 플라톤이 예술에 대해 다소 편견을 갖고 있었던 이유를 엿볼 수 있다. 예술가들이 보면 섭섭한 이야기로 들릴 수 있고 나 또한 동의할 수 없지만 그에게 예술은 진짜에 대한 모방 즉 가짜였다.

그렇다면 가시계는 어디에 있는가? 여러분과 내가 살고 있는 바로 이 세계가 가시계(可視界)이다. 오감을 통해서 볼 수도 있고 만질 수도 있고 느낄 수 있는 세계이다. 또 가지계(可知界)는 어디에 있는가? 가지계는 가시계와 완전히 공간적으로 독립된 세계에 속한다. 저 멀리 아득한 어느 곳에 우리가 볼 수도 없고 만질 수도 없는 오로지 '지성에 의해서 알 수 있는 영역'이 별도로 존재한다.

여기서 간략하게 '이성(logos)'과 '지성(nous)'를 구분해 둘 필요가 있다. 『플라톤의 국가·政體』의 번역자인 성균관대학교 박종현 교수는 『헬라스 사상의 심층』이란 책에서 두 용어에 대해 "소크라테스 철학의 플라톤적 확장은 이성(logos)이 지닌 기능의 확장이라 할 지성(nous)의 능력을 찾아내는 데서 성립하게 되는 것"이라는 점을 분명히 한다. 그러니까 소크라테스 시대와 플라톤의 초기 시대에는 '지성'이란 용어가 존재하지 않았지만 플라톤 사상이 더욱 발전하면서 '이성'을 넘어서 '지성'이란 용어가 등장하게 된다. 예를 들어, 이데아론에서 가시계는 '감각에 의해 지각할 수 있는 것'을 대상으로 하지만, 가지계는 '지성에 의해 지각할 수 있는 것(혹은 지성에 의해 알 수 있는 것)'이 대상이 된다. 따라서 이데아론에서는 이성 대신에 지성이란 더욱 포괄적이고 발전된 용어를 사용하는 것이 더 정확하다.

한편 동굴의 비유는 우리에게 '어떻게 사는 것이 정의로운 삶인가?' '어떻게 사는 것이 올바른 삶인가?'에 대해 생각하도록 해준다. 우리는 자신도 모르는 사이에 그림자를 본질이라 생각하고 행동하지는 않는지, 무지와 감각에 압도되어 본질을 놓치고 있지는 않은지 생각해 볼 일이다. 플라톤의 동굴의 비유가 현대인에게 주는 메시지는 다음의 네 가지로 요약할 수 있다.

첫째, 인간은 특별한 노력을 기울이지 않는 한 동굴 속에 갇혀 사물의 이치를 모르는 채 살아가게 된다. 둘째, 인간이 감각을 통해 접하는 것은 진실이 아니라 그림자일 뿐이다. 셋째, 그림자를 진실로 착각한 채 자신이 그림자를 보고 있다는 사실조차 깨닫지 못하는 사람이 대다수다. 넷째, 감각의 세계가 아니라 지성의 세계로 나아가기 위해서는 깨달음을 얻어야 하는데 철학이 여기에 도움을 준다. 감각의 세계는 노력하지 않더라도 인간으로 태어나기만 하면 자동적으로 알 수 있는 세계이지만 지성의 세계는 철학이나 교육을 통해서 부단히 노력할 때만이 알 수 있는 세계이다.

예를 들어 고급 자동차, 넓은 집, 명품을 생각해 보자. 우리는 행복을 얻기 위해 이들 물질을 욕망하고 추구한다. 이들이 얼마 동안은 우리들의 행복에 이바지하는 것이 사실이지만, 행복을 느낄 수 있는 시간은 기대보다 짧다. 행복의 이데아가 부분적으로 고급차나 명품에 나타나지만, 그것들은 행복의 그림자일 뿐 행복의 원형은 아닌 것이다.

행복의 원인과 본질, 즉 원형은 다른 곳에 존재한다. 플라톤은 이데아를 감각적 지각이 통하는 곳이 아니라 공간적으로 초월해서 독립적으로 존재하는 것이라고 한다. 고급 자동차, 넓은 집, 명품은 시간이나 상황에 따라 바뀌지만 행복 그 자체는 변하지 않는 것이다. 아름다움이나 명성 그리고 권력 또한 보고 만지고 듣고 행사할 수 있지만, 그것들은 그림자에 불과한다. 이들 각각의 그림자를 넘어서 불변하는 원형이 있음을 알아야 한다. 즉 우리가 그림자와 더불어 살아가는 것은 어찌할 수 없다 할지라도 그림자가 원형과 다르다는 사실은 잊지 말아야 한다.

사물의 본질을 더 정확히 꿰뚫을 수 있다면 삶의 많은 고민과 문제를 해결할 수 있다. 어느 정도 경제적인 궁핍함을 피할 수 있다면 많은 물질을 취하지 않더라도 인간은 언제 어디서든 행복할 수 있는 존재다.

인간이 항상 흔들릴 수밖에 없는 감각적인 자극들과, 그 감각적인 자극들을 관류하는 본질적인 부분을 구분할 수 있으면 삶이 얼마나 아름다울 수 있을까. 얼마나 편안할까.

나도 보이는 게 진짜가 아니라는 것을 인생에서 절실하게 깨달았던 시기가 있었다. 바로 나이 마흔을 전후해서 전직을 할 때였다. 내가 연구소를 그만두고 다른 곳으로 가게 된 결정적인 요인은 경제적인 문제였다.

그런데 전직한 곳에서 자리를 잡지 못하고 홀로서기를 시도하는 험난한 과정을 거치면서 '자리'나 '돈'이란 것의 실체를 명확히 보게 된 것 같다. 젊은 날에는 잘 안 보이는 것들이 조금씩 보이기 시작했다. 좀 많이 가진 사람을 보면 부러움 대신에 '저 사람도 그만큼 힘든 점이 있겠구나' 하고 생각하기 시작했다. 그러한 것들이 사실은 실체는 아니라는 것, 그림자일 수 있다는 것을 알았기 때문이다.

군이 철학적 분석을 끌어들이지 않더라도 퇴직을 해본 분들이라면 이해할 것이다. '명함 인생의 허무함' 같은 것 말이다. 이처럼 플라톤을 읽을수록 아주 오래전 철학자의 생각을 통해 오늘날 세상살이의 적나라한 실체를 확인받는 것 같은 기분이 들기도 한다.

지금 나의 독서는 대부분 진리를 향해 나아가는 징검다리이다. 독서를 하다 보면 진리, 실체, 본질적 가치, 그것을 한번쯤 경험해 보는 게 인생에서 얼마나 대단한 일인지 느낄 수 있다. 그것을 끝까지 추구해 볼 수 있다면 인생은 훨씬 높은 단계로 뛰어오를 수 있을 것이다.

이는 철학적인 부분만이 아니라 자기 일에서도 마찬가지다. 10년 정도 한 우물을 파다 보면 본질과 진리에 대한 욕구가 자연히 샘솟게 된다. 그때 또다른 분야의 책들을 읽으면서 아주 견고한 사유의 기둥을 세우면, 그 사람은 언제 어디서든 외롭지 않다. 어떤 장소에 있든 본인이 주인으로 살 수 있다. 그러면 삶은 모든 순간이 흔들림 없는 명경지수(明鏡止水)와 같이 된다. 그러니까 사물이나 현상이나 사람을 볼 때 굉장히 이성적으로 볼 수 있는 것이다.

철학하는 삶이 필요한 이유는 개인이나 국가 모두에 도움이 되기 때문이다. 철학은 어떻게 해야 하는가? 동굴의 비유에 대한 설명을 마무리하는 부분에서 플라톤은 어둠을 벗어나는 방법으로 이렇게 말한다.

"실재하는 것 중 가장 광명에 찬 부분을 관조하는 것에 견디어내는 상태가 될 때까지 이끌어나가야만 하네"라면서 "그 광명에 차 있다는 것은 이른바 우리가 주장하는 '선'이 바로 그것이 되는 셈이지"라고 덧붙인다. '선의 이데아'에 도달할 때까지 배움을 게을리하지 말 것을 권하는 것이다.

 살아간다고 해서 다 같은 삶은 아니다. 물론 진리를 깨우치기 위해 노력하는 일이 물질과 같은 이득에 당장 도움이 되지는 않을 것이다. 그렇지만 반듯한 삶, 즉 올바른 삶을 희구하는 사람에게는 지도와 나침반을 제공하는 일인 것은 분명하다.

'철학하는' 지도자가
이상 국가를 가능하게 한다

"철학자(지혜를 사랑하는 이, ho philosophos)들이 각국의 왕이 되지 않는 한, 또는 오늘날 왕(basileus)이라고 불리고, 통치자(최고의 권력자, dynastēs)라고 불리는 사람들이 진실로, 또는 충실히 철학을 연마하지 않는 한, 즉 정치적 권력(dynamis politikē)과 철학적 정신(지혜에 대한 사랑, philosophia)이 한몸이 되도록 많은 사람들의 소질이 현재와 같이 이 두 가지 방향으로 따로따로 나아가는 것을 강제적으로라도 금지시키지 않는 한, 친애하는 글라우콘이여, 그 나라에는 불행이 그칠 날이 없을 것이고 또 인류에게도 마찬가지라고 나는 생각하네. 우리들이 지지해 온 국가 제도에 있어서도 이러한 것들이 성취되지 않는 한, 최대 한도로 그것이 실현되어

밝은 햇빛을 볼 수 있을 날은 결코 없을걸세." 〔제5권〕 p.283

플라톤의 이상 국가를 이해하는 데는 앞서 설명한 바와 같이 이데아에 대한 이해가 필수적이다. 플라톤은 이상 국가를 위해서는 철학하는 왕이 필수적이고, 이들은 확실한 자신의 이데아론을 가지고 있어야 한다고 했다. 즉 보이거나 느껴지는 것에 휘둘리지 않고 옳고 그름의 실체를 정확히 구분할 수 있어야 한다는 것이다.

그렇다면 이상 국가를 실현하려면 어떻게 해야 하는가? 여러 가지 복잡한 방법들을 제쳐두고 딱 한 가지만 개혁한다면 무엇을 어떻게 해야 하는가? 플라톤은 '지혜(sophia)를 욕구하는 사람', '지식을 사랑'하거나 '진실을 관찰하기를 좋아하는 사람'인 철학자가 왕이 되거나 아니면 왕이 철학을 사랑하거나 연마하면 된다고 주장한다. 동행한 글라우콘은 이 구상에 대해 "어마어마한 소신을 공표하시는군요!"라고 반응하며, 타인들로부터 심한 공격을 받을 것 같다고 걱정한다. 그만큼 오늘날은 물론이고 당시에도 대담한 주장이었던 것이다.

그러면 철학자나 철학으로 연마된 왕은 어떤 인간이어야 하는가? 우선 그들은 '여하한 지혜이건 간에 지혜를 욕구하는 자'이며 한 걸음 나아가 '진실을 관찰하기 좋아하는 사람'이다. 그렇다면 이런 사람들은 과연 어떤 능력을 가지고 있는가? 플라톤은 인간을 두 가지 유형으로 나눈다. 하나는 '지식을 사랑하는 사람(철학자, 인식을 갖는 자)'이고, 다른 하나는 '추측하기를 좋아하는 사람(의견을 갖는 자)'인데, 대부분

지혜의 여신 고대 그리스인들이 가장 사랑했던 지혜의 여신 아테나. 철학자들은 지혜(sophia)의 개념을 근원적으로 규명하여 그 친구(philloi)가 되고자 했다.

은 후자에 속한다.

우리가 특정 대상을 파악할 때 사용하는 일차적인 수단은 아름다움이나 추함 같은 감각이다. 보고, 듣고, 느끼고, 맛을 보는 등과 같은 오감은 특정 대상의 일부분만을 가르쳐 준다. 일반인들은 대부분 그 수준에 머물고 마는데, 플라톤은 이들을 '추측하기를 좋아하는 사람'이라 표현한다.

반면에 지성은 대상의 본질을 더 뚜렷하게 볼 수 있도록 도와준다. 여기서 중요한 점은 앞에서 설명한 바와 같이 이성(logos)이 아니라 지성(nous)이라는 점이다. 삼각형을 예로 들어보자. 삼각형을 환원하면 선이고, 선을 환원하면 무수한 점들이다. 상상의 세계에서는 점이나 선을 넘어서 삼각형을 정확하게 그릴 수 있다. 도화지 위에 삼각형을 그릴 수 있는 것도 이처럼 상상 속의 삼각형을 인식할 수 있기 때문이다. 플라톤 이데아론의 핵심은 이데아, 즉 원형은 감각이 아니라 지성에 의해서만 인식이 가능하다는 것이다.

플라톤에게는 통치자가 갖춰야 할 가장 중요한 능력은 '선(옳음)의 이데아' 혹은 '선 그 자체'다. '선의 이데아'는 다른 이데아들을 인식할 수 있는 토대 또는 원인이다. 물론 '선의 이데아' 역시 지성에 의해서만 가능하다. 철학자는 지성의 능력을 탁월하게 발휘할 수 있는 사람이며, 철인왕의 통치란 감각이 제공하는 추측(생각)이 아니라 지성에 근거한 앎 혹은 지혜에 따른 통치라 할 수 있다.

최고 권력자는 사물이나 현상을 이해하거나 판단함에 있어서 감각에 휘둘리지 않아야 한다. 그러나 그들 가운데 일부는 재임 기간 동안 업적을 남겨야겠다는 욕심 때문에 조직이나 나라에 두고두고 부담을 주는 판단과 행동을 하는 경우가 종종 일어난다. 이들이 악의로 그런 잘못된 행동을 하였다기보다는 명예욕과 같은 감각에 휘둘려 그런 경우가 많다. 조직을 이끌건 나라를 이끌건 최고 권력자는 지성의 능력을 탁월하게 발휘하여 사물이나 현상의 본질을 꿰뚫기 위해서 '선의 이데아'를 갖고 있어야 하며, 그는 당연히 진실을 관찰하기를 좋아하는 사람이어야 한다. '선의 이데아'에 이르는 방법은 숙고와 사려분별을 들 수 있다.

어떤 제도나 정책을 집행할 때에는 충분히 생각하고 단기적인 이득뿐만 아니라 장기적인 이득까지 충분히 고려해서 사려분별 있게 판단하고 행동해야 한다. 이 또한 '선의 이데아'를 가진 사람에게 가능한 일이다.

더욱이 그들은 실용적인 이득도 고려해야 하겠지만 무엇보다도 옳고 그름, 즉 진리나 진실을 사랑하는 마음을 가진 사람들이어야 한다. 이를 정의와 진실에 목말라 하는 사람으로 해석해도 좋다.

이따금 실용적 이득과 진리가 충돌할 때는 상위 가치인 진리를 따라야 하며, 대부분 이런 결정이 장기적인 이익으로도 연결된다. 흔히 세상살이에서 소탐대실(小貪大失)은 인식(앎)에 기초한 원칙을 무시하고 감각에 기초한 이익을 중시할 때 일어난다.

한편 플라톤은 철학자와 그렇지 않은 사람들의 차이에 대해 유익한 사례를 제공하고 있는데 아름다움을 아름다움 그 자체로 볼 수 있는 사람이 흔치 않음을 강조한다. 그러니 진실을 진실 그 자체로 볼 수 있는 사람도 드물 수밖에 없다.

철학자들이야말로 감각에 휘둘리지 않고 사물이나 현상의 본질을 볼 수 있는 존재들이다.

"그렇다면 가지각색의 아름다운 사물은 인정하지만 '미(kallos)' 그 자체는 인정하지 않는다든가 또는 그것을 인식(앎)하는 데까지 인도해 주는 사람이 있는데도 따라갈 수 없는 인간은 꿈을 꾸며 살아간다고 보는가, 눈을 뜨고 살아간다고 보는가? (……)"

"제 생각으로는 지금 말씀하신 그런 사람은 꿈을 꾸고 있다고 할 수 있겠지요."

"그럼 어떨까, 지금 말한 것과는 반대로 '아름다움 그 자체'가 분명히 있다고 확신하고 그것 자체와 그것을 나누어 가진 것(관여하고 있는 것들)을 동시에 구별할 수 있는 능력이 있기 때문에 나누어 가진 것을 본디의 그 자체라고 생각한다거나, 반대로 후자를 전자로 생각한다거나 하지 않는 인간은 눈을 뜨고(깬 상태로) 살아간다고 생각하나? 꿈을 꾸며 살아간다고 생각하나?"

"틀림없이 눈을 똑바로 뜨고 살아간다고 생각합니다."

"그렇다면 이런 사람은 진정으로 알고 있는 사람이므로 우리들은 그 정신의 본연의 상태를 '지식(인식, 앎, gnōmē)'이라고 말하는 것이 옳지 않을까? 또다른 한쪽의 사람은 추측(의견, 판단, doxa)을 하고 있는 데 지나지 않으므로 그 정신의 본연의 상태를 '추측(생각)'이라고 부르는 것이 옳지 않을는지?" [제5권] p.288

이데아론은 본질적인 것이 아닌 유행과 현상에 떠밀려 허둥지둥 살아가는 현대인들에게 주는 메시지가 의미심장하다. 한마디로 '깨어 있으라'는 것이다. 본질이나 원형을 파악하는 것은 감각이 아니라 지성에 의해서만 가능하기 때문에 깨어 있어야 한다. 유행이나 세상 사람들의 중론은 대개 감각에 의해 만들어지는 것이다. 여기에 휘둘리며 살아가는 현대인들을 플라톤이 보았다면 분명히 '꿈을 꾸며 살아간다'고 말했을 것이다.

우리는 자기 자신에게 자주 물어봐야 한다. 나는 꿈을 꾸듯 살아가는가, 아니면 두 눈을 똑바로 뜨고 깨어 있는 상태로 살아가는가? 만일 후자라면 타인에게 이용당하지 않고 세상의 온갖 것들에 휘둘리지 않으며 자기 주도적으로 살아갈 수 있을 것이다.

요컨대, 플라톤의 주장에 따르면 '철인왕(哲人王)'은 실제로 존재하는 것과 그럴 것으로 추측되는 것을 구분할 수 있는 능력이 있어야 하고, 감각적인 물체나 현상들과 변함없이 동일성을 유지하는 존재를 구분할 수 있어야 한다. 이런 능력이 국가와 관련하여 현명한 결정을 내릴 때 필수적인 요소다. 물론 플라톤의 철인왕 혹은 철인 통치자는 이상 국가에서나 존재하는 것이라고 말할 수 있다. 그러나 그의 주장이 현실 세계에서 가능하지는 않더라도 '이상적인 통치자는 이런 사람이다'라는 지향점의 의미로 받아들일 수 있다.

철인왕에 대한 비판도 많지만, 나는 지도자들은 이렇게 사려분별로 무장한 사람이어야 한다고 생각한다. 여기서 말하는 '인식을 갖는 자'에서 인식은 지식(앎)을 알아차리는 것이고, '의견을 갖는 자'에서 의견은 그냥 의견이다.

이것을 현대의 기업 사회에도 한번 대입해 보자. 세상에 수많은 종류의 의견이 떠다니고 있다. 기업에서는 어떤 것이 요즘 유망하다고 하면 그 의견들 중 하나를 선택해 투자를 하는데, 그 수많은 종류의 의견 밑에 관류하는 본질적인 진실을 알아차려야 한다. 그래서 그게 단순히 유행인지 진정한 의미의 변화인지를 파악해야 한다. 그렇지 않으면 단 한 건의 투자 실패로 기업이 망할 수도 있다.

그러니까 사업의 세계에서 깨어 있는 상태로 있으면 그게 트렌드에 따른 변화인지 아니면 근본적이고 구조적인 변화인지를 구분할 수 있을 것이다.

이처럼 진실과 거짓을 정확하게 구분할 수 있는 안목이 바로 인식(지식, 앎)이다. 현대인들에게는 철학 또는 지혜라는 말이 언뜻 정치인이나 기업의 리더하고 연결되지 않을 수도 있다. 오히려 기업의 리더에게는 용기, 용맹성, 추진력, 카리스마 이런 것이 필요하다고 생각할 수 있지만 경영의 요체가 무엇인가를 생각해 보면 철인왕처럼 인식(지식, 앎)이 더 중요하다는 사실을 알 수 있다.

삼성과 오래 거래했던 한 협력업체 사장이 삼성에 대해 느낀 점을 말해 준 적이 있다. 바로 그림을 참 잘 그리는 기업이라는 것이다. 그분에 따르면 기업의 오너가 그림을 잘 그리면 그 밑의 사원들은 시행착오도 겪지만 결국 그 그림을 완성해 낸다는 것이다. 삼성이 세계적인 기업으로 성장한 한 가지 이유는 바로 여기에 있다.

이처럼 경영자들이 잘해야 하는 것은 두 가지다. 판단하는 것과 앞을 내다보는 것. 그런 측면에서 삼성의 이건희 회장은 훌륭한 지도자라고 할 수 있다. 여기서 훌륭함이란 요컨대 현재를 기준으로 그리고 고유 기능을 중심으로 말한 것으로, 이 회장에 대한 평가는 기업가로서의 훌륭함이다. 기능을 넘어서 한 인간으로서의 훌륭함은 사람마다 다른 평가를 내릴 수 있고, 한 인간의 고유 기능 또한 정확한 평가는 사후에나 가능한 일이라고 생각한다.

'경영의 신'이라 불린 일본의 마쓰시타 고노스케는 기업가 정신을 체계화시킨 사람으로 지혜가 돋보이는 기업인 가운데 하나이다. 그는 경영을 단순히 이익을 취하는 수단으로 보지 않고 가치를 만들고 사람들에게 그 가치를 심어주는 종합적 과정으로 파악했다. 당시 일본의 기업들은 복리후생에 신경 쓰지 않아 이에 불만을 품은 직원들이 다른 회사로 옮기는 일이 많았는데, 마쓰시다는 이를 연공서열제와 종신고용제로 해결하였다. 1930년대 심각한 불경기로 많은 회사들이 직원들을 해고했지만, 마쓰시타는 한 명의 직원도 해고하지 않았다.

지혜 있는 사람이라고 하면 단순히 돈을 많이 번 사람이 아니라 전반적인 것을 통찰하고 인격적인 부분에서도 모자람이 없어야 한다.

2011년 한해가 저물어가던 늦은 겨울 저녁, 안타까운 비보를 접하게 되었다. 철강왕 박태준 포스코 명예회장의 부고 기사였다. 그는 1968년 포항제철을 설립하여 탁월한 지도력과 통찰력, 사명감으로 우리나라의 철강 산업을 세계적 수준으로 끌어올린 신화적인 인물이다.

그의 부고를 전하는 기사들을 읽으면서 사업가로서의 그의 업적도 남달랐지만 그의 현인(賢人)다운 통찰과 지혜가 뇌리에 깊게 남았다.

그는 남다른 안목과 지혜로 모두가 불가능한 계획이라 하던 제철소

고(故) 박태준 포스코 명예회장 '기업은 사람이다'라는 철학을 갖고 있던 그는 직원들의 교육과 인격 향상에도 힘썼다.

를 세우는 데 과감하게 도전하고 회사를 운영했다. 세상을 떠날 때 사재를 거의 남기지 않았던 그는 현직에 있을 때도 사리사욕을 채우지 않은 청렴함으로 많은 이들의 존경을 받았다. 국가와 민족을 일으켜야 한다는 사명감 역시 투철했다.

"깨끗한 몸을 유지하는 사람은 정리, 정돈, 청소의 습성이 생겨서 안전·예방 의식이 높아지고 최고 제품을 생산할 수 있다."

포스코는 제철소 초기부터 다른 기업에 비해 청결하고 좋은 샤워 시설과 화장실을 갖추었다고 한다. 그의 사후에 많이 회자된 이 '목욕론'을 접하면서 사업이란 영역에서 시작했지만 그 하나를 올바른 방향으로 치열하게 추구한 결과 그는 자기만의 '철학'을 완성했다는 생각이 들었다. 플라톤이 말한 지혜와, 용기, 그리고 절제를 몸소 실천한 정의로운 인간으로서 박태준 전 명예회장을 떠올리니, 그 빈자리가 더욱 크게 느꺼지는 듯했다. 이상 국가를 위한 철인왕이라는 개념을 파고들 무렵 정확한 대입일지는 모르겠지만, 박 회장의 면모가 다시 한 번 뇌리에 떠올랐다.

  정치나 기업은 일종의 생존 목적을 가진 집단들이어서 거기에서 말하는 '그림'이 철학자들이 말하는 지혜와 다를 것이라 생각되지만 전혀 그렇지 않다. 철학의 중요한 기능 중의 하나가 큰 틀 속에서 자기의 존재를 확인하려고 하는 작업이기 때문이다. 철학은 세상을 바라보는 창을 의미할 수도 있다. 세상을 이해하고 세상을 바라보고 세상을 설명하고 세상을 예측하는 그런 틀을 제공하는 것이다. 큰 그림은 바로 그 창을 통해서 그려진다.

지도자는 길러지는 부분보다
타고나는 부분이 더 중요하다

"태생이 좋지 않은 패들이 이에(철학에) 손을 대어서는 안 되며, 오직 올바르게 태어난 자들만이 손을 대야 했던 걸세."
"그건 어째서 그렇습니까?"
"우선 첫째로 철학에 손을 댈 사람은 괴로움을 좋아한다는 점에서 절름발이여서는 안 돼. 괴로움을 반 정도만 좋아하고, 나머지 반은 편하게 지내려는 자여서는 안 된다는 말일세. 이것은 체육이나 사냥 같은 육체에 의한 고통은 좋아하지만, 남의 이야기를 듣는다든가 스스로 탐구하는 일 등의 고통은 꺼려하는, 학문을 좋아하지 않는 그런 모든 경우를 말하지. 그리고 절름발이라는 것은 지금 든 예와 정반대인 사람도 또한 그 개념에 해당되네."

"선생님이 말씀하시는 것은 더없이 타당한 말씀입니다."
"이번에는 또 진실성에 있어서도 절름발이와 마찬가지의 영혼이 있다는 것을 알아야 하네. 그것은 고의적인 허위에 대해서는 미워하고, 자기의 경우도 견디기 어려워하며, 타인이 거짓말을 하거나 하면 몹시 분개하지만, 고의가 아닌 것에 대해서는 어떤 허위라도 너그럽게 받아들이고, 뭔가 자기의 무지가 폭로되는 경우가 있어도 조금도 언짢게 생각하지 않는, 마치 돼지처럼 지저분하게 무지한 것으로 더럽혀져도 별로 신경을 쓰지 않는 그런 영혼을 말하고 있네."
"그건 정말 그렇습니다."
"또, 절제라는 점에서나 혹은 용기, 또는 고매성 등 덕의 모든 부분에 대해서도 태생이 바르지 않은 자와 바른 자를 최대한으로 철저히 구분해야 하네. 왜냐하면 이런 종류의 모든 점을 관찰하는 힘이 없으면 개인이고 국가고 간에 서로 모르는 사이에 절름발이 또는 태생이 바르지 않은 자를 친구로서, 혹은 통치자로 받아들여 이들 중 어느 것을 가끔 당면한 걸로 써먹게 되기 때문일세." 〔제7권〕 pp.377~378

이상 국가에 필요한 통치자를 어떻게 양성할 것인가? 플라톤은 인물이 될 법한 인재들을 뽑아서 체계적으로 교육시킬 필요가 있다고 말한다. '동굴의 비유'에 이어 플라톤은 사람들을 어둠 속에서 밝은 곳으로 나아가도록 하는 구체적인 방법을 설명하는데, 예상할 수 있듯이 그가 가장 역점을 두는 것은 교육이다. 이를 두고 그는 '가장 쉽고, 가장 유효하게 전향시키는 기술'이란 표현을 사용할 정도로 교육에 대해 강조하고 있다.

플라톤은 『국가』 제3권에서 20세까지 이루어져야 할 교육에 대해 이야기한 바 있다. 제7권에서는 20세부터 50세까지 10년마다 각각 5년씩 총 15년 정도 교육을 받는 내용이 나온다. 물론 교육 대상자는 통치자 계급이다. 통치를 할 만한 나이도 교육이 마무리되어 원숙함이 빛을 발하는 50세 전후로 보았다. 이는 오늘날의 기준과 크게 다를 바가 없다.

놀라운 사실은 수학 교육에 대한 강조다. 산수나 기하학 등을 강조하는데, 이는 통치자들이 수학적으로 훈련하는 것이 감각으로부터 벗어나는 데 도움이 된다는 믿음 때문이었던 것으로 보인다.

플라톤이 설립한 후 900여 년 간 존속되었던 아카데미아의 출입구에는 '기하학을 모르는 사람은 여기 들어올 수 없다'라는 글귀가 씌어 있을 정도로 논리적 사고 훈련을 중시했다.

그렇다면 이런 교육을 받을 대상자들을 어떻게 선택했을까? 플라톤은 통치자 양성을 위한 교육을 강조하지만, 그전에 통치자가 될 사람은 타고난 자질을 갖고 있어야 한다고 강조한다. 통치자의 자질을 가진 사람은 교육 과정에서 쾌락을 멀리하고 희생하고 헌신하는 데 익숙한 사람이어야 한다고 말한다. 그러나 플라톤이 동시에 통치자를 위한 교육을 강조하는 것으로 보아, 통치자의 자질 전부가 태어날 때 결정된다고 주장하는 것은 아닌 듯하다. 어쨌든 배우는 것보다 타고나는 것의 비중이 더 크다는 이야기다.

그동안의 내 경험으로 미루어보아도, 통치자가 되는 데는 타고난 소질이나 자질이 매우 중요하다고 생각한다. 세상에는 리더의 자질을 타고난 사람이 있고, 참모의 자질을 타고난 사람들이 있다. 리더가 참모

아테네 학당의 플라톤 '사람들을 어둠에서 빛으로 이끄는' 가장 효과적인 기술로서 교육을 강조했다. 라파엘로, 로마, 바티칸궁.

의 자리에 앉거나 참모가 리더의 자리에 앉으면 불협화음이 생기게 되고, 본인도 고생하고 본인이 몸담고 있는 조직에도 누를 끼치게 된다. 그렇다고 후천적인 교육이 아무런 역할을 하지 못한다는 이야기는 아니다. 다만 우리가 생각하는 것보다도 타고난 자질이 중요하다는 점이다.

플라톤의 태생적 문제에 대한 지나친 강조는 자칫 강박적이라는 생각이 들지도 모른다. 하지만 당시 플라톤 입장에서 보면 모든 불완전한 요소를 없애고 가장 확실한 선택을 하여 가장 완벽한 이상 사회를 만들고 싶었을 것이다. 플라톤에게는 혼란스러운 그 시대가 답답했을 것이다.

통치자의 경우에만 태생적 특성, 소질이나 자질이 중요한 것은 아니다. 모든 사람에게 중요한 화두가 아닐 수 없다. 사람은 태생적으로 상당히 다른 면이 많다. 사람마다 성격, 특성, 기질, 재능의 분야가 다 다르다. 각자 기질적인 차이가 있는데, 그것은 우열의 문제가 아니라 다름의 문제이다. 여기서 우리가 취할 것은 결정론적으로 '난 아니야'가 아니라 '나한테 맞는 것이 무엇인가'를 찾는 것이다.

어떤 사람은 세일즈에 능하고 어떤 사람은 타인과의 협업에 능하고 어떤 사람은 혼자서 창조하는 데 능하다. 이런 능력을 스스로 잘 변별하는 일은 대단히 중요한 과제다. 뛰어난 재능을 타고났음에도 자신의 재능에 걸맞은 자리에 서지 못해 재능을 낭비해 버린 사람들을 주변에서 만나는 일은 어렵지 않다.

가능하면 인생의 이른 시점부터 스스로를 잘 관찰하고, 자신의 강점과 약점, 기질과 특성을 잘 이해하는 것이 중요하다. 이는 타인이 도움을 줄 수 있는 일이 아니라 스스로 행해야 할 중요한 과제다. 부모들도 일찍부터 아이들이 스스로를 관찰 대상으로 삼을 수 있도록 조언하고 도움을 주어야 한다.

언젠가 '리더십의 아버지'라 불리는 워렌 베니스의 인상적인 고백을 접한 적이 있다. 그는 46세부터 53세까지 신시내티대학교 총장을 역임한 다음 자신에 대해 매우 중요한 사실을 한 가지 깨우친다. 자신이 조직을 이끄는 지도자로서 적임자가 아니라는 점이다.

"계급 조직에서 지위와 권력을 내세워 영향력을 행사하는 건 나와 맞지 않는 일이었다. 지위나 권력을 배제하고 오로지 나의 생각과 열정만으로 사람들을 긍정적으로 변화시킬 수 있는 환경에서만 온전한 행복을 누릴 수 있다는 사실을 새삼스럽게 깨우친 것이다." 워렌 베니스·짐 콜린스 외, 『당신에게 집중하라』, p.24

이런 깨달음이 인생의 이른 시기에 온다면 축복받은 일이다. 이러한 관점에서 한 인간으로서 20대부터 30대 사이에 가장 치열하게 해야 할 것이 자신이 어떤 특장점을 가진 인간이고, 어떤 사람이 되어야 하는지를 발견하는 일이다. 비용을 지불하지 않고 깨우치면 최선이라 할 수 있지만, 결코 쉽지만은 않다. 그렇기 때문에 젊은 날부터 가능한 여러 가지 경험에 자신을 노출시켜 보는 것이 도움이 된다.

내 경우에는 공직에 나가서 여러 사람을 이끄는 일에는 큰 흥미가 없는 사람이라는 것을 깨달았다. 나는 인간 관계와 갈등을 조정하는 일, 또는 다른 사람에게 권력을 행사하는 일에 흥미와 열성이 없다. 옳고 그름의 문제를 대충 넘길 수도 없고, 사람들을 만나 사업적으로 접대를 하고 술을 마시는 일도 힘들다.

무엇을 하든지 어떤 행위에 대해 자기 나름의 귀한 '의미'를 부여할 수 있어야 한다. 나는 권력 지향적이기보다는 창조적인 성향이 강했고 그런 일을 하고 있을 때 훨씬 행복했다. 이런 사실을 깨달은 후 나는 그 일을 그만두었는데, 지금도 권세를 가진 사람이나 큰 사업을 일으킨 사업가들을 부러워하지 않는다. 그곳은 내가 몸담아야 할 영역이 아니기 때문이다.

기업 회장이나 정치가 중에서 타고난 성향이 강한 사람은 훨씬 큰 성과를 낸다. 언젠가 한 재벌 2세가 젊은 나이에 암으로 목숨을 잃은 소식을 접하게 되었다. 오래전부터 보아온 그 사람은 사업보다는 학계로 나가면 훨씬 더 많은 성취를 이룰 것 같아 보였다. 그러나 갑작스럽게 부친이 세상을 뜨는 바람에 사업을 맡게 되었는데, 그 옷이 얼마나 자신에게 잘 맞지 않고 부담이 되었기에 그렇게 이른 나이에 세상을 등지게 되었을까 하는 안타까움이 일었다.

자신이 어떠한 그릇에 맞는 사람인지, 어떤 기질을 타고 났는지를 제대로 알고 일을 선택한다면 사실 그만한 행복도 없다.

좋은 집안에서 태어나 큰 사업을 운명적으로 물려받은 사람들은 세상 사람들의 부러움을 한껏 받는다. 다행히 물려받은 사업이 자신에게 꼭 맞는다면 이보다 더 좋은 일도 드물 것이다. 하지만 모든 사람이 그렇게 꼭 맞지는 않는다. 젊은 나이에 거대 기업을 물려받아서 혼신의 힘을 다하는 사람들을 가까이 지켜보면 세상 사람들은 사업을 물려받았다는 사실 한 부분만을 보고 있음을 알 수 있었다. 앞을 내다보고 판단을 내리고 사람들을 한방향으로 나아가게 하는 일이 잘 맞지 않는 사람에겐 엄청난 스트레스를 주기 때문이다.

부모로부터 물려받은 것 없이 혼자 힘으로 인생의 지도를 그려가는 것이 고된 일이긴 하지만, 스스로 백지 위에 자기만의 지도를 그려갈 수 있다는 점에서 행운이라고도 할 수도 있다.

그러려면 자신에 대한 관찰을 게을리하지 않아야 한다. 계속 자기 자신을 탐구하고 약점을 발견하고 강점을 발견하면서 길을 찾아나가는 것이다. 40대나 50대 즈음에 '내가 이런 재능을 갖고 있기에 이 길을 확실히 걸어야겠다'는 내면의 결단을 얻는 것만으로도 결코 늦은 일은 아니라고 본다. 하지만 '빠르면 빠를수록 좋다(The sooner, the better)'는 사실을 명심하라!

이상 국가에서는
모든 것이 공유되어야 한다

"좋아, 글라우콘. 그럼, 우리는 이런 점에 대해서 동의한 셈이군. 즉 국가가 훌륭하게 통치되기 위해서는 아내와 자식도 공유(公有)되어야 한다는 것, 전시나 평화시를 막론하고 일체의 일과 교육도 남녀 사이에 차별이 있어서는 안 된다는 것, 그리고 지식을 사랑함(愛知-철학)에 있어서나 전쟁을 치르는 상황에서나 가장 뛰어난 자에 의해 통치되는 점을 말일세."

"동의했습니다"라고 그는 말했다.

"그리고 또 우리는 이러한 점도 서로 인정했었지. 즉, 통치자를 앉히면 그 통치자들에게 병사들과 함께 앞서 말했던 것 같은 곳에, 즉 누구도 사유물을 가질 수 없는, 누구에게나 공유되는 주택에 살게 한다는 점도, 또 그러한 주택 이외에 그들에게 허용된 재산은 어떤 것이어야 한다는 점에 대해서도 자네는 기억하고 있겠지만, 우리는 서로 동의한 바 있지 않았나?"
"네, 기억하고 있고말고요." 〔제8권〕 p.388

이상 국가는 어떤 조건을 구비해야 하는가? 이런 논의에서 플라톤은 '모든 것은 공유되어야 한다'는 당혹스런 주장을 펼친다. 그가 『국가』를 쓸 당시의 상황이나 환경에서 완전히 벗어날 수 없음을 인정한다면, 현재를 기준으로 그런 당황스런 주장도 그 의미를 새겨볼 필요가 있다. 특히 그런 주장이 훗날 큰 영향을 미친 경우라면 더욱 그렇다.

재산, 아내, 자식의 공유에 대한 이야기는 『국가』 제5권과 제8권에서 각각 상세히 다뤄지고 있다. 플라톤은 통치자들의 사유재산을 허용하면 안 된다고 말하지만, 생산자들에 대해서는 확실하게 말하지 않는다. 플라톤의 이 같은 주장은 그의 의도와 달리 인류 역사에 악영향을 끼치게 된다.

통치자 계층의 재산 공유는 플라톤이 살았던 시대의 빈부 격차가 확대되던 역사적 환경을 미루어 이해해야 한다. 또한 당시 도시국가의 평균 인구가 5,000명 정도였다는 사실을 감안해야 한다.

'아내와 자식의 공유'에 대해 플라톤은 다음과 같이 상세한 설명을 더하고 있다.

"그들의 아내를 공동 소유로 해야 한다는 것이지. 그래서 개인적으로는 어떠한 남자와도 같이 살아서는 안 된다는 이야기지. 아내뿐만 아니라 아이들도 마찬가지로 공유물이어서 부모는 자기 자식을 알 수 없고 자식들은 부모를 알아서는 안 된다는 법률이지." (……)

"그러한 법률이 과연 가능한지, 동시에 유익한 것인지 의문스럽군요."

"아내나 자식을 공유함으로써 누릴 수 있는 그 위대한 유익성에 대해서는 아무도 이의가 없으리라고 생각하네. 그러나 가능성에 대해서는 매우 논쟁이 벌어질 것 같구먼." 〔제5권〕 p.257

플라톤 자신도 이 같은 주장이 당시의 사회가 도저히 받아들일 수 없을 정도로 파격적인 것임을 잘 알고 있었고, 제4권에서 이 주장을 꺼내는 데도 다소 주저한다. 뿐만 아니라 소크라테스의 입을 빌려서 플라톤의 주장을 듣는 대화 참여자들이 이제까지 대부분의 의견에는 동조했지만, 유독 아내와 재산의 공유에 대해서는 강한 의문을 제기한다.

글라우콘은 공유를 가능케 하는 법률의 제정에 대해 "그 가능성 및 유익성에 대한 불신감과 관련해서 볼 때, 이번 파도가 아까 것보다도 월등하게 큽니다"라며 반론을 제기한다. 사실 플라톤은 아르카디아 지역에 새로 생겨난 메갈로폴리스라는 도시의 법률 제정을 부탁받았던 적이 있지만 거절했다고 한다. 거절의 이유는 시민들이 재산의 공유화라는 조건을 받아들이지 않았기 때문이었다.

그렇다면 이처럼 당시에도 상식에 반하는 공유제라는 아이디어를 플라톤이 내세운 이유는 무엇일까? 그는 수호자들 사이에 사유제가 인정되면, 각자 더 많은 것을 자신의 것으로 만들기 위한 다툼이 일어날 것이고, 이 과정에서 국가는 분열될 것이라고 했다. 이에 대해 플라톤은 자기 몸을 빼놓고는 모든 것이 공유이기 때문에 "서로간에 소송 사건이 일어나거나 재판하는 일 등은 없을걸세"라는 이야기와 더불어 사유물이 인정되지 않기 때문에 "그들 사이에는 금전 관계나 아이들 또는 친족 문제로 해서 일어나는 여러 가지 알력은 없을 것"이라는 내용을 더한다.

아무튼 플라톤의 공유에 대한 파격적인 주장과 계급화된 이상 사회라는 구상은 훗날 공산주의와 사회주의의 출현에 크게 기여한다. 정치가들 역시 누군가의 사상적인 세례로부터 예외일 수 없다는 사실을 받아들인다면, 20세기 공산주의의 태동에는 플라톤의 사상이 일정한 몫을 담당했다고 할 수 있다.

그러나 사회주의자나 공산주의자들이 공동생산이나 공동분배에서 범한 치명적 실수는 그들의 사회가 고대 도시국가와 달리 수십만, 수백만 명으로 이루어진 대규모 익명 사회라는 점을 전혀 고려하지 않았기 때문에 비롯된 것이다. 그러니까 플라톤의 주장을 상황이나 환경에 관계없이 그대로 적용한 점이 실책이었던 것이다.

이러한 점은 우리가 고전을 읽을 때 명심해야 할 부분이다. 즉 고전이 씌어진 당시의 환경을 감안하여 객관적으로 내용을 읽어야 한다는 것이다.

그렇다면 그는 왜 이 같은 구상을 했을까? 세 가지가 큰 역할을 했을 것으로 추측할 수 있다.

첫째, 지식인도 시대 상황으로부터 영향을 받게 된다. 플라톤은 전쟁과 패전, 아테네 제국의 부활이라는 격동의 세월을 살면서 이상 국가에 대한 염원이 강했다. 때문에 설령 현실에서는 가능성이 희박하다고 하더라도 이상 국가라면 이런저런 조건을 만족해야 한다는 주장을 펼치고 싶었을 것이다. 이런 구상에서 나오는 개념 가운데 하나가 재산, 아내, 그리고 자식에 대한 공유다.

그가 청년기에 접어들었을 때 펠로폰네소스 전쟁이 막을 내리고 아테네 사회는 빈부 격차의 문제로 홍역을 치르게 된다. 게다가 그는 과두제나 참주제 사회에서 통치자의 재산에 대한 지나친 욕망 때문에 사회적 갈등과 분쟁이 확대되는 것을 두 눈으로 목격할 수 있었다.

둘째, 지식인이 가질 수밖에 없는 한계다. 그는 평생 결혼을 하지 않았고 먹고살기 위해 생업에 종사한 적도 없다. 오늘날 표현으로 말하자면 평생 동안 '상아탑'에 머물렀던 학자다. 학자는 현실과 유리된 구상이나 이야기를 내놓을 가능성이 높다.

그가 생산자 계급에 대해서 공유재산을 주장하지 않았던 데는 그 나름의 이유가 있었을 것이다. 분명 공유제에서는 누구도 열심히 일하지 않을 것이라는 점을 알고 있었을 것이다. 게다가 그가 살던 아테네는 국내뿐만 아니라 해외 무역이 대단히 활성화된 시대였다. 그리고 근동의 페르시아 제국에 비해 시민들은 재산을 소유한 보기 드문 사회였다. 그럼에도 시대와 동떨어진 주장을 펼친 점이 놀랍기도 하고 의아하기도 하다.

셋째, 그가 결혼을 해서 아이를 낳고 키워보지 않은 점도 영향을 끼쳤다. 그는 국가 수호자들의 순수한 혈통을 유지하기 위해 관리들이 어린이 양육에 대해서도 특별히 마음을 써야 한다고 말한다. 그런데 그 방법이란 것이 결혼을 해서 아이를 낳아서 키워본 부모라면 도저히 펼칠 수 없는 주장이다.

"관리들은 어린이의 양육에 관해서도 마음을 써야 하네. 그 방법은, 어머니의 젖이 불었을 때 육아원으로 데리고 와서 아이들에게 젖을 먹이게 하는 거지. 그러나 그녀들이 자기의 아이가 누구인지 모르도록 해야 하네. 어머니들의 젖이 부족할 때는 젖이 많은 다른 여인들은 데리고 와서 먹이도록 하면 되겠지." [제5권] p.261

고전은 오래전에 쓰인 책이기 때문에 현재를 기준으로 보면 현실 적합성에서 떨어지는 내용이 담길 수밖에 없다. 물론 학자들이 제시하는 지나치게 이상적인 주장들이 때로 현실의 문제점을 꿰뚫어보는 데 유용한 점도 있다. 결국 플라톤의 공유제 주장은 한 나라에서 벌어지는 갈등과 분쟁 그리고 몰락의 씨앗이 주로 어디에서 연유하는가를 깨우치는 데 도움을 주기 때문이다.

앞의 인용문은 어떻게 보면 플라톤의 철학이 오용되는 빌미를 제공한 부분일 수도 있는데, 이 내용의 적합성을 따지기보다 우리가 고전을 읽을 때 적절한 거리두기가 필요하다는 점을 되새기는 사례로서 이해하면 좋을 듯하다.

플라톤은 모든 국가에서 분란이 일어나는 부분들이 재산에 대한 욕심 때문이라고 파악한 것 같다. 아테네에서 많은 사람들이 다른 사람을 죽이고 재산을 빼앗는 등 재산 욕심에서 비극이 발생하니까 처음부터 아예 없애버리면 그런 분규가 안 생길 거라고 생각한 것이다. 그러나 내 것에 대한 집착이 없앤다고 해서 없어질 수 있는가? 이런 맥락에서 보면 플라톤의 공유제에 대한 주장은 지나치게 순진하고 이상적이라는 것을 확인할 수 있는 대목이다.

아이를 낳아서 키워보면 아이들은 어릴 때부터 '내 것'에 대한 집착이 강한 것을 알 수 있다. 본성에 깊이 새겨진 '내 것에 대한 애착'을 플라톤이 간과한 셈이다. 그래서 철학자도 결혼을 해서 아이를 낳고 온갖 경험을 해보는 것이 필요하지 않을까 싶다. 철학자뿐만 아니라 누구든지 자식을 낳아서 키우는 것은 세상과 인간을 바라보는 시각에 큰 영향을 미친다.

기원전 4세기 정도만 하더라도 아테네에서는 부자가 되는 것을 굉장히 두려워했다. 처음에는 부자들이 자발적으로 기부를 했다. 도시를 영화롭게 하고 전쟁에서 국가를 방어하기 위해서였다. 그러나 시간이 지남에 따라 이는 낭비와 자기 과시, 허영 등의 속물적인 것으로 변질되었고, 결국 부자를 착취하기 위한 수단으로 전락하고 말았다. 고대 그리스의 유명한 변론가이자 플라톤과 같은 시대를 살았던 이소크라테스(Isokrates, 기원전 436년~338년)가 남긴 이야기에 이런 내용이 있다고 한다.

"내가 어렸을 때는 부자라고 불리는 것이 위험하지 않았고 사람들은 그것을 자랑스럽게 생각했다. 그러나 오늘날은 사람들이 그들의 소유를 숨기는 데 최선을 다하고 있다. 왜냐하면 법률을 위반하는 것보다 부자라고 불리는 게 더 위험하기 때문이다. 아테네는 탄식으로 가득 찼다. 어떤 사람들은 그들의 가난을 탄식하고 다른 사람들은 국가가 그들에게 부여하는 무거운 의무 때문에 탄식한다. 이런 의무는 사람을 너무 괴롭히기 때문에 재산 있는 사람들은 가난한 자보다 생활이 더 고달픈 것 같다. 정치적 범죄는 재산을 몰수하는 방식으로 처리했다. 처음에는 벌을 주기 위해서 몰수했지만 나중에는 몰수하기 위해 벌을 주는 식으로 주객이 전도되었기 때문이다." 전태영, 『세금이야기』, pp.39~40

뿐만 아니라 소크라테스의 제자 크세노폰이 남긴 『메모라빌리아』에

크세노폰 기원전 430년경~355년경에 활동했던 그리스의 역사가로 소크라테스의 제자이기도 했다.

는 소크라테스의 부유한 친구인 크리톤이 부자로서 아테네에서 살아가는 삶이 만만치 않음을 토로하는 대목이 나온다. 당시에서 부유한 시민들은 오늘날의 '협잡꾼'과 같은 사람들에 의해 이유 없는 소송 등으로 괴로움을 당하는 일이 벌어지곤 했다.

"지금 이 순간에도 사람들은 나를 못살게 군다네. 내가 그들에게 무언가 잘못을 해서가 아니라, 그들은 내가 수고스럽게 법정에 고소하느니 차라리 그들에게 돈을 주어 보내리라고 생각하기 때문이라네.

『고대 그리스, 그리스인들』, 크세노폰, 「메모라빌리아」, II.9, H.D. F. 키토 저, 박재욱 역, p.327

플라톤은 인간사의 대부분 문제들이 재산 때문에 발생하는 점을 고려해 그냥 처음부터 공동으로 소유하는 것이 더 바람직하지 않은가라고 생각하였을 수도 있다. 그러나 플라톤 만년(晩年)의 걸작으로 평가받는 『법률』에서는 사유재산에 대한 보장을 강조해 플라톤의 주장에 모순되는 서술이 보인다. 『국가』는 후기 작품이고 『법률』은 말기 작품이어서 약 30여 년 간의 간극이 있는데, 그 사이에 플라톤의 생각이 바뀐 것으로 파악된다.

플라톤은 화려했던 아테네가 계속 쇠락해 가고 결국 마케도니아의 수중에 들어가기 일보 직전까지 가면서 많은 종류의 인간 군상들의 배반, 배신, 갈등, 분노, 이런 부분을 목격하게 되었을 것이다. 그로 인해 젊은 철인왕에 대한 기대감이 있었을 것이다. 그것이 국유화를 통해서 일거에 해결될 수 있다고 생각했던 것으로 보인다. 아리스토텔레스는 경험론적 인물이었기 때문에 점진적 개혁을 원했지만 플라톤은 제자들한테 비판을 많이 받을 만큼 급진적인 면이 있다. 선지자에 의한 개혁, 이상적인 상태를 향한 급격한 개혁이 가능하다고 믿었던 부분들이 훗날에 많은 비판을 받기도 한다.

플라톤의 이러한 급진적인 주장과 사회악에 대한 해결의 방안을 보면서 오늘날 나는 어떻게 생각을 하고 있는가 되돌아보았다.

나는 인생이든 사회든 결국 문제의 연속이고 우리는 이를 끊임없이 해결하며 살아가야 한다고 생각한다. 사회악이 없다면 좋겠지만 현실적으로 완전무결한 상태의 사회를 꿈꾸는 것은 불가능하다. 그런 상황에서 나는 플라톤과 같은 급진적인 개혁보다는 점진적인 개혁에 좀더 무게를 두고 싶다. 사회 문제란 일시에 모든 것이 해소되지 않는다. 문제가 발생하면 고치고 또 고쳐갈 수 있다. 아마도 이 부분에 대해선 사람들마다 그 의견이 다를 것이다.

결혼을 해서 자식을 키우고 학문의 세계를 떠나서 스스로 생계를 유지하면서 보통 사람들의 삶을 체험하고 지켜보았다면, 플라톤의 입에서 공유제와 같은 황당한 주장이 등장할 가능성은 낮았을 것이다. 그래도 다행스러운 것은 70대에 쓴 『법률』에는 공유제에 대한 주장이 눈에 거의 띄지 않을 정도로 모습을 감추게 된다는 점이다. 위대한 철학자도 한 명의 인간인지라 세월과 함께 지혜의 깊이가 더 깊어졌기 때문이 아닐까?

정치체제는
다섯 가지로 나뉜다

"선생님이 말씀하시는 네 가지 정체가 뭔지 듣고 싶습니다."
"그야 간단하지. 내가 말하려는 정체란 일반적인 명칭이니까. 하나는 세상에 평판이 자자한 것으로 자네들이 말하는 이른바 '크레테 식 내지는 스파르타 식의 정체' 그것이네. 다음 것은 평판에 있어서나 차례에 있어서 두 번째인 '과두제(寡頭制)'일세. 이것은 많은 결함을 지닌 정체지. 그리고 이와는 반대이며 또한 그 뒤를 이어 생겨나는 '민주제(民主制)' 그리고 다음이 그 악명 높은 이상의 정체를 허물어 버리는 '참주제(僭主制)'로 이것이 네 번째의 것이며, 국가의 가장 골칫거리지."(……)
"정말이지, 기묘한 정체 얘기를 들었군요."

글라우콘은 이렇게 말했다.

"그런데 여보게" 하고 나는 말했다. "인간의 성격에도 정체의 형태와 같은 것이 있다는 것을 알고 있나? 자네는 혹시 정체란 떡갈나무나 바위 같은 데서 생겨나는 것이라고 생각하지 않나? 아니면 천칭을 기울게 하는 무게처럼 다른 것을 자기 쪽으로 끌어당기는 식으로, 그들 나라에 살고 있는 사람들의 성격이 바탕이 되어 이루어진다고 생각하나?"

"물론, 인간의 성격이 이외에 다른 데서 생겨난다고는 생각지 않습니다."

"그렇다면 만일 다섯 종류의 국가 형태가 있다면 개개인의 영혼의 형태도 다섯 가지가 있다고 할 수 있겠지?" 〔제8권〕 pp. 389~390

제8권부터는 국가의 정체에 대한 이야기가 본격적으로 펼쳐지는데, 그 이야기는 이상 국가가 어떤 정체를 갖는가에 대한 답을 찾는 과정에서 등장한다. 다양한 정체 가운데 가장 훌륭한 국가의 정체는 왕도 정체(basileia)나 최선자(最善者), 즉 가장 뛰어난 사람들이 지배하는 정체(aristokratia)이다. 최악의 정체는 참주제(tyrannis)다. 이들보다 뒤떨어진 정체 3가지를 포함하면 모두 5가지의 정체가 존재한다. 위의 인용문에서는 최선자들의 정체를 제외한 나머지 정체를 이야기하고 있는 것이다.

우등한 것으로부터 열등한 순서로 배치하면 첫째는 최선자들의 정체(aristokratia)나 군주제, 둘째는 크레테식 혹은 스파르타식 정체인 귀족제(timarchia), 셋째는 과두제(oligarchia), 넷째는 민주제(dēmokratia),

운동하는 스파르타 젊은이들 스파르타에서는 여성도 경기 중에 옷을 벗게 되어 있었다. 이처럼 구성원들의 생활이 국가로부터 철저하게 규제받았다. 에드가 드가. 런던 내셔널 갤러리.

다섯째는 참주제(tyrannis)다. 플라톤이 이상 국가로 가정한 군주제와 그 다음으로 꼽는 귀족제는 스파르타의 정치체제에서 많은 아이디어를 얻었다.

플라톤의 정신세계는 그가 중시했던 수학이나 기하학으로부터도 많은 영향을 받았다. 수학의 세계는 정교한 논리와 체계로 이루어져 있다. 당시 스파르타는 두 명의 세습제 왕과 소수의 전사 귀족 집단(30명으로 구성된 원로회 '게루시아'와 5명으로 구성된 감독관 '에포로스' 등)이 나라를 이끌고 있었으며, 공동체 생활을 하는 구성원들은 국가로부터 결혼과 육아까지 일상적인 생활을 철저하게 규제받고 있었다. 국가를 구성하는 지배층으로부터 시민에 이르기까지 하나의 유기체로 구성되어 일사불란하게 움직이는 정체가 이상적으로 여겨졌다.

플라톤뿐만 아니라 훗날 아리스토텔레스와 폴리비오스, 키케로 등도

이 같은 스파르타의 정체에 후한 점수를 주었다. 플라톤이 군주제와 귀족제의 이상 국가에 걸맞는 체제로 스파르타를 선택한 것은 그가 살았던 당시의 역사적 배경과 정치 상황, 그리고 플라톤 자신의 정신세계를 고려해서 이해할 필요가 있다.

그에게 이상 국가는 각 계급이 주어진 직분을 잘 수행하는 국가였기 때문에 현대인이 이상으로 생각하는 민주정체와는 큰 차이가 있을 수밖에 없다. 또한 플라톤은 철인왕에 대한 신념이 있었고 그 자신이 엘리트주의적인 성향이 강했기 때문에 당시 아테네의 민주정체를 보면서 많은 문제점을 발견한 것이다.

그렇다면 이상적인 정치체제인 군주제는 영원한가? 플라톤은 생성되는 모든 것은 쇠퇴할 수밖에 없기 때문에 정체 역시 영원히 지속되지 못하고 쇠퇴를 거듭하다가 결국 해체된다고 말한다. 그러면 정체의 쇠락을 가져오는 원인은 무엇인가? 플라톤은 '정체가 바뀌는 것은 관직을 장악하고 있는 집단 자체에서 모두가 비롯되는 것이고, 이는 그 집단 안에서 내란이 생길 때'라고 답한다. 정체의 쇠퇴 순서도 우등한 것에서부터 열등한 것으로 차례차례 이루어진다.

여기서 플라톤이 역사 발전을 정해진 틀에 맞추는 결정론적 시각을 갖고 있었음을 알 수 있다. 귀족정이 타락하여 과두제가 되고, 과두제가 타락하여 민주제와 참주제가 등장하면서 국가도 몰락의 길을 걷게 된다는 결정론적 역사관은 훗날 역사가들에게 큰 영향을 끼쳤다.

가장 이상적인 정체인 군주정은 통치자들이 사유적, 비사유적, 그리고 욕망적 부분들의 조화를 이룸으로써 국가의 정의와 개인의 정의가 실현된 상태다. 그러나 군주정이 만들어낸 조화와 균형 상태는 통치자 측에서 발생하는 변혁으로 말미암아 불균형 상태로 변한다. 플라톤이 드는 사례는 아버지를 대신해서 권력을 차지한 아들이 자신의 본분을 망각하는 경우다. 가장 훌륭한 체제라 할지라도 가장 훌륭한 자식들이 계속해서 태어나지는 않기 때문에 이상적인 체제도 타락하기 시작한다는 것이다.

플라톤은 헤시오도스의 다섯 종족 이야기를 빌려서 다섯 국가에 상응하는 다섯 종족을 대비시켰다. 금 종족은 가장 훌륭한 체제인 군주제, 은 종족은 귀족제, 청동 종족은 과두제, 영웅 종족은 민주제, 그리고 철 종족은 참주제와 상응 관계에 있다. 정체의 타락으로 인해 금·은·동이 섞이는 것처럼 조화롭지 못한 불균형 상태가 되고 전쟁과 내란이 발생한다. 이렇게 정체의 쇠퇴가 진행된다.

플라톤이 정체를 바라보는 시각은 '승자필멸(勝者必滅)'이라 할 수 있다. 즉, '생겨난 모든 것엔 멸망이 있게 마련이므로' 어떤 정체도 영원히 계속되지 않는다는 것이다. 나도 이 생각에는 동의하지만, 정체의 변화가 정해진 길을 따라갈 수밖에 없다는 결정론적 시각에는 동의하기 힘들다.

그런데 다섯 가지 정체에 대한 이야기에서 반드시 짚고 넘어가야 할 것은 특정한 정체는 그것에 적합한 사람들을 만들어낸다는 점이다. 앞의 인용문에서 "나라의 형태들에 다섯 가지가 있다면, 개인들의 혼의 상태들에도 다섯 가지가 있을걸세"라는 대목이 바로 그 내용을 지적한 부분이다. 군주정에서는 군주제적 인간이, 귀족정에서는 귀족제적인 인간, 과두정에서는 과두제적 인간이, 민주정에서는 민주제적 인간이, 참주제에서는 참주제적 인간이 다수를 차지하게 된다.

예를 들어 오랜 시간 일당 독재 체제에서 살아온 사람들은 독재자를 미워하면서도 알게 모르게 독재자를 닮게 된다. 이른바 참주정체적인

(참주정체를 닮은) 사람들이 다수를 차지하게 된다는 것을 뜻한다.

내 경험에 미루어보면, 오랫동안 법치와 자유로운 체제에서 살아온 나라를 방문할 때면 그 나라 사람들이 평균적으로 타인에 대해 개방적이고 붙임성이 있다는 것을 느낄 수 있다. 그건 자유로운 정체에서 살아오는 동안 그들의 기질(tropos)과 성격(ēthos)이 그렇게 형성된 듯하다. 반면 시민의 역사가 없거나 일천하고, 오랜 기간 억압된 전체주의 체제가 지속되고 있는 나라라면 보통 시민들의 행동에도 거친 면이 있다. 그런 것이 결국 사람의 본질 문제가 아니라 정체가 낳은 기질이다. 그래서 자유로운 정치체제에서 살아가게 되면 인간의 심성이나 기질 또한 왜곡될 가능성이 크게 줄어든다.

정체가 사람들의 기질과 성격 사이에는 심대한 영향을 끼친다면, 그 반대는 어떨까? 말하자면 특정한 기질과 성격을 가진 사람들이 있기 때문에 특정한 정체가 생겨나는 경우도 있지 않을까? 이 점에 대해서 플라톤은 "혹시 정체란 떡갈나무나 바위 같은 데서 생겨나는 것이라고 생각하지 않나? 아니면 천칭을 기울게 하는 무게처럼 다른 것을 자기

정체	사람	개인의 혼
군주제	가장 지혜로운 사람	훌륭하고 올바름
귀족제(명예제)	야심가, 권력가	승리와 명예를 좋아함
과두제(금권제)	부자	재물을 지나치게 좋아함
민주제	자유민	자기 멋대로 하고 싶어함
참주제	참주	사악하고 올바르지 않음

고대 그리스 시대의 5가지 정치체제와 개인의 5가지 혼

쪽으로 끌어당기는 식으로, 그들 나라에 살고 있는 사람들의 성격이 바탕이 되어 이루어진다고 생각하나?"라고 되묻고 있다.

　플라톤의 주장은 정체 역시 사람들의 기질에 크게 영향을 받는다는 말이다. 원인 없는 결과가 없듯이 정체가 사람의 기질에 영향을 미치고 반대로 사람의 기질이 정체에도 영향을 미치는 것이다. 따라서 훌륭한 정치와 정체, 여기에 사람들의 기질의 상호관계의 중요성을 아무리 강조해도 지나치지 않을 것이다.

민주제는 모두에게
평등을 나눠주는 정체다

"그런 정체(dēmokratia)에 알맞은 사람이 분명히 민주적인 모습을 하고 있기 때문이란 말이야."
"분명히 그렇습니다" 하고 아데이만토스는 동의했다.
"우선 첫째로 그런 사람들은 자유로울 뿐더러 그 국가는 행동의 자유(eleutheria)와 언론의 자유(parrhēsia)가 주어져 있으므로 누구나 자기가 하고 싶은 일을 할 수 있게 되는 게 아닐까?"
"그렇게 생각합니다." (……)
"누구든 특별히 뛰어난 소질을 가지고 있지 않는 한, 만일 그가 어렸을 때부터 줄곧 훌륭한 일 속에 놀며 훌륭한 일 일체를 행하지 않고선 결코 뛰어난 인물이 될 수 없다고 했지. 그 정체는 그러한 모든 일을 대범한 태도로 짓밟고 사람들이 어떤 일을 하다 정계로 나와 정치를 하든, 전혀 문제로 삼지도 않으며, 다만 대중에 대하여 호의를 가지고 있다고 말만 하면 그것으로 그 사람을 존경하게 되니 말일세." (……)
"민주제는 이상과 같은 점을, 또 그와 비슷한 다른 점을 지니고 있는 것일세. 그리고 쾌적한 데다 무정부적이고 색조도 다채로우며, 능력이 같은 사람이거나 같지 않은 사람이거나 똑같이 일종의 평등(isotēs)을 나누어주는 정체라네." (제8권) pp.409~411

대한민국 헌법 제1조에는 '① 대한민국은 민주공화국이다. ② 대한민국의 주권은 국민에게 있고, 모든 권력은 국민으로부터 나온다'라고 국호·정체·주권을 공표하고 있다.

정체에 관한 플라톤의 글을 읽으면서 오늘 우리가 살아가고 있는 이 땅의 정체에 대해서도 다시 한 번 생각해 보게 된다. 특히 지금의 체제가 여러 특수한 역사적 상황 속에서도 많은 이들이 희생을 감내하며 추구하고자 했던 체제였음을 감안하면 민주정체는 플라톤이 말한 다섯 정체 중에서도 실현 가능성이 가장 높고 양호한 정체가 아닌가 싶다. 이 세상에 완벽한 정치체제가 존재할 수는 없겠지만 말이다.

그러나 플라톤은 민주정이 다섯 가지 정체 중에서 가장 하위인 참주제보다 조금 앞선다고 할 정도로 그다지 우호적인 시각을 갖고 있지 않았다. 플라톤의 주장이 가진 문제점을 인정하면서도, 건강한 민주정체의 발전을 위해서 그가 지적한 부분들에 관심을 가질 이유는 충분하다. 물론 직접 민주제를 채택하고 여성과 거류민을 제외했던 아테네 시대의 민주주의와 현대 민주주의 사이에는 시대와 내용 면에서 커다란 간극이 있다. 그럼에도 플라톤의 민주정에 대한 설명을 보고 있노라면 현대에도 참조할 만한 내용이 많다.

민주정은 과두제로부터 나온다. 과두제는 '재산의 평가에 따라 통치자가 선출되는 정체, 즉 부자가 통치하고 가난한 자들에게는 통치권을 부여하지 않는 정체'를 말한다. 과두정은 귀족정의 하나로, 대표적인 사례로 소수의 부유층이 지배하였던 카르타고를 꼽을 수 있다. 과두제의 변질은 모두가 지나치게 축재(蓄財)의 길로 달려감으로써 발생한다. 사람들이 돈을 지나치게 중시하게 되고, 돈을 가진 사람들은 자신의 이익을 보호하는 데만 골몰함으로써 한 나라 안에 가난한 사람들의 나라와 부자들의 나라가 생겨난다.

이렇게 되면 그 국가는 전쟁을 수행할 수 없게 된다. 무장한 군중의 공격이 적에게로 향할지 부자에게로 향할지 알 수 없기 때문이다. 통치 계급과 지배받는 사람 사이에 극단적인 빈부 격차가 생겨나면서 가난한 자들은 혁명을 꿈꾸게 된다.

민주정은 권력을 가진 사람의 선의에 의해서 만들어지는 것은 아니다. 공포와 위협의 힘이든 무력의 힘이든 물리적인 압박을 받은 한 계급이 다른 계급에 권리를 양보하면서 생겨난다. 이는 현대 민주주의에도 그대로 맞아떨어진다. 우리나라도 그렇고, 민주주의가 필요한 중국이나 아프리카, 중동 국가들에서도 이 같은 사실을 확인해 준다.

2011년 아프리카 튀니지를 시작으로 번졌던 자스민 혁명이 그 단적인 예다. 한 청년이 부패 경찰의 노점상 단속에 항의해 분신 자살을 감행하게 되고, 이에 24년간 독재 정권의 지배에 시달려온 민중들의 분노가 터짐으로써 튀니지 전역으로 반(反) 정부 투쟁이 번져갔다. 이는 다른 아랍 국가로도 확대되어, 장기 집권을 하며 폭정을 일삼았던 리비아의 카다피가 몰락한 것처럼 혁명의 영향이 아프리카와 중동의 독재정권을 위협하고 있다.

대부분 권력을 요구하는 사람들과 권력을 내놓지 않으려는 사람들 사이의 충돌로 말미암아 사회적 갈등과 혼란이 발생한다. 민주주의가 아테네에 도래하기 이전에는 돈을 가진 소수의 귀족 계급들이 권력을 쥐고 있었고, 현대에도 드물긴 하지만 독재국가에서는 군부나 독재자와 그 가족이 권력을 쥐고 있다. 이런 점에서 민주정은 일반 대중이 자신의 권리를 쟁취하는 과정에서 등장한다는 지적은 뛰어나다.

그런데 플라톤의 시대나 지금이나 민주정에서 변함없는 문제로 등장하는 것이 통치자로서의 훈련을 제대로 받지 못한 사람들이 대중의 호의를 얻거나 무리를 만들어 통치자의 위치를 차지하게 되는 일이다. 악화가 양화를 구축해 버리는 일이 민주정에서는 얼마든지 일어날 수 있다. 통치자의 선출과 관련해서 선거제도 외에 별다른 대안이 없기는 하지만, 현행 제도에서 다수결을 통해 항상 양질의 지도자를 뽑을 수 있는지에 대해서는 의문이다.

그럼에도 부자든 빈자든 1인 1표에 바탕을 둔 민주정 외에 다른 대안이 없다는 점은 분명히 해둘 필요가 있다. 플라톤의 민주정 비판에 대해서 우리는 민주정을 대신할 만한 것은 없지만 더 나은 민주정을 위해 유념해야 할 점으로 받아들이면 될 것이다.

플라톤은 민주정의 특징 중 하나를 '평등한 사람들에게도 평등하지 않은 사람들에게도 똑같이 일종의 평등을 배분해 주는 정체'라고 한다.

이처럼 민주정이 직면하게 되는 문제 가운데 하나는 '평등의 배분'에 대한 급격한 요구의 증가를 들 수 있다. 사람들은 중장기적인 이익을 생각하기보다는 당장의 이익에 눈길을 더 주기 쉽기 때문에 이러한 요구와 수요는 늘어날 수밖에 없고 그로 인해 국가의 위기를 낳을 가능성이 충분히 있다.

플라톤은 평등에 대한 배분이 어떤 문제점을 낳는지를 직접 체험했다. 아테네에는 가난한 사람들이 연극을 관람할 수 있는 비용으로 2오볼로스(obolos, 은 0.72그램, 성인 1인의 하루 먹을 양식에 해당)를 지원하는 '테오리콘(theorikon)' 제도가 있었다. 기원전 5세기에 시작될 당시만 하더라도 순수하게 연극 지원금 성격이었지만 혜택을 받는 사람들의 수와 액수를 점점 늘려가게 되고 규모가 팽창하게 된다. 나중에는 은광산에서 얻게 되는 세입 잉여금을 시민들에게 나누어주는 제도로 변질되는데, 4세기에 들어서는 시민들을 돕는 일종의 '구제기금'으로 자리잡게 된다.

'구제기금'의 규모는 날로 커지고 4세기 중후반기에 오면 여기에 의지해서 살아가는 시민들이 늘어나면서, 군사비 등과 같은 투자성 비용을 크게 줄이게 되어 정치사회적으로 심각한 문제를 낳게 된다. 아테네의 위대함을 보여주는 기념물들은 대부분 구제기금의 규모가 크지 않았던 기원전 410년 이전이나 기원전 338년 이후에 만들어졌다. 또한 구제기금의 확대는 아테네가 전쟁을 제대로 준비하지 못한 채 마케도니아에 패배하는 데 영향을 미쳤다.

우리나라에서 정치적 문제로 떠오른 보편적 복지 문제에 대해 생각해 보자. 도움을 손길이 꼭 필요한 사람들이 아니라 특정 집단이나 계층 전체에 혜택을 주는 정책들은 '평등의 배분'이라고 할 수 있다. 그러나 이런 정책들을 펼칠 때는 국가의 지속 가능성 측면에서 충분한 숙고가 있어야 한다. '국가의 지속 가능성=수입-지출'이다. 현재처럼 보편적 복지를 향해 계속 나아가다 보면 수입이 지출을 감당할 수 없게 될 가능성이 높아진다. 만성적으로 수입보다 지출이 많으면 결국 국가 부도와 같은 위기 발생 가능성이 커진다. 우리는 이미 유사한 경험을 해봤지만 불행하게도 많은 국가들의 사례를 보면 국가 부도가 한 번으로 끝나는 나라가 드물다.

특정 정파의 이익에 관련이 없는 식자층 중에서 이런 고민을 하는 분들이 많다. 국제 금융에 정통한 원로 경제학자 박영철 석좌교수(고려대 국제대학원)는 한 기고문에서 나라의 앞날을 걱정하는 고뇌를 이렇게 표현한 바가 있다.

"복지 논의도 절도를 상실하여 정상 궤도를 벗어나고 있다. (……) 어느 정당이 정권을 잡든 복지 약속은 신중을 기해야 한다. 왜냐하면 약속을 지킬 수 없기 때문이다. (……) 더구나 과도한 복지 지출로 재정 적자와 무역수지가 악화되면 국가 신용 등급이 떨어지고 CDS 프리미엄이 높아질 것이며 해외 차입 비용이 증가해 국내 금융 시장이 불안케 되어 금융 위기의 징후가 보이면 진보 정부도 후퇴하지 않을 수 없다. 후퇴는 사회 갈등을 더 악화시키게 된다. 그 후유증을 어떻게 감당할 것인가?"

박영철, 〈위태로운 한국 자본주의 어디로 가나〉, 《매일경제》, 2012.1.5

이를 두고 '지나친 걱정이다'라고 생각하는 분들도 많을 것이다. 그러나 나는 상당 부분 박 교수의 지적에 동의하는 편이다. 후유증을 걱정하기에 앞서서 만성적인 지출 증가로 인한 경제 위기 가능성을 늘 대비해야 한다.

　개인이 무엇인가를 기억하는 것처럼 나라의 구성원들도 공통의 기억을 갖는다. 그런데 이들 기억은 모두 망각과 함께한다. 집단적으로 기억하는 일 역시 망각으로부터 자유롭지 않다. 1929년 대공황을 겪은 사람들은 평생 동안 근검절약이 몸에 배어 있었다. 왜냐하면 대공황이 남긴 심리적 상처가 컸기 때문이다. 그리스 사람들도 마찬가지였다. 그들은 1932년까지 모두 다섯 차례의 국가 부도를 맞았고, 그후 몇십 년 동안은 근검절약하고 열심히 뛰었다.

　그러나 1980년 정권 교체와 함께 '국민들이 원하는 것이면 뭐든 다 해준다'라는 한 정치인의 발언처럼 보편적 복지를 향해 줄달음 치게 되었다. 마지막의 뼈아픈 부도를 기억하는 사람들은 소수에 불과하였고, 마침내 현재의 재정 위기와 아울러 내용상으로 보면 국가 부도 상태를 맞게 된 것이다.

　민주주의의 원리라는 것은 다수결에 의해서 지도자나 국가의 정책을 결정하는 정치체제이다. 그러나 항상 다수가 원하면 무엇이든 가능하다는 무제한적 민주주의가 가져올 수 있는 폐해를 주의해야 한다. 그러지 않으면 자칫 다수결의 함정에 빠질 위험이 높고, 대부분의 국가들이 지출을 관리하지 못해 어려움에 놓이게 된다. 필요한 사람은 반드시 돕도록 해야 하겠지만 자칫 무분별한 '평등의 배분'으로 나라 정책이 달려가지 않도록 주의해야 한다.

　인간이 불완전한 것처럼 민주주의는 제도상으로 불완전할 수밖에 없다. 드문 일이지만 히틀러가 등장할 수 있고, 폴 포트도 등장할 수 있다. 또한 대중에게 과도한 공약을 내세우는 선동적인 정치가는 얼마든지 등장할 수 있다. 깨어 있는 시민이 없으면 언제든지 과거로 회귀할 수 있는 것이다. 지금 우리가 그렇다.

다수가 항상 지혜로운 자가 될 수 없기 때문에 왼쪽, 오른쪽으로 쏠릴 뿐만 아니라 상황이 조금만 나빠져도 선지자를 구한다. 어느 날 갑자기 준비되지 않은 사람이 대중의 인기를 얻어 대통령이 되거나 지도자로 선택될 여지는 너무나 많다. 그 사람이 실정을 할 경우 국민들은 그 비용을 고스란히 지불할 수밖에 없다.

유일한 대안은 시민들 개개인이 자신의 뚜렷한 생각을 갖고 직분을 최대한 잘 수행하는 것이다. 그 방법은 일단 선거에 참여해야 되고, 유언비어라든지 괴담에 흔들리지 않고 정말 좋은 지도자를 선택하는 데 좀더 신경을 써야 된다.

가능하면 좋은 지도자가 누구인지 시간을 투자해서 탐구해 본다든가, 주변 사람들에게 지도자를 선택함에 있어 옳고 그름에 대한 이야기하는 것도 좋은 방법이다. 당장 자기한테 이익이 되지 않더라도 나라의 중기, 장기, 그리고 다음 세대까지를 생각해 신중한 의사 결정을 해야 한다.

입에 발린 언어로 추가적인 부담 없이 혜택을 듬뿍 주겠다고 약속하는 지도자의 말을 순진하게 믿지 않는 시민들의 현명함이 그 어느 때보다도 절실히 필요하다. 우리에게 필요한 시민들은 '휘둘리는 대중'이 아니라 국가의 앞날을 함께 고민하는 '사려 깊은 공중(公衆)'이어야 한다.

다시 말해 자신의 직분을 최대한 잘 수행하는 올바른 개인에게는 생업에서의 역할뿐만이 아니라 시민으로서의 역할이 동시에 요구된다. 그것을 잘 수행하는 것이 정의이다.

우리 모두가 올바른 국가와 올바른 개인의 실현 주체이다. 지도자를 선택을 하는 데 과연 얼마 만큼의 시간을 들였는가. 지도자에 대한 당신의 생각을 갖기 위해서 얼마만큼 숙고했는가. 그렇게 숙고한 그 순간 바로 정의가 실현되고 있다.

민주제의 위기는 구성원들의 과잉 자유에서 비롯된다

"그런 학식이나 참된 말 대신에 허위와 잘난 체하는 말과, 적당한 짐작이 달려 나와 이런 젊은이의 영혼을 점령하는 것이라네."
"정말 그렇습니다. 그렇게 되면 그것들은 재차 그 연(蓮) 밥을 먹고 있는 게으른 작자들에게로 되돌아가, 공공연하게 살 곳을 정하고 만일 젊은이의 영혼의 인색한 부분에 가족들로부터 어떤 원군이 도착했다 해도 그 잘난 체하는 말들이 들어 있는 성의 문을 닫고 원군의 입성을 불허하며 공직에 없는 노인의 말을 결코 받아들이지도 않고 오히려 스스로 싸워서 이를 정복하지 뭔가. 또 두려워하는 마음을 어리석음이라 부르고 불명예스럽게도 추방자로서 밖으로 밀어내고, 절제를 남자답지 못하다고 부르고 진흙을 칠해 쫓아내고, 분수를 지킬 줄 아는 일이나 질서 있는 지출을 촌스럽고 자유인답지 못하다 하여 많은 무익한 욕망과 협력하면서 국경 밖으로 쫓아내는 게 아닌가?"

"틀림없이 그렇습니다."

"그리하여, 그 잘난 체하는 말들은 그들의 볼모가 되어 대규모의 비밀스런 의례를 끝낸 젊은이의 영혼 속에서, 두려움과 질서와 절제 같은 것들을 다 몰아내고, 그 영혼을 텅 비게 한 다음, 곧바로 거만·무정부·낭비·파렴치에게 관을 씌워 많은 합창대를 이끌고 요란스럽게 데리고 돌아오는 거야. 찬가를 부르며, 그리고 거만(오만방자, hybris)을 좋은 신분, 무정부(anarchia)를 자유, 낭비를 대범함, 파렴치를 남자다움이라 미명(美名)을 붙여주며 말이야. 아마 이렇게 해서 젊었을 때 필요한 쾌락으로 양육된 젊은이가 변하여 필요치 않은 무익한 쾌락을 자유롭게 하고 해방하게 되는 게 아닐까?" [제8권] p.415

우리나라는 크고 작은 시위가 많이 일어나는 나라이다. 외형적 성장 속도에 비해 사회 각 부문에서의 내적인 성장이 아직 따라가지 못하면서 여러 갈등을 만들어내고 있기 때문이다.

사실 민주주의 사회에서 구성원들이 자신들의 의견을 자유롭게 드러내는 일은 지극히 당연하다. 그러나 이러한 상황을 고려하더라도 시위가 불법이거나 시민들의 활동에 지장을 줄 경우에는 공권력이 효력을 발휘해야 한다고 생각한다. 나의 권리도 중요하지만 다른 이들의 권리도 중요하기 때문이다. 작년 말 이러한 시위 문화와 공권력에 관한 통찰을 담은 하버드대 법대 석지영 교수의 칼럼을 감명 깊게 읽은 적이 있다.

"마틴 루서 킹 목사가 저항 운동으로 1963년 체포됐을 때 쓴 '버밍엄 감옥으로부터의 편지'는 허가 없이 가두시위를 한 혐의로 투옥된 당시 상황을 전한다. 킹 목사는 가두 행진에 허가가 필요하다고 명시한 법은 문제가 없지만, 그 법이 시민들의 평화적 집회 권리를 제한하는 데 이용되는 건 부당하다고 했다. 그래도 시위 중에 법을 어겼다면 '기꺼이 처벌을 받아들이라'고 했다. 또 평화적 시위는 위기 의식과 긴장을 고조시키고, 공동체가 불의를 외면하지 않고 맞서도록 하는 데 목적이 있다고 했다. 법을 어기면서까지 시위를 하고 기꺼이 처벌을 받는 것은 사회 발전에 필요한 비폭력적 긴장감을 유발하기 위해서라는 의미다." 석지영, 〈비폭력 시위에 대한 폭력〉, 《동아일보》, 2011.11.29

자유와 절제, 그리고 책임이라는 측면에서 플라톤의 이야기를 되새겨 볼 필요가 있다. 플라톤은 앞서 사람의 성격이 정치체제에 영향을 미치고, 그 반대도 가능하다고 했다. 그렇다면 민주제적인 사람은 어떤 사람일까? 질서와 조화를 중시한 플라톤의 눈에 민주제적인 사람은 무질서와 부조화를 대표하는 사람들로 비춰졌다. 여기에서 민주정의 또다른 문제가 발생하게 된다. 즉 자유의 과잉이 방종한 구성원을 낳고 이로 인해 체제 자체가 무질서해지기 쉽다는 것이다.

과두제가 부에 대한 탐욕으로 인해 몰락하고 민주제가 등장하는 것처럼, 민주정은 자유에 대한 탐욕으로 말미암아 몰락의 길을 걷는다는 것이 플라톤의 주장이다. 물론 지금의 입장에서 보면 다소 받아들이기 어려운 주장이기도 하다.

민주정에서는 모두가 평등하고 모두에게 표현의 자유가 주어지기 때문에 누구든 무엇이든 마음껏 말할 수 있다. 이를 두고 소크라테스는 "멋대로 할 수 있는 자유(exousia)"라는 표현을 여러 차례 사용하고 있다.

지금도 민주정을 채택하고 있는 나라의 국민이라면 주목해야 할 두 가지 문제가 있다. 자유에 대한 무제한적 탐욕으로 인해 사회 전체가 방종의 나락으로 떨어지는 경우가 그 하나고, 다른 하나는 어떤 종류의 권위에 대해서도 구성원들이 무시함으로써 발생하는 사회질서의 혼란을 들 수 있다.

요즘 자신이 최고 전문가이고 가장 똑똑하다고 믿어 의심치 않는 사람들을 심심치 않게 만날 수 있다. 내가 내 마음대로 사는데 무슨 상관이냐는 생각을 가진 사람들이 많기에 지혜 있는 사람들의 조언이나 충고는 잘 먹혀들지 않는다.

플라톤은 욕망을 필요한 욕망과 불필요한 욕망으로, 쾌락을 필요한 쾌락과 무익한 쾌락으로 나눈다. 민주제적 사람에게 필요한 것은 불필요한 욕망과 불필요한 쾌락을 적절히 조절하는 것인데, 이를 위해 노력하는 사람들이 드물다. 방종과 무질서를 벗어나서 절제와 질서를 자신의 삶으로 끌어들여 살아가기가 쉽지 않다. 이들은 유행하는 분야에 자주 마음을 빼앗기고 싫증도 자주 느낀다.

플라톤은 이렇듯 중심을 잡지 못하고 이리저리 휘둘리며 살아가는 민주제적 사람을 두고 "전쟁에 숙달한 사람들이 부러우면 그쪽으로 이동하고, 돈 버는 사람들이 부러우면 이번에는 이쪽으로 이동하네"라고 비꼰다. 젊은 날 만들어진 사람의 성격이나 성품은 쉽게 바뀌지 않기 때문에 민주제적인 사람은 평생 젊은 날과 비슷하게 살아갈 가능성이 높은데, 이에 대해 플라톤은 "그의 삶에는 아무런 질서도 필연성도 없으나, 그는 이 삶을 즐겁고 자유로우며 축복받은 것이라 부르며 평생토록 이 삶을 살아가네"라고 말한다.

물론 민주주의를 살아가는 사람들 모두가 방종한 삶을 살지는 않는다. 절제된 삶을 사는 사람도 많다. 그런 의미에서 플라톤의 이러한 견해는 비판의 소지가 있다. 또 민주정의 문제점에 대한 플라톤의 지적에도 불구하고, 민주정이 권력자들이 가질 수 있는 망상을 방지해 준다는 장점을 간과할 수 없다. 『타고난 거짓말쟁이들』의 저자인 이언 레슬리는 자신에 대해 좋은 이야기만 듣게 되는 "독재자들은 자기만의 건강한 여백과 위험한 망상 사이의 경계선을 넘기가 훨씬 더 쉽다"고 말한다. 과소평가되는 민주정의 미덕 가운데 하나는 바로 정치인들의 자기기만을 막아주고 좀더 정직하게 만들어주는 것이다.

그러나 기본적으로 민주정체에서 스스로 지식이라든지 주관이 뚜렷하지 않은 사람들이 이쪽이 옳은 것 같으면 이쪽으로 쏠리고 저쪽이 옳은 것 같으면 저쪽으로 쏠리는 양상을 경계하는 의미에서 그런 사례를 들었다는 생각이 든다.

SNS가 발달한 시대를 사는 요즈음 우리를 보면 플라톤의 말이 매우 와 닿는다. 자기 의견을 갖고 냉철하게 타인의 의견을 분석하고 감정적인 대응을 절제하기보다는, 인기 있는 의견으로 쏠리고 움직일 가능성이 그만큼 높아졌기 때문이다. 또한 민주정에서는 의견(판단, 추측)을 지식(앎)으로 굳게 믿고 자기 주장만 내세우는 사람들도 심심찮게 만날 수 있다.

플라톤은 절제와 규율이 있는 국가에 큰 의미를 두었다. 그의 눈에 민주정에서의 아테네는 한마디로 마음 내키는 대로 말하고 행동하는 버릇없는 사람들이 지배하는 사회였다.

"이 자유에 대한 탐욕, 자유 이외에 다른 것에 대한 무관심이 이 정체를 변하게 하여 참주제를 요구하게끔 하는 것이 아닐까?" (……)

"그런 일 이외에도 다음과 같은 자잘한 일도 생기네. 즉, 이런 상태로는 교사는 학생이 두려워 비위를 맞추고 학생은 교사를 경멸한다네. 양육계도 마찬가지지. 그리고 일반적으로 말해 젊은이들은 말에 있어서나 행동에 있어서나 연장자를 흉내내며 대항하고, 노인들은 젊은이들에게 영합하여 그들을 모방하고, 쾌활함과 기지로 몸을 돋보이게 하는 거네. 자기들이 재미없는 놈이라든가 폭군 같은 놈이란 말을 듣지 않기 위해서 말이네." (……)

"시민들의 영혼이 점점 연약해지므로, 가령 무슨 일이든 예속의 기색이 보이면 그 영혼은 화가 나서 참지 못하게 된다네. 그것도 아마 자네는 알고 있겠지만, 결국 그들은 누구든 절대로 그들의 주인이 되지 않기를 바라고, 성문법이건 불문율이건 그것을 조금도 존중하지 않기 때문일세."

〔제8권〕 pp.417~419

자유는 상대방의 자유나 권리를 침해하지 않는 한도 내에서의 자유여야 한다. 즉, 제한적 자유 혹은 절제된 자유여야 한다. 그러나 민주정이 시간을 더해가면서 국민들은 자기 자신의 자유에만 관심을 가질 뿐 타인의 자유와 권리에는 무관심해진다. 이런 현상이 광범위하게 확산되면서 자유는 방종과 동의어로 해석된다. 내가 원하는 것이면 무엇이든 할 수 있는 것을 자유로 받아들이는 국민들은 자신이 하고 싶은 대로 무엇이든 하기를 고집하게 된다.

플라톤은 이에 몇 가지 현상을 드는데, 지금 우리 사회를 생각해 보면서 하나하나 짚어보자. 아들은 더 이상 아버지를 어려워하지 않고 함부로 대하게 되며, 오히려 아버지가 아들에게 두려움을 느낀다. 일부 젊은이들의 경박하기 짝이 없는 움직임에 대해 이들의 비위를 맞추려는 나이든 사람들이 늘어나게 된다.

이에 대해 플라톤은 "노인들은 젊은이들에 대해 채신없이 굴기를 기지와 재치가 넘칠 지경이라네"라고 말하면서 "불쾌하고 권위적이라 여겨지는 일이 없도록 하기 위해서 젊은이들을 흉내내느라 말일세"라고 꼬집는다.

이는 지금 우리 사회에도 흔히 볼 수 있는 일이다. 얼마 전 《조선일보》 최보식 선임기자의 칼럼을 읽었다. 그는 우리 사회에 '꼰대'가 없는 것을 걱정스러워하고 있다. 흔히 말이 안 통하는 기성세대를 '꼰대'라고 한다. 하지만 과거의 '꼰대'는 진정한 어른이었다. 자신의 경험에 비추어 젊은이들을 옳게 가르치려고 했다. 그러나 지금은 그런 어른이 드물다. 오히려 젊은 사람들의 눈치를 보고, 그들의 입맛에 맞추려고 애쓴다. 권력을 얻기 위해 젊은이들을 한낱 표로 보고 그들에게 영합하는 것이다.

인기를 얻기 위해서 적극적으로 활동하는 나이든 사람들을 주변에서 어렵지 않게 찾을 수 있다. 인터넷 공간 등을 이용해 무책임하게 발언을 하고 그들의 반응에 열광하고 존재감을 느끼는 사람들이 너무나 많다. 정확한 지식이나 정보도 없이 어떤 정치적 견해에 대해 자신의 느낌을 적어 젊은이들의 판단을 흐리기도 한다. 인신공격도 서슴지 않는다. 그런 태도에 젊은이들은 열광한다. 자신들의 가려운 데를 속 시원하게 긁어준다고 믿기 때문이다. 당시 아테네와 우리의 지금 현실이 너무나 비슷하다.

이처럼 무제한의 자유에 대한 추구는 무제한의 민주정을 낳는다. 현대적 의미로 민주주의는 지도자를 합법적으로 뽑아서 권력을 평화적으로 이양하는 제도를 뜻한다. 이런 민주주의를 '제한적 민주주의(Limited democracy)'라고 부르며, 이것이 민주주의의 본뜻에 맞는 정체다. 그런데 언젠가 민주주의의 정의를 트위터를 통해 알아본 적이 있다. 그 결과 대부분의 사람들이 민주주의에 대한 환상을 갖고 있음을 확인할 수 있었다. 사람들이 기대하는 민주주의는 나를 위해, 우리를 위해, 혹은 그들을 위해 국가가 무언가를 더 해줘야 하는 체제이다.

결과적으로 정치 분야를 넘어선 민주주의는 사회적 민주주의, 경제적 민주주의 등으로 확장일로에 있다. 이런 현상을 가리켜 '무제한적 민주주의(Unlimited democracy)'의 등장이라고 일컫는다. 다수가 원하는 것이라면 무엇이든 입법화해서 다수를 위해 봉사하는 민주주의를 말한다.

그러나 이러한 무제한적 민주주의가 사회와 경제에 미치는 영향으로 인해 치러야 하는 비용은 우리가 생각하는 것보다 심각하다는 사실을 명심해야 한다. 국가는 지속 가능성이 무엇보다 중요하기 때문이다.

지금 우리는 어떤가. 자신의 직분은 제대로 행하지 않으면서 어떤 문제가 생기기라도 하면 나라를 이끄는 지도자 때문에, 나라 때문에, 사회 때문에, 부자 때문에 등등의 이유로 자신의 무절제함과 방종을 정당화하고 있지는 않는가?

예나 지금이나 사람의 본성이 크게 변하지 않기 때문에 민주정체에 속한 사람들이 처한 상황도 별반 달라진 것이 없다고 생각한다. 물질적인 생활이 놀라울 정도로 발전했지만 인간의 정신 영역은 큰 변화가 없다고 말한다면 지나친 것일까?

플라톤이 민주정에 대해 편견을 갖고 있었음을 고려하더라도, 아테네를 비롯한 고대 그리스의 민주제적 사람들의 행동에 대한 묘사는 우리 자신과 사회를 돌아보는 거울과 같은 역할을 해준다. 민주정과 민주제적 사람에 대한 예리한 비판과 통찰을 통해 문제점을 생각해 보고 이를 고칠 수 있는 대안을 찾아 실행에 옮기는 게 중요하다. 거듭 말하지만, 플라톤의 제안을 더 나은 민주정을 위한 건설적 비판으로 활용하자는 것이다.

인간이 누리는 쾌락은
세 가지로 나뉜다

"인간의 근본적인 분류는 세 가지가 있네. 즉, 지혜를 사랑하는 자, 승리를 사랑하는 자, 이익을 사랑하는 자라고 말할 수 있지."
"옳습니다."
"그렇다면, 또 쾌락에도 이상의 세 종류의 각각에 하나씩 속하는 세 종류가 있는 셈이지."
"정말 그렇습니다."
"그런데 자네도 알고 있으리라고 생각하지만, 만일 자네가 그것을 세 종류의 인간에게 각각 번갈아서 그것들 세 종류의 생활 가운데서 어느 것이 가장 즐거운가를 물어볼 마음이 생긴다면, 그들은 제각각 자기 자신의 생활을 가장 칭찬하게 되겠지? 우선 돈벌이를 목적으로 하는 자라면 이익을 얻는 것에 비하여 명예를 얻는 쾌락이라든가 공부를 하는 쾌락은, 만일 그것들의 어느 것이 돈이 생기는 것이라면 몰라도, 그렇지 않으면 아무 소용이 없는 것이라고 주장할 것이네."

"그렇습니다."

"그럼 명예를 사랑하는 자는 어떨까? 그는 금전에서 얻을 수 있는 쾌락을 저속한 것이라고 생각하지는 않을는지? 마찬가지로 배우는 것에서 얻을 수 있는 쾌락을, 배우는 것이 명예를 가져오는 것이 아닌 한, 연기와 같은 것, 즉 무의미한 것이라고 생각하지는 않을지?"

"그럴 것입니다." (……)

"그렇다면 쾌락의 세 종류 중에서 경험과 사려와 합리적인 말을 써서 우리들이 배우는 바의 부분, 즉 영혼의 부분이 가지는 쾌락이야말로 가장 쾌적한 것이 될 것이고, 또 우리들 가운데서도 그 부분이 지배적인 자의 생활이야말로 가장 쾌적하다고 결론을 내릴 수 있게 되겠지?" 〔제9권〕 pp.450~451, 453

"만족한 돼지가 되는 것보다는 불만족한 인간임이 좋고, 만족한 바보보다는 불만족한 소크라테스임이 좋다."

존 스튜어트 밀의 이 유명한 말은 정신적인 가치보다는 의식주와 같이 육체적 욕망에 집착하는 이들에 대해 비난조로 쓰이곤 한다. 이 말 속에는 정신적 즐거움이 금전적이거나 육체적 욕망보다 우선하는 것이라는 가치 판단이 깔려 있다.

즐거움, 쾌락에도 종류가 있고 순위를 매길 수 있는 것일까? 쾌락에 대한 플라톤의 흥미로운 이야기를 통해 이 부분을 살펴볼 수 있을 것이다.

다섯 가지 정체와 이에 대응하는 사람들, 즉 과두제적 인간, 민주제적 인간, 그리고 참주제적 인간 등의 특성에 대한 이야기를 마무리하기에 앞서서 플라톤은 인간이 느끼는 욕망과 즐거움(쾌락)에 대한 탐구를 시작한다. 그는 국가가 세 종류로 나뉘는 것처럼 인간의 혼도 세 종류로 나뉘어 있기 때문에 즐거움도 세 종류로 나뉜다고 말한다. 어떤 즐거움을 더 중요하게 여기는지에 따라 사람도 세 종류로 나뉠 수 있는 것이다.

존 스튜어트 밀 19세기 영국의 철학자이자 경제학자. 개인을 최대한 계발하는 것이 최대의 이익을 가져다준다는 결론에 도달하게 된다.

과연 어떤 생활 방식이 바람직하고 어떤 즐거움(쾌락)이 진실한가? 그런데 위의 인용문에서 말하는 것처럼 모든 사람은 쾌락 또한 자기가 중요하게 여기는 쾌락을 제일로 친다. 즉, 지혜를 사랑하는 사람이든, 명예나 승리를 추구하는 사람이든, 이익을 추구하는 사람이든, 자신이 추구하는 쾌락이 최선이라고 주장한다. 플라톤이 아무리 목소리를 높여 지혜를 사랑하는 것이 최고의 삶의 방식이라고 주장해도, 이익을 사랑하는 자는 돈이 생기지 않으면 그 어떤 활동도 자신에게 별반 의미가 없다고 생각할 것이다.

사실 이런 일들은 일상생활에서도 자주 경험한다. 지인들은 이따금 나에게 이렇게 묻는다. "공 박사도 이런저런 자리 제안이 주어지면 당연히 받아들이겠죠?" 그렇게 질문하는 사람은 그 자리나 지위가 주는 쾌락이 지금 내가 누리는 쾌락보다 더 낫다고 은연중에 가정하고 있는 것이다. 그러나 나는 "별 생각이 없습니다"라고 잘라 말한다. 나 역시 지혜가 주는 쾌락, 자리가 주는 쾌락, 돈이 주는 쾌락을 나름대로 정리하고 살아가고 있기 때문이다.

플라톤과 함께 대화를 나누던 글라우콘도 어느 것이 더 나은 생활 방식인지, 그리고 어느 쾌락이 더 진실한지에 대해 자신으로서는 도저히 말할 수가 없다며 자신의 고민을 털어놓는다.

어떤 쾌락이 가장 훌륭하다는 판단을 받을 수 있을까? 플라톤의 설명은 쾌락의 수준과 관련하여 의미 있는 이야기를 더한다. 우선 경험이라는 측면에서 보면 지혜를 사랑하는 자는 어린 시절부터 다른 두 개의 쾌락을 이미 맛보았을 테지만, 이익을 추구하는 자는 배움의 쾌락을 맛보지 못했을 것이다. 때문에 지혜를 사랑하는 자는 이익을 추구하는 자에 비해 쾌락의 경험 면에서 훨씬 뛰어나다.

그렇다면 지혜를 사랑하는 자와 명예(승리)를 사랑하는 자는 어떨까? 명예란 어느 분야에서 무엇을 하든 얻을 수 있는 것이므로, 지식을 사랑하는 자나 승리를 사랑하는 자나 이익을 사랑하는 자 모두에게 따를 수 있다. 하지만 지혜를 사랑하는 자가 누릴 수 있는 배우는 즐거움(쾌락)을 명예를 추구하는 자는 누릴 수 없다.

"명예라고 하는 것은 사람들이 제각기 목적을 위해 노력해 오던 것을 이룩하기만 하면 누구에게나 따르게 마련입니다. 즉, 부유한 사람도 용기가 있는 사람도, 지혜가 있는 사람도 모두 일반 사람들로부터 명예를 받게 될 테니까요. 따라서 명예를 받게 되는 것에서 느낄 수 있는 쾌락이 어떤 것인가 하는 것은 모두가 경험하고 있는 것입니다. 그러나 참된 실재(實在, to on)의 관념으로 이것이 어떤 쾌락을 가질 것인가는 지혜를 사랑하는 자 이외에는 아무도 맛볼 수가 없는 것입니다." [제9권] p.452

결론적으로 경험, 사례, 그리고 합리적인 말이란 세 가지 기준으로 미루어보면 지(知)의 쾌락이 승리의 쾌락을 앞서고, 승리의 쾌락이 이익의 쾌락을 앞선다는 것이 플라톤의 주장이다. 플라톤 역시 지식인이기 때문에 자기 중심적으로 그런 논리를 펼치고 있다고 생각하는 독자들도 있을 것이다. 하지만 돈, 명예, 지식을 두루 추구해 본 사람이라면 충분히 수긍할 수 있는 주장이다.

나의 경우만 해도 40대까지는 집요하게 승리의 쾌락을 추구했지만 세월이 갈수록 추구의 대상이 지혜의 쾌락으로 향하기 시작하였다. 지금 나는 지혜의 쾌락을 추구하는 데 더 많은 시간과 에너지를 들이고 있다.

훗날 존 스튜어트 밀은 쾌락의 종류를 두 가지로 나누기도 했다 '높은 질의 쾌락(high quality pleasure)'과 '낮은 질의 쾌락(low quality pleasure)'이 그것이다. 전자는 지성, 교육, 타인에 대한 배려, 도덕성, 그리고 육체적 건강에 뿌리를 둔 쾌락을 가리킨다. 후자는 육체적 탐닉, 게으름, 감각적인 이기심, 우둔함, 그리고 무지에 연유한 쾌락을 가리킨다. 전자를 맛보고 있는 사람은 후자도 맛볼 수 있지만. 후자를 맛보고 있는 사람은 전자를 맛보기가 쉽지 않다. 특별한 노력을 행하지 않는 한 말이다.

인간	지혜를 사랑하는 자	승리를 사랑하는 자	이익을 사랑하는 자
영혼	사유적 부분 (지식 사랑)	의욕적 부분 (명예 사랑)	욕망적 부분 (금전 사랑)
쾌락	배움의 쾌락	승리의 쾌락	물욕의 쾌락
쾌락의 질	진실된 쾌락	거짓된 쾌락	거짓된 쾌락

세 유형의 인간이 갖는 혼과 쾌락

　대부분의 사람들은 생업을 갖고 일상을 살아가기에 바빠서 지혜의 쾌락이나 승리의 쾌락을 맛볼 가능성이 낮다. 또한, 경험해 보지 않은 쾌락이기 때문에 그런 종류의 쾌락이 주는 대단한 면을 알지 못하는 것도 이유일 것이다. 그러나 삶에서 어느 정도 자리를 잡고 나면 지혜를 사랑하는 쾌락을 더하는 것이 어려운 일은 아니다. 그것은 시간이나 여유의 문제가 아니라 판단의 문제일 것이다.
　플라톤은 지혜가 주는 쾌락을 고급 쾌락으로, 명예가 주는 쾌락을 중급 쾌락으로, 이익이 주는 쾌락을 하급 쾌락으로 생각했다. 물론 이런 주장에 동의하지 않는 현대인들도 많을 것이다. 그런데 사업을 하는 사람들이 웬만큼 자리를 잡고 나면 인문학이나 예술에 관심을 갖는 이유는 시간이 흐를수록 지혜가 주는 쾌락의 중요성이나 가치를 맛보게 되기 때문일 것이다. 최근 CEO들, 최고 경영자들이 대학 등의 인문학 과정이라든지 예술자 과정에 몰리는 것도 바로 그런 이유 때문이 아닐까. 나이가 들고 지위가 올라가고 하면 뭔가 또 빈 데를 채워야 하는 부분들이 생긴다. 그때는 대개 인문학이나 예술 분야를 많이 접한다. 나는 이를 매우 긍정적으로 본다.

또 부를 축적한 사람들 가운데에는 인생의 중후반기부터 예술 작품의 수집에 심혈을 기울이는 경우가 간혹 있는데, 이 또한 사업 세계에서 누리는 쾌락과 예술적인 아름다움에서 누리는 쾌락(즐거움)이 다르다는 사실을 말해 준다.

이는 단순하게 공허감을 채운다기보다는 자연스러운 갈증인데, 바로 인간적인 탁월함에 대한 갈망이다. 인성에는 직업적 탁월함과 인간적 탁월함이 있다. 인간적 탁월함은 감정을 제어하는 것도 있지만 본인의 감성을 다듬는 부분들이다. 나의 경험이 반드시 일반화될 수는 없겠지만 젊은 날 집요하게 직업적 탁월함을 추구하던 사람들도 깨어 있는 사람이라면 세월과 함께 직업적 탁월함 그 이상의 무엇을 추구하게 되는 것 같다. 영성과 진실, 아름다움과 정의에 대한 갈급함은 주변을 둘러보고 자신을 둘러볼 나이가 되면 우리들 인생에서 자연스럽게 등장하게 된다.

진실된 쾌락을 추구하며
언제나 깨어 있어라

"따라서 사려나 덕의 경험을 쌓지는 않고, 축제 소동 같은 것에만 시간을 보내고 있는 사람들은 생각건대 아래로 옮겨지던가, 한가운데로 되돌아가기도 하면서 한평생을 방황하는 것이네. 그리고 그 한가운데를 넘어서 참된 위로는 일찍이 한 번도 눈을 돌려본 적도, 또 옮겨져 본 적도 없고, 또 진정으로 존재하고 있는 것에 의해서 가득 차본 적도, 그리고 확실하고 또한 순수한 쾌락을 맛본 적도 없는 것이네.

도리어 가축처럼, 언제나 아래로만 눈을 향하고, 대지와 식탁에 머리를 향하고 있으면서, 배를 채우고 교미를 하고 몸만 양육하는 것이네. 그리고 그런 음식물의 종류를 다른 데서 보다 많이 가지는 것을 목표로 서로가 쇠로 된 뿔이나 발굽으로 차거나 찌르거나 하면서 탐욕에만 사로잡혀 서로 죽이곤 하는 것이지.

탐욕에 사로잡히는 것도, 또 그들이 채우려고 하는 것도 자기 안에 정말 존재하고 있는 부분에서 그러는 것이 아니고, 충족시키려는 것이 실재하는 것도 아니고, 가득 채우려고 사용하는 그것이 참된 존재도 아니기 때문이네."

〔제9권〕 pp.459~460

쾌락(즐거움)에 대한 플라톤의 이야기는 계속 이어진다. '왜 사는가?' 혹은 '왜 그렇게 열심히 하는가?'라는 질문을 받는다면, 대부분 그 답에는 '행복'이란 단어가 포함될 것이다. 행복의 원천은 다양한 종류의 기쁨이나 쾌락에 뿌리를 두고 있다. 건강함, 고통이 멎음, 괴로워하지 않음 등이 모두 쾌락의 부분적인 요인이다.

그렇다면 쾌락은 어떻게 얻을 수 있는가? 플라톤은 쾌락을 크게 두 가지, 즉 진실한 쾌락(진정한 쾌락, 참된 즐거움)과 진실하지 못한 쾌락(거짓된 쾌락, 덜 진실한 즐거움)으로 나눈다. 전자는 주로 혼에 관계되는 것이고 후자는 신체에 관계되는 것들이다.

위의 인용문은 일상생활을 살아가는 사람들이 알게 모르게 받아들이는 쾌락의 성격을 잘 정리하고 있다. '사려나 덕의 경험을 쌓지는 않고, 축제 소동 같은 것에만 시간을 보내고 있는 사람들'과 같은 표현은 우리가 평소에 구하는 쾌락이 어떤 것인지를 생각하게 한다. 의미를 찾기 힘든 각종 이벤트나 행사를 찾아서 이리저리 몰려다니며 누리는 쾌락을 이야기하는 게 아닐까.

플라톤은 진실한 쾌락을 구하는 사람들에게 두 가지를 권한다. 첫째, 지혜를 사랑하는 부분에 관심을 가질 것. 둘째, 합리적인 정신에 관심을 가질 것. 명예를 사랑하거나 금전을 사랑함으로써 욕망을 충족시키고 쾌락을 구하더라도, 이들 욕망이 지성과 합리적인 정신(이성적 추론)의 인도를 받도록 한다면 진실한 쾌락을 얻을 수 있다. 그렇지 않고 명예나 금전이 그것들만의 욕망에 따라 달려가도록 내버려둔다면 이들은 거짓된 쾌락을 낳게 된다.

행복의 원천인 쾌락은 무엇이며, 어떤 쾌락이 진실한 쾌락인지를 생각해 보는 일은 모든 인간에게 주어진 과제다. 진실한 쾌락을 추구하는 대표적인 인물이 누구인가? 그가 바로 '지혜를 사랑하는 자'인 철학자다. 이들이 갖고 있는 뚜렷한 특징 가운데 하나가 신체의 즐거움을 적절히 억제하고 영혼의 즐거움에 관심이 많다는 점이다. 또다른 특징은 거짓을 증오하고 진리를 사랑하는 마음이다. 한마디로 진실한 사람이다. 또한 철학자들은 세속적인 삶을 그리 대단하게 여기지 않는다.

그렇다고 해서 철학자가 가난하게 살아야 한다거나 부를 추구하지 말아야 한다는 이야기는 결코 아니다. 플라톤은 권세와 부를 추구하되 이들이 이성과 합리적인 정신에 의해 적절히 제어되거나 인도받아야 한다고 말한다.

플라톤이 현대인에게 주는 메시지는 생업에서 열심히 이익을 추구하면서도 한편으로 지혜를 추구하는 삶의 자세를 잊지 말아야 한다는 것이다. 플라톤이 이따금 세속적인 삶에 큰 의미를 두지 않는 듯한 발언을 하는 것은 고대 그리스 시대와 현대의 차이에서 비롯된다. 노예제에 바탕을 둔 아테네 시민들의 삶은 생계 유지로부터 다소 부담이 덜하였고, 특히 플라톤은 더더욱 그러하였을 것이다. 그는 평생을 철학자로 살아온 사람이기 때문이다. 하지만 독자들과 필자는 모두 생업의 전선에서 맹렬하게 자신의 목표를 향해 나아가야 하는 사람들이란 점에서 철학자들과 뚜렷한 차이가 있다.

그런데 살아가면서 깨우치는 진실 가운데 하나는 말이나 글 그리고 생각의 모순된 것을 한 바구니에 담을 수 있다는 점이다. 이익이 가져다주는 쾌락을 느끼면서 노력하기에 따라 지혜가 주는 쾌락을 동시에 맛볼 수 있다. 두 가지가 모두 가능하지 않다는 고정관념을 벗어던지고 좀더 부지런히 현명하게 살 수 있다면 얼마든지 가능하다고 생각한다. 또한 플라톤의 제언처럼 명예나 이익을 추구하더라도 이들 쾌락이 지성과 합리적인 정신의 적절한 인도를 받을 수 있도록 하는 일도 쾌락의 질을 높이는 데 도움이 될 것이다.

현대인들은 다양한 쾌락을 접할 기회가 있다. 대중매체를 통해서 공산품처럼 찍어내는 듯한 쾌락도 있다. 나는 대중매체가 만들어내거나 사회가 만들어내는 그런 쾌락으로부터 나 자신을 격리하려고 노력하는 사람 가운데 하나이다. 텔레비전, 인터넷, 게임, 스포츠 등에서 얻는 쾌락은 매우 대중적이고 강렬하지만 쾌락을 즐긴 다음에 오는 감정의 낙폭이 굉장히 크기 때문에 좋아하지 않는다. 그것에서 오는 즐거움이 짧은 한순간 지나가면 덧없다는 생각이 든다. 또 내가 갖고 있는 시간하고 에너지가 제한되어 있기 때문에 그것에 허비하고 싶지 않은 이유도 있다.

물론 텔레비전 드라마라든지 영화가 생활 속에서 얻는 스트레스나 긴장 상태를 해소하는 데 도움이 되기도 한다. 그러나 그것에 중독이 되면 영혼에 상당한 해악을 끼친다.

대중매체나 인터넷 게임에서 얻은 쾌락은 진실되지 못한 쾌락의 한 예이다. 게임은 짧고 강한 쾌락을 제공하기 때문에 다른 종류의 쾌락과는 비교할 수 없을 정도로 중독성이 강하다. 대중매체 속에 양산되는 쾌락의 도구들이 사람을 무기력하게 만들고, 나아가서 생각하는 힘을 빼앗고 결과적으로는 민주정체에 부정적인 영향을 미칠 수도 있다. 비판적 사고 능력을 무력화시키기 때문이다. 그런 쾌락에 자기 자신을 계속 노출시키면 우선 자기 스스로를 주도하지·못한 데 대한 죄의식이 생긴다. 이것이 반복되면 뇌에도 상당한 영향을 미쳐 무기력해지고 자존감을 상실하게 되고 자신감마저 약화시킨다.

만일 의식이 깨어 있는 상태에서 그런 쾌락을 선택하면 그건 자신의 선택이니까 존중받아야 된다. 그러나 그렇지 않은 상태에서 남들이 하니까 그냥 습관적으로 기계적으로 반복적으로 한다면, 한번쯤 멈추고 돌아보아야 한다. 기본적으로 정의로운 개인이라면 욕망이라는 부분을 억제한다는 차원에서 생각해 볼 필요가 있다.

또 타인들이 만든 기성품의 쾌락들을 소비하는 주체로만 살 것인가에 대해서도 생각해 봐야 한다. 다수가 선택했다고 해서 꼭 내가 따라야 할 필요는 없다. 쾌락을 선택하는 데 있어서도 좀더 자각한 개인으로서의 모습이 필요하다.

쾌락은 정체·정치 조직의 건강성과도 연결되고, 또 하나는 개인의 건강과 자존감으로 연결되기도 한다. 자신이 좀더 생산적인 시민으로서 가장으로서 직업인으로서 더 잘 살기를 원하면 주도적으로 사유하는 하는 힘을 가져야 된다. 그걸 잃어버리는 순간 인생은 그냥 남의 물건을 사주다 끝나고 말 것이다.

여기서 53세의 짧은 나이로 생을 마감한 한 인물의 조언을 잠시 주목해 보자. 회계 기업인 KPMG의 CEO를 지냈던 유진 오켈리는 생을 마감하기 전에 남긴 『인생이 내게 준 선물』이란 책에서 젊은 날에 그가 가장 중시하였던 덕목은 '열정'이었다고 고백한다. 그러나 뇌종양 선고를 받고 투병생활을 하던 중에 열정을 '깨어 있음(consciousness)'으로 대체하였다고 말한다. 그는 "인간답게 살아가기 위한 가장 중요한 숙제가 깨어 있는 상태를 유지하는 것이다"라고 강조한다.

그는 이 귀한 깨달음을 병에 걸린 뒤에야 얻었고, 비로소 주변을 둘러보면서 분주하게 살아가는 현대인들의 삶이 이와는 너무 동떨어져 있음을 깨우쳤다고 한다. 그래서 그는 현대인들에게 늘 깨어 있는 사람으로 살아가라고 권한다. 거짓된 쾌락은 대부분 '깨어 있음'을 방해하는 것들이다.

끝으로 이 책에서 욕망과 쾌락에 대한 논의가 시작된 계기에 대해 잠시 생각해 보자. 과연 참주들이 행복할 것인가에 대한 문제 의식에서부터 욕망과 쾌락에 대한 이야기가 시작되었다. 이 점에 대해 플라톤은 참주들이 행복하지 않은 이유에 대해 명쾌한 결론을 내려줄 뿐만 아니라 올바른 정체가 필요한 이유에 대해서도 정확한 진단을 내린다.

그는 개인 차원의 쾌락에 대한 논의를 자연스럽게 올바른 정체와 연결한다. 법(nomos)과 질서(taxis)로부터 가장 멀리 떨어져 있다는 것은 철학(philosophia)과 이성(logos)에서도 가장 멀리 떨어져 있음을 뜻한다. 그런데 이런 쾌락과 욕망이야말로 참주제에서 참주가 갖기 쉬운 애욕적이고 집착적인 욕망이다.

참주는 권력을 계속 쥐기 위해서 적이든 동료이든 가리지 않고 끊임없이 의심해야 하고 조금이라도 이상한 기미를 보이는 자는 가차 없이 처단해야 한다. 결국 주변에 도움이 되는 자는 한 사람도 남지 않게 되는데, 이런 참주는 당연히 진실한 쾌락과 한참 떨어진 곳에 있을 수밖에 없다.

　반면 군주제에서 철인왕은 절도 있는 욕망을 갖고 지혜를 사랑하고 합리적인 정신을 따르기 때문에 진실한 쾌락을 가질 수 있다. 따라서 올바른 정체에서는 통치자든 시민이든 진실성 있는 쾌락을 누리게 된다. 민주주의와 전체주의가 지도자뿐만 아니라 보통 시민들의 쾌락과 성격에도 큰 영향을 미칠 수 있음을 생각해 보면 이해가 될 것이다. 독재자의 변덕이 죽 끓듯 하는 체제에선 독재자 자신을 포함해서 보통 시민들이 정상인으로 살아가기 힘들다. 오늘의 북한이야말로 극단적인 참주제 사회의 사례이다.

명성과 이익 면에서도
정의는 부정의를 이긴다

"이와 반대로 정의가 이익을 가져온다고 말하는 사람이 주장하고 있는 것은 다음과 같은 것이 아닐까? 즉, 내재적 인간이 눈에 보이는 가장 강하고 완전한 지배자가 되어, 마치 농부가 재배 식물은 경작하고 야생 식물이 자라는 것은 방해하는 것처럼, 머리가 여럿인 동물을 보살펴줄 수 있도록 사자의 무리를 자기편으로 끌어들이고, 또 저들끼리, 그리고 그 자신과도 친구로 만들어서, 그들 생물의 모든 것에 공통의 배려를 하면서 모든 것을 올바로 성장시킬 수 있도록, 사람들은 행동과 말을 통해서 도와주어야 한다고 말이야."

"그렇습니다. 정의를 찬미하는 사람은 틀림없이 그런 말을 하고 있습니다."

"그렇다면 모든 면에서 보아, 정의를 찬미하는 사람은 진실을 말하고 있다고 할 수 있고, 부정을 찬미하는 사람은 거짓말을 하고 있다고 할 수 있을 것이네. 왜냐하면 쾌락의 면에서 고찰해 봐도, 또 명성이나 이익의 면에서 고찰해 봐도, 정의를 찬미하는 사람은 진실을 알고 있는데도, 정의를 비난하는 사람은 비난하면서도 무엇 하나 똑똑한 것을 이야기하는 것은 없고, 게다가 그 비난하고 있는 점이 무엇인지도 모르면서 비난하고 있는 셈이니까." (제9권) pp.465~466

'정의(올바름)란 무엇인가?'라는 질문에서 시작된 국가론은 여기서부터 지금까지 이루어진 논의를 총정리하기 시작한다. 플라톤은 뇌물을 수수하는 일을 두고 정의와 부정의 중 어느 것이 명성이나 이익 면에서 더 나은 것인가를 설명한다.

누군가로부터 부당한 뇌물을 받는 일은 자신이 가진 가장 뛰어난 부분을 가장 뒤떨어진 부분에 예속시키는 것과 같다. 다시 말해서 인간 본성이 갖고 있는 인간적인 부분 혹은 신적인 부분을 동물적인 부분에 복종시키는 것이다. 이는 추함을 뜻한다. 반대로 동물적인 부분을 인간적인 부분이나 신적인 부분에 복종시키는 것은 아름다움을 뜻한다.

플라톤은 돈을 받고 아들이나 딸을 야만적이고 비열한 남자들의 노예로 팔아넘기는 부정의한 경우를 예로 든다. 이에 대해 플라톤은 "자신이 가장 신적인 부분을, 가장 더러운 부분에 예속시키면서도 한심스럽다고 느끼지 않는다면, 그런 자를 불쌍한 자라고 말하지 않을 수 있겠는가?"라고 묻는다.

이제까지 설명한 뇌물 수뢰와 같은 부정 행위 외에 플라톤은 부정의(올바르지 못함)의 대표적인 사례 네 가지를 든다.

첫째, 자신의 욕망에 사로잡힌 나머지 방자한 짓을 행하는 것.

둘째, 지나친 완고함 때문에 비난을 받는 것.

셋째, 사치나 겁을 먹은 나머지 연약함을 드러내는 것.

넷째, 추종이나 자유 독립의 정신을 상실하여 자신의 의지를 불손한 의도를 가진 야수에게 굴복시키는 것.

네 가지 경우 모두 자신 속의 가장 고귀한 부분을 욕망 같은 저급한 부분에 굴복시키는 것이다. 만일 자신 속에서 고귀한 부분을 찾을 수 없다면 어떻게 해야 할까? 밖으로부터 강제로 주어진 것에 자신의 저급한 부분을 복종시켜야 한다. 이때 밖으로부터 강제로 주어지는 것이 국가가 정한 법률이다.

만일 자신 속의 저급함이 고귀함을 지배하도록 내버려둔다면, 즉 부정의가 일어나도록 내버려둔다면 어떤 문제가 발생할까? 플라톤은 두 가지 부정적인 효과를 언급함으로써 정의가 부정의보다 훨씬 낫다고 다시 한 번 강조한다.

우선, 인간은 부정한 행위로 인해 사악한 자가 된다. 설령 이를 통해 당장 많은 돈이나 권력을 가지더라도 사악한 자가 되는 일을 피할 수 없다. 이때 나올 수 있는 반론이 부정을 행하더라도 타인의 눈을 속이는 데 성공한다면 아무런 제재도 받지 않을 수 있지 않을까 하는 점이다. 우리가 이따금 접하는 특수 상황을 연상하면 된다. 즉 '남이 보지도 않고 발각될 가능성이 없는데 이 정도의 부정직한 행동이 무슨 문제가 있는가'라는 질문과 함께 하는 행동을 두고 하는 말이다. 이에 대해서는 "부정의를 행하면서도 발각되지 않는 쪽은 그만큼 한층 더 사악하게 된다"는 점을 분명히 한다.

　내 경험을 미루어보면 부정의라는 것은 꼭 신이 존재하지 않더라도 오랫동안 감추어지지 않는다. 언젠가는 발각이 되고, 그것은 명성이나 이익에 엄청난 상처를 입힌다. 그래서 정의를 지키는 것은 명성이나 이익 면에서 당장은 손실을 보더라도 궁극적으로는 승리한다.

　내가 아는 한 사업가는 기회를 잡는 능력이 있고 사업가로서도 꽤 유능했다. 창업을 해서 회사를 상장시키는 데도 성공하여 승승장구하는 듯했다. 그런데 나는 그만 보면 항상 위태로워 보였다. 부정한 일을 대수롭지 않게 생각하기 때문이었다. 합법과 위법 사이를 아슬아슬하게 걸으면서도 "이게 뭐가 문제인데요?"라고 되물을 정도였다. 나는 그를 만날 때면 늘 "이 양반은 도덕에 대한 기준이 정말 다르구나" 하는 생각을 하지 않을 수 없었다. 그는 기업 경영의 본질에 충실하지 않고 틈만 나면 일확천금에 눈길을 주었다. 저러다가 언젠가 한 번 큰코다치겠다 싶었다. 아니나 다를까. 결국 그는 주가 조작 사건에 연루되어 자리에서 물러났다.

　나는 많은 사람들을 겪어본 경험을 통해서 '정의의 승리'를 배웠다. 매사에 얼렁뚱땅 요령껏 하는 사람들이 잘 된 경우가 거의 없다. 정의와 부정의의 게임은 주사위를 던지는 것과 똑같다. 한두 번 정도는 부정의가 이길 수 있다. 그러나 인생은 길고 반복적인 게임이다. 통계학에 아주 중요한 개념인 '대수의 법칙(The law of large numbers)'이 있는데, 횟수를 반복하면 할수록 확률로 접근한다. 확률적으로 보면 부정의가 이길 수가 없다. 동시에 경험적으로도 이길 수 없다. 그렇기에 내 인생의 굉장히 중요한 원칙 가운데 하나가 정말 반듯하게 살자는 것이다. 남이 보든 보지 않든 말이다.

'신독(愼獨)'이라는 말이 있다. 혼자 있을 때 몸을 반듯하게 한다는 뜻이다. 반듯하게 살면 가장 가까운 사람들에게 감동을 줄 수가 있다. 부정한 짓을 저질렀을 때 다른 사람은 속일 수 있겠지만, 가장 가까이 있는 사람들은 속일 수 없다. 사실 가장 가까운 사람들에게 신뢰를 얻고 인정을 받으면 다 가질 수 있다. 그러니까 근본적인 도덕률은 이익이 되든 이익이 되지 않든 한 인간으로서 최대한 정의롭게 살기 위해서 노력하는 거다. 그게 남는 일이고 선한 일이고 아름다운 일이고 가장 멋진 일이다. 또한 효율적인 일이다.

반면에 부정의를 행하다가 발각된다면 어떤 일이 일어나는가? 플라톤은 차라리 부정의를 하다가 발각되는 편이 낫다고 말한다. 왜냐하면 발각되면 자신의 야수적인 부분을 고칠 수 있고 영원히 사악한 사람이 되는 것을 피할 수 있기 때문이다.

"한편 발각되어 징계를 받은 자에 있어서는 그자의 야수적 부분이 잠자게 되어 부드럽게 되어서, 포악하지 않는 부분이 자유롭게 해방이 된다네, 그리고 영혼 전제는 절체와 정의를 사려와 함께 수중에 넣고 가장 우수한 본래의 모습으로 되돌아가서, 강함과 아름다움과 건강을 함께 수중에 넣은 신체보다도 더 가치가 있는 상태가 될 것이 아닌가? 적어도 영혼이 신체보다 가치가 있는 한에서는 말이네." [제9권] p.468

워터게이트 사건으로 탄핵을 받아 대통령 직에서 물러난 닉슨은 원래 권모술수에 능한 사람이었다. 그런데 닉슨은 굉장히 책을 좋아해 죽는 날까지도 진리에 대한 탐구를 게을리하지 않았다고 한다. 그는 영국의 사학자인 폴 존슨을 불러 역사 공부를 하곤 했는데, 폴 존슨은 자신이 만난 사람들 중에 닉슨을 최고로 꼽았다. 그가 자신의 책 『위대하거나 사기꾼이거나』에서 밝히길 닉슨은 은퇴해서 마지막 날까지 뉴욕에 살았지만 국제정세의 핵심을 꿰뚫고 있었고 자리에서 물러난 다른 정치인들처럼 권위 등을 앞세우지 않고 모든 사람들을 존중하는 태도를 보여주었다고 한다.

내가 볼 때 닉슨은 하야하고 난 뒤 상당히 많은 심리적 변화를 겪은 듯싶다. 닉슨은 젊은 날 어렵게 컸기 때문에 콤플렉스도 많았고, 아이비리그 출신들에 대해서 열등감도 많았다. 그는 가족들한테 특히 아내한테 함부로 대했다고 한다. 그런 닉슨이 폴 존슨이 극찬을 할 정도로 드라마틱하게 변한 것이다. 만약 그가 워터게이트 사건이 발각되지 않아 계속해서 권좌에 있었다면 과연 이러한 평가를 받을 수 있었을까? 권력에 대한 끝없는 탐욕에 취해 더 큰 정쟁에 휘말려 더 비참한 말로를 걸었을지도 모를 일이다.

결론적으로 플라톤은 제정신을 갖고 있는 사람이라면 '경우에 따라서는 부정이 더 낫다'는 쉬운 생각으로 부정한 일에 손을 대서는 안 된다고 주장한다. 인간이라면 혼을 더욱 향상시키는 데 집중하여 살아가야 하며, 이를 위한 학문 연마에 힘을 쏟으라고 권하고 있다.

여기에 더해서 두 가지를 더 주문한다. 몸의 상태나 양육의 자연적 이치에서 벗어난 야수적인 쾌락에 자신을 내맡기지 않는 것이 하나이고, 재화의 소유에 있어서 지나친 탐욕이 재앙이 되지 않도록 하는 것이 또 하나다.

플라톤이 현대에 살았더라면, 너무나 많은 현대인들이 자신의 인간적이고 신적인 부분을 동물적인 부분에 굴복시켜 욕망의 노예가 된 채 살아가는 모습에 놀라움을 금치 못했을 것이다.

반듯한 삶, 올바른 삶, 정의로운 삶은 우리 내부에 존재하는 인간적인 부분 혹은 신적인 부분과 이에 대응하는 동물적인 부분 사이의 갈등과 반목에서 어느 쪽이 승리하는가에 달려 있다. 이런 전쟁은 매순간 일어나고 있으며, 때로는 우리 삶을 송두리째 바꿔놓을 수 있는 결정적인 선택의 순간이 찾아오기도 한다.

여기서 한 가지 눈여겨볼 것은, 플라톤은 재산을 모으는 일에 대해 부정적인 시각을 갖고 있지 않았다는 것이다. 다만 돈 모으기에 열중하더라도 이것이 재앙의 구실이 되지 않도록 주의하라고 권한다. 그렇다면 어떤 경우에 재산 축적 때문에 재앙이 발생하는가? 그는 정치체제나 상황에 따라 지나치게 많은 재산을 소유하고 있는 것이나 지나친 탐욕이 타인들의 공격 대상이 될 수 있기 때문에 눈치껏 재산을 모으고 소비에 있어서도 현명함을 발휘해야 한다고 말한다.

눈치껏 축재하라는 의미는 재물의 소유에 있어서 지나치게 탐욕을 부림으로써 질서와 화합을 침해하지 않도록 주의해야 한다는 뜻으로 이해할 수 있다. 탐욕에 눈이 어두워진 부자의 위험에 대해 플라톤은 "그가 많은 사람의 축복에 넋을 잃고서, 재물의 큰 덩어리를 무한대로 늘려, 끝없는 나쁜 일들에 말려들려고 하겠는가?"라는 되묻는다.

여기서도 중요한 덕목은 사려분별과 절제다. 특정한 정치 상황에서 거들먹거리다가 그 상황이 변화하자 크게 타격을 입는 부자들의 딱한 사정을 이따금 목격할 수 있다. 특정 정권이 등장할 때마다 권력과 유착해 무리하게 일감을 독식하거나 사업을 확장하다가 어려움을 겪는 기업들이 늘 나오지 않는가? 쇼펜하우어가 이야기했듯이 돈이란 바닷물과 같아 마시면 마실수록 갈증이 생기는 것이다. 부자는 정세의 변화를 예의주시하면서 신중하게 돈을 벌어야 한다. 이를 플라톤은 이렇게 강조한다.

"그(부자)는 스스로가 속해 있는 정체에 시선을 향하고, 스스로의 정체 속에 있는 것을 재산의 많음 때문에 약간이라도 교란되는 일이 없도록 감시하면서, 그 힘에 응해서 재산을 늘리든가 소비하든가 할 것이네."
〔제9권〕 p.469

정의와 부정의 문제는 명예를 추구하는 일, 즉 정치 참여에 대해서도 마찬가지다. 플라톤은 자신의 명예를 높여주는 일은 기꺼이 받아들여야겠지만, 명예를 높일 수 있는 일이 "현재의 〔혼의〕 상태를 와해시킬 것들은 사적으로건 공적으로건 피해서 갈 것이네"라고 말한다. 그리고 "가상적으로라도 그런(혼의 상태를 파괴하는 명예) 점에 신경을 쓰고 있다고 한다면, 그는 정치적인 문제에 참여하는 의욕 같은 것은 가지지 못하게 될 것입니다"라는 글라우콘의 말에 추가적인 설명을 더한다. 정치에 참여하고 싶은 의욕이 생기더라도 특정 상황에서는 정치에 참여하는 것이 올바른 일이 아니라는 점을 분명히 한다.

"또한 명예에 관해서도 재산이나 신체의 경우와 같은 방향으로, 시선을 돌려서, 자기 자신을 한층 뛰어난 자로 해준다고 생각되는 명예라면, 자진해서 이것의 혜택을 받기도 할 것이지만, 그러나 영혼의 현상을 파괴한다고 보이는 명예라면, 사적으로나 공적으로도 이것을 피해서 갈 것이네." 〔제9권〕 p.469

이 말은 참된 정치가가 되고자 하는 사람이더라도 때가 맞지 않거나 상황이 맞지 않아서 자신의 혼을 더럽힐 가능성이 있다면 정치에 참여하지 말아야 한다는 말이다.

흔히 '내가 그 자리를 맡으면 아주 잘할 수 있을 텐데'라는 생각을 쉽게 할 수 있다. 그러나 수많은 사람들로 이루어진 세상에서 혼자 정치에 뛰어들어 긍정적인 변화를 일으키기란 여간 어렵지 않다. 마치 한강물에 돌을 던지는 격이 되어버리기 십상이다.

따라서 기업으로, 학문으로, 예술로 일가를 이룬 사람이라면 자신의 긍정적인 영향력이 세상을 바꾸는 데 도움이 되도록 하는 일과 정치에 직접 참여하는 일을 구분해서 신중하게 처신해야 한다. 필력으로 세인들의 마음을 움직일 수 있던 사람이 정치에 참여해서 만신창이가 되어버리거나 명망 있는 기업가가 정치판에 기웃거리기 시작하면서 실망을 주는 일 등을 볼 때면 드는 생각이다.

영혼이 혼탁해지지 않도록
각별히 노력해야 한다

"만약 훌륭하게 국가를 다스리기를 바란다면, 그들(시인들)을 받아들여서는 안 된다고 생각하네. 왜냐하면 그들은 정신(혼)의 열등한 부분을 불러일으켜 그것을 보다 강하게 만들고, 이지적 부분을 소멸해 버리기 때문이네. 마치 국가에서 국민들이 무뢰한을 통치자로 내세워서 그에게 정치를 맡겨, 보다 훌륭한 사람들을 소멸하게 하는 경우와 같이 말일세. 이와 마찬가지로 모방(mimēsis)자인 시인도 사물을 구별하지 못하여, 어떤 때는 크게도 생각하고 어떤 때는 작게도 생각하는 혼의 불합리한 작용 속에 빠져 있네, 그리하여 진리(alētheia)에서 멀리 떨어진 영상을 만들어냄으로써, 개개인의 혼 속에 나쁜 국가 제도를 만들어 넣을 것이네." (……)

"국가 안에 받아들여도 좋은 것은 오직 신을 찬미하고 훌륭한 인물을 찬양하는 노래뿐이라는 것을 알아야 하네. 만일 자네가 무사에게 아첨하기 위해 만든 서사시나 서정시를 받아들인다면, 사람들은 그것을 최고로 생각하고 이성과 법률 대신 쾌락과 자네의 나라를 지배하게 될 것이네." [제10권]
p.490, 492

플라톤은 마지막 장의 거의 절반 이상을 시와 음악에 대한 이야기에 할애하고 있다. 국가 경영에서 시와 음악의 중요성을 확신했기 때문일 것이다. 그러나 플라톤은 시와 음악이 중요한 만큼 위험하다고 봤다.

그는 시와 음악은 국민들의 애욕, 분노, 영혼에 영향을 미치기 때문에 특별히 주의를 기울여야 한다고 강조한다. 시와 음악, 이야기는 성인에게만 영향을 미치는 것이 아니라 아이들에게도 큰 영향을 미친다. 제2권에서도 아이들의 교육에 대해 이야기하면서 건전한 음악의 중요성을 여러 번 강조하는데, "음악적 수련이야말로 다른 어떤 수련보다도 가치 있는걸세. 리듬과 하모니가 정신의 내부로 파고들어가 우아함을 심어주기 때문이지"라고 말한다.

그렇다면 플라톤이 음악에 대해 기대한 바는 무엇이었을까? 음악 중에서도 일부는 사람들에게 용기와 희망, 그리고 절제 등을 만들어내는 데 기여하는 점을 높게 평가하였다.

"하모니에 대해서는 난 아는 게 아무것도 없네. 단지 내가 요구하는 음악이란 용감한 병사가 위험에 맞닥뜨려서, 또는 결단을 내릴 순간에 그를 위해서 힘이 되는 그런 음악이라네. 또는 목적했던 일에 실패했다거나 부상을 입고 죽음에 직면했을 때, 그 밖에도 괴로움에 직면했을 때 또는 온갖 위기에 처했을 때, 이것을 견뎌낼 수 있고 감연히 일어서서 운명의 강한 타격에 용감히 대항해 나갈 수 있는 힘이 되고 도움이 되는 전투적인 음악을 의미하는 거지. 그리고 또 하나, 다음과 같은 경우에도 사용될 수 있는 음악을 구하고 있네. 즉, 평화 시대에도 쓸모 있는 음악 말일세." 〔제3권〕 p.172

음악과 문학이 대중의 정서에 큰 영향을 끼친다는 사실은 이미 역사적으로도 많이 증명된 부분이기도 하다. 우리 역사만 보더라도 그러하다. 조선 시대에, 문자를 비롯한 여러 분야에서 '표준'을 세운 것으로 평가받는 세종대왕은 특히 조선 초의 음악을 재정비하는 데 심혈을 기울였다. 고려 말의 혼란한 사회를 틈타 흐트러진 음악을 바로잡겠다는 목표가 있었는데, 여기에서도 음악이라는 것이 개인은 물론 국가의 정서를 이루는 중요한 기둥이었음을 알 수 있다.

특히 플라톤은 시와 음악이 일종의 이데아의 복제품이라고 보았기 때문에 어느 정도의 통제가 필요하다고 생각했다. 이때 '국가가 시나 음악까지 통제할 수 있는가?'라는 의문을 표할 수 있다. 자칫 잘못하면 표현의 자유를 통제하는 것은 그 선의와 달리 대단히 변질될 가능성이 있기 때문이다.

내가 대학을 다닐 무렵은 유신 정권 때였다. 〈아침이슬〉 같은 가요가 금지곡이 된 것은 물론이고 사회주의 서적은 대부분 금서가 될 정도로 굉장히 통제적이었다. 심지어 머리카락 길이나 여자들의 치마 길이까지도 통제를 했다. 이렇게 지나친 통제는 억압을 가져왔고, 자유에 대한 갈망을 더 높이는 계기로 작용했다.

정권의 유지를 위해서 이를 비판하는 음악과 언로를 막는 것은 대단히 위험한 일임은 분명하다. 시와 음악의 악영향이 예상된다고 해도 구성원들에게 심대한 악영향이 확연하지 않다면 국가의 개입은 최소한에 머물러야 한다고 생각한다.

한편 사물이나 예술을 이데아의 모방으로 이해한 플라톤은 이들보다 이데아를 훨씬 숭고한 것으로 이해했다. 따라서 플라톤은 모방에 바탕을 둔 예술은 상대적으로 그 중요성을 낮게 보았다. 아마도 플라톤이 현대 미술을 보았다면 큰 충격을 받았을지도 모른다.

플라톤은 시를 쓰는 시인, 음악을 만드는 음악가, 그림을 그리는 화가가 세상 만물을 모방하는 사람들이라고 보았다. 당연히 이들이 소유한 것은 모방의 기술이라고 생각했다. 제작 기술을 가진 사람들은 진실의 세계(자연)에서 한 단계 떨어진 사람들이고, 모방 기술을 가진 사람들은 두 단계 떨어진 사람들이다. 플라톤은 모방하는 기술을 가진 사람들은 '참다운 존재에 대해서는 아무것도 모르고 표면의 겉모습에 대해서 알고 있을 뿐'이라고 우려했다. 또한 모방에 대한 플라톤의 불신은 '모방은 일종의 유희에 지나지 않으며 진실한 게 못 된다는 것'이라는 말에서도 짐작할 수 있다.

플라톤은 잘못된 시나 음악은 이성의 건전한 작동을 방해할 수 있다고 말한다. 어떤 사람이 불행한 일을 당했을 때 그 사람은 정신의 가장 훌륭한 부분인 이성의 지시로 침착하게 생각하고 행동할 수 있다. 그런데 나쁜 시나 음악은 정신의 한 부분을 차지하는 고뇌와 슬픔을 부추김으로써 무익하고 비겁한 생각과 행동을 낳을 수 있다. 플라톤은 이처럼

시민들에게 신문을 낭독해 주는 호메로스 플라톤은 호메로스와 같은 위대한 작가의 작품에도 부정적인 시각을 가지고 있었다. 자크 루이 다비드. 파리, 루브르 박물관.

시와 음악의 부정적인 역할에 훨씬 비중을 둔다. 나쁜 시나 음악이 일반인은 물론이고 훌륭한 사람들 가운데 극소수를 제외한 대부분에게 부정적인 영향을 끼칠 수 있다고 우려한다.

심지어 당시 아테네 사람들에게 사랑을 받았던 호메로스뿐만 아니라 기타 비극 시인들의 작품에 대해서도 부정적인 시각을 가졌다. 그는 호메로스가 가장 시인다운 시인이고 가장 뛰어난 비극 작가이긴 하지만, 그의 작품 가운데서도 '오직 신을 찬미하고 훌륭한 인물을 찬양하는 노래'만이 받아들여져야 한다고 보았다. 사실 호메로스의 작품에 등장하는 신화들 가운데에는 근친상간이나 살인같이 아이들 교육에 적합하지 않은 내용들도 있다.

이데아의 모방에 불과하다고 생각한 예술에 대한 플라톤의 비판적인 시각은 올바르지 않다고 본다. 이 부분에서 걸출한 인물들이 남긴 고전에서도 우리는 늘 옳고 그른 것을 가려 읽어야 함을 재확인하게 된다.

그러면서도 사실 나는 이런 플라톤의 의견에 한 개인으로서 공감하는 부분도 다소 있다. 오늘날과 같이 영상 미디어의 중요성이 날로 커지고 있는 시대에 음악, 영상, 드라마 등에서 천박한 언어들이 예사롭게 전달되거나 진실을 왜곡한 이미지가 전달되는 등의 부작용에 대한 우려가 적지 않다.

사실 나는 표현의 자유를 크게 훼손하지 않는 범위 내에서 아이들에게 접촉하는 부분들은 약간의 절제가 필요하다고 생각한다. 우리는 각종 영상물이나 책이 우리의 혼에 미치는 영향을 과소평가하는 경향이 있다. 때문에 어린 자녀를 키우는 집에서조차 각양각색의 영상물들이 텔레비전이나 인터넷을 통해서 여과 없이 쏟아져나오고, 어린 자녀들은 이런 것들에 무차별적으로 노출된다.

부모들은 아이들을 잘 키우기 위해 다른 쪽으로 많은 재원을 쏟아붓는데, 이는 부모들이 정작 신경을 써야 할 부분에 대해 제대로 역할을 하지 못하는 한 가지 사례이다.

영상물을 가려 보는 일은 아이들에게만이 아니라 어른들에게도 중요하다. 왜냐하면 인간이 오감을 통해서 무언가를 보고 듣고 느끼면 이는 그의 혼에 잔영을 남기기 때문이다. 그래서 모두가 자신의 혼을 보호하는 방법을 갖고 있어야 한다.

이 가운데 하나가 폭력적이거나 음란한 영상물들로부터 자신과 아이들을 보호하는 일이라 생각한다. 플라톤이 이 시대에 살았더라면 '당신의 혼을 보호하라!'고 권하지 않았을까?

현대인들이 자신의 혼을 보호함과 아울러 혼을 가다듬을 수 있는 방법에는 좋은 전시회를 찾거나 좋은 음악을 듣는 것 등이 있다. 이런 활동을 하기에는 오늘날은 정말 좋은 시대다.

또한 좋은 작품들이 담긴 책들을 가까이하는 것도 혼을 보호하는 일이다. 필요하다면 시간을 내서 특정 시대, 특정 나라, 특정 인물들이 남긴 예술에 대해 공부하는 즐거움을 갖는 일도 도움이 된다. 예술 작품은 아는 만큼 보이기 때문이다. 혼을 보호하고 가다듬는 일은 자신을 아름다움으로 차고 넘치도록 만들어준다.

정의는
영원히 승리한다

"올바른 사람도 부정한 사람도 각각 어떤 인간일지라도 신의 눈을 벗어날 수는 없다는 것이네."
"네, 인정합니다."
"그런데 신의 눈을 벗어날 수 없다면 한편은 신에게 사랑받는 인간이며 다른 한편은 신에게 미움 받는 인간이라는 것이 될 것이네. 이것은 우리들이 애당초 처음부터 인정하고 있던 결론과도 일치하네."
"그렇습니다." (……)
"그런데 그것들은 올바른 사람과 부정한 사람 각각을 그 죽은 뒤에 있어서 기다리고 있는 것과 비교한다면 수에 있어서나 크기에 있어서나 아무것도 아닌 것이네. 그것이 어떠한 것인가를 이제야 우리들은 묻지 않으면 안 되네. 올바른 사람과 부정한 사람이 각각 들어야 할 것을 듣고 아주 완전하게 받아들이기 위해서." (……)

"인간은 다이아몬드처럼 견고하게 이런 생각(혼을 더 올바르지 못한 쪽으로 인도하게 될 삶은 나쁜 삶이고, 반대로 혼을 더 올바르게 되는 쪽으로 인도하게 될 삶은 더 나은 삶)을 품고, 하데스의 나라(저승)로 가지 않으면 안 되네. 그래야만 저승에서도 또한 부(富)나 부와 같은 종류의 해악에 현혹됨이 없이 독재 군주의 생활이라든가, 그 외의 비슷한 경우에 떨어져서 용서받기 어려운 많은 나쁜 짓을 행하든가, 또는 자기 자신이 보다 큰 해악을 받는 경우가 없을 테니까. 그리고 가능한 한 현재의 생애에 있어서도 그런 외적 조건에 관해서는 항상 중용의 생활을 선택하고 어느 쪽으로든 정도를 넘친 생활을 피하는 것을 알기 위해서…… 왜냐하면, 인간은 그렇게 해야만 가장 행복해지는 것이기 때문일세." 〔제10권〕 p.502, 504, 512

총 10권으로 이루어진 『국가』의 장 중 마지막 부분은 사후 세계를 다루고 있다. 영혼은 불사한다는 점과 영혼이 사후 세계에 어떤 대접을 받을 것인가에 대한 플라톤의 상세한 설명이 이어진다. 살아 있는 동안 정의가 주는 보상에 비해 사후 세계에서의 보상은 더 클 것이다. 왜냐하면 한 사람이 지상에 머무는 시간은, 천 년에 비유되는 사후 세계의 시간에 비하면 찰나라고 할 수 있을 만큼 짧기 때문이다.

따라서 '혼의 덕(훌륭함)을 실천해야 하는가?' 그리고 '왜 올바른(정의로운) 삶을 살아야 하는가?'에 대한 중요한 답은 '영혼은 죽지 않으며 결코 소멸하지 않기 때문에 사후 세계를 고려해야 한다'는 것이다. 올바름에 대한 최고의 보상은 사후 세계에서 받을 대접이다.

플라톤은 호메로스『오디세이아』에 소개된「알키노스의 이야기」에 등장하는 용감한 전사 아르메니오스의 아들 에르의 이야기를 들려준다. 에르는 전사했으나 12일 만에 다시 살아났다는 전설의 주인공이다. 그가 들려준 사후 세계의 이야기에 따르면, 그의 혼은 육신을 벗어난 뒤 불가사의한 곳에 이른다. 그곳에는 땅과 하늘 쪽으로 각각 두 개의 구멍이 나 있고, 재판관들은 오는 사람들을 차례로 판결하여 올바른 사람은 판결 내용을 나타내는 표지를 앞에 매달고 우측 하늘로, 부정한 사람은 지금까지 범한 죄악을 나타내는 표지를 단 채 좌측 아래로 향하도록 명한다. 특별히 재판관들은 에르에게 죽은 뒤의 세계에서 어떤 일들이 일어나는지에 대해 인간들에게 제대로 알려주라는 지시를 내린다.

다른 두 개의 구멍을 통해서 혼들이 나오는데, 지저분하고 먼지 묻은 혼들은 땅 속으로부터, 깨끗한 모습의 혼들은 하늘에서 내려오고 있다. 이들 가운데 땅에서 나온 혼들은 무려 천 년이나 계속되는 지하의 여로에서 얼마나 끔찍한 일들을 많이 겪었는지 이야기하면서 계속해서 눈물을 흘린다. 반면에 하늘에서 내려온 혼들은 그곳에서 보고 듣고 경험한 즐거웠던 나날에 대해 이야기한다. 에르가 들려준 요점은 다음과 같다.

"각자가 일찍이 누군가에게 얼마만큼의 부정(나쁨)을 했는지, 얼마만큼의 사람들에게 나쁜 일을 했는지에 따라서 혼은 그 모든 죄업 때문에 차례로 벌을 받았는데, 그 형벌의 집행은 각각의 죄에 대해 열 번 되풀이 되어 행해지네. 즉, 인간의 일생을 백 년으로 치고 그 백 년 동안에 걸친 벌의 집행을 열 번 되풀이하는 셈인데 이것은 각자가 범한 죄의 10배 분량을 변상하기 위해서지." 〔제10권〕 p.506

땅 속의 구멍을 겨우 빠져나온 혼들 가운데 목장에 모인 무리는 8일째부터 걷기 시작하여 며칠 만에 아낭케 여신의 딸인 라케시스에게로 인도되고, 여기서 줄을 서서 각자 제비뽑기를 한다. 다시 태어나는 생애를 선택하는 제비뽑기에서 혼들은 각자 온갖 종류의 일생을 정리해 둔 표본에서 생을 선택한다. 제비뽑기는 운명을 뜻함과 동시에 선택의 자유를 뜻하기 때문에 인간의 생애는 필연과 자유, 두 가지의 날줄과 씨줄로 만들어진다.

어떤 사람은 통치자의 삶을, 어떤 사람은 사악한 참주의 삶을 선택한다. 동물이 되는 삶을 선택할 수도 있다. 그런데 이런 선택은 우연히 이뤄지기보다는 생전의 습관에 따라 좌우된다. 에르가 전하는 제비뽑기의 결과는 다음과 같다.

"만일 사람이 이 세상에 태어날 때마다, 언제나 성심성의껏 지(철학, 지혜에 대한 사랑)를 사랑하고 추구하며, 생의 선택을 위한 제비뽑기가 맨 나중 차례에 하게 되지 않는다면, 아마도 이러한 저세상으로부터의 보고로 미루어 생각하건대 그 사람은 다만 이 세상에서 행복해질 뿐만 아니라 또한 이 세상에서 저세상으로 가게 됐을 때도, 또다시 이 세상에 돌아올 때도, 땅 속의 험한 여행이 아니라 순탄하고 편한 천상에의 여행을 계속하게 될 것이네." 〔제10권〕 p.513

제비뽑기를 끝낸 혼들은 행군은 계속하여 망각의 강 기슭에 도착하고, 강물을 마신 다음 모두 깊은 잠에 빠져든다. 한밤중의 벼락소리와 함께 망각의 강물을 마시지 않은 에르를 제외한 모든 혼들은 각자가 선택한 세계를 향해 하늘로 날아간다. 에르는 눈을 뜨고 화장을 위해 쌓아올린 장작더미 위에 자신이 누워 있음을 발견한다.

플라톤은 에르의 신화를 통해 『국가』를 매듭짓는다. 그는 먼저 올바른 삶을 산 사람과 그렇지 못한 사람이 사후에 받게 되는 보상과 처벌에 대해 언급하고, 인간이 살아생전 어떻게 해야 하는가에 대해 말한다. 플라톤은 소크라테스의 입을 빌려 에르 이야기를 끝으로 "어떤 일에 있어서도 정의와 사려의 생활을 성실히 수행하라"는 권고로 『국가』를 마무리한다.

'영혼 불사'에 대해서는 사람마다 생각이 다를 것이다. 여기서 근래에 접했던 일본 교세라 그룹 이나모리 가즈오 회장의 이야기를 소개할 필요가 있겠다. 그는 우리가 현세에서 정의로운 삶을 살아야 할 이유에 대해 흥미로운 견해를 제시한다. 그의 이야기는 영혼의 세계를 다뤄온 성직자가 아니라 물질의 세계를 치열하게 뛰어온 기업가의 이야기이기에 더욱 호소력이 있다.

그는 인간이란 물질, 재산, 지위, 명예 등을 얻기 위해 아무리 노력하더라도 결코 만족할 수 없는 존재이며 그것들 가운데 죽음과 함께 가져갈 수 있는 것은 아무것도 없다고 말한다. 그는 자신이 믿는 영혼 불사에 대해 "단 하나, 멸하지 않는 게 있으니 바로 '영혼'이다. 우리는 그 '영혼'만을 지니고 새로운 여행을 떠날 수가 있다"라고 말한다. 그에게 현세에서의 삶의 목적은 '태어났을 때보다는 더 아름답고 숭고한 영혼을 지닌 채 죽어가는 것'이다.

이나모리 가즈오 회장 그는 각자의 자리에서 스스로 최선을 다할 수 있는 조직의 혼을 불어 넣음으로써 위기에 빠졌던 JAL을 극적으로 회생시켰다.

이런 믿음을 가진 이나모리 가즈오 회장은 영혼을 갈고닦는 구체적인 방법에 대해서도 들려준다. "하루하루를 아주 진지하게 살아가지 않으면 안 된다"고 역설하는 그는 영혼 닦기의 방법을 "정진(精進)"이란 단어로 요약한다.

플라톤의 『국가』가 현대인에게 주는 의미는 무엇일까? 플라톤의 대표적 저서로 꼽을 수 있는 이 책은 그의 저서들 가운데서도 가장 널리 알려져 있고 가장 많이 읽히는 책 가운데 하나다. 이 책은 국가에게 있어서 올바름(정의)란 무엇이며, 개인에게 있어서 정의란 무엇인가, 그리고 이상 국가는 어떠해야 하는가에 대해 뛰어난 통찰력과 다양한 의견과 사례를 제공한다.

물론 플라톤이 살았던 시대의 특성과 그 자신의 시각적 특수성, 그로 인한 여러 한계점들을 명확히 인식하면서 현대의 우리는 행간을 읽어내려가야 할 것이다. 그럼에도 인간이 어떻게 자신의 인생을 그리고 세상을 살아야 하며 무엇을 나침반 삼아야 하는지에 대한 플라톤의 조언은 지금도 여전히 뛰어난 지침이 되고도 남는다.

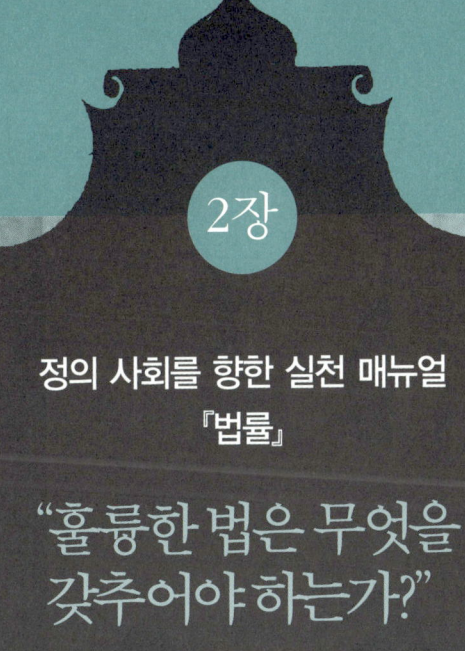

2장

정의 사회를 향한 실천 매뉴얼
『법률』

"훌륭한 법은 무엇을 갖추어야 하는가?"

"우리 안에 불사성(不死性)을 지닌 지성이 있는 한, 공적으로 그리고 사적으로도 이에 복종하며 가정들과 나라들을 경영해야만 하는 것으로 생각됩니다. 지성의 배분을 법으로 일컬으면서 말씀입니다."
— 플라톤의 『법률』 중에서

CLASSIC BRIDGE

인생과 국가 경영을 위한 지성의 룰

※

『법률(Nomoi)』은 그 두께만으로 쉽게 손을 댈 수 없는 책이다. 10권으로 이루어진 『국가』보다 많은 12권으로 되어 있는데, 번역본만 해도 무려 1,008페이지나 되기 때문에 웬만한 용기와 배짱을 갖지 않고선 도전하기가 쉽지 않다. 그런데 왜 나는 『법률』을 선뜻 집어 들었을까?

우선 이 책이 플라톤이 남긴 최후의 작품으로 받아들여지고 있다는 점 때문이다. 80세(기원전 347년)에 죽음을 맞이한 플라톤은 70대 초반에 집필을 시작해 중반부터 본격적으로 책을 쓰기 시작하다가 임종을 얼마 두지 않고 이 책을 마무리했을 것으로 추정된다. 이 추측이 맞는다면 이 책은 플라톤 철학의 집대성이라 해도 과언이 아니다.

5년에 걸친 노력 끝에 『법률』의 번역을 완성한 박종현 교수는 "이 책이야말로 원숙기를 포함한 플라톤 철학의 전체적 진면목을 달관의 경지에서 보여주는 거작이라 해도 될 것이다"라고 평가하고 있다. 나는 그의 철학을 이해하는 데 그가 50대에 쓴 『국가』와 70대에 쓴 『법률』만 한 것이 있을까 싶다.

이 책에서 대부분의 의견과 주장을 펼치는 사람은 익명의 한 아테네인이다. 다른 〈대화편〉에서 플라톤은 자신의 의견이나 주장을 소크라테스와 같은 제3의 인물의 입을 빌려 말한다. 하지만 『법률』에서는 한 아테네인의 이름으로 자신의 의견과 생각, 주장을 또렷하게 드러내고 있다. 노년의 플라톤은 더 이상 스승의 이름을 빌려서 간접적으로 자신의 이야기를 해야 할 필요를 느끼지 않았던 것 같다.

『법률』을 읽으면서 나는 많이 놀랐다. 이 책은 이상적인 국가를 만들고 운영하는 데 필수적인 법률들을 구체적으로 제시하고 있어 이상 국가 건설과 국가 경영을 위한 '매뉴얼북'이라고 불러도 손색이 없을 정도였다. 어쩌면 이렇게 세세하게 국가의 건국이나 운영에 필요한 법률들을 빠짐없이 망라할 수 있었는지 감탄이 나올 정도였다.

노철학자의 경륜과 통찰을 바탕으로 한 나라에 필요한 체계와 법률을 조목조목 정리하고 있는 『법률』은 인간 사회를 구성하는 정치·경제·문화·사회·국방 등 거의 전 분야에 걸친 법률 제정과 운영 원칙을 다루고 있다.

심지어 묘지를 쓰는 문제, 결혼·임신을 앞둔 남녀의 처신, 동성애에 대한 의견 등 일상생활의 문제들까지도 거론한다. 그리고 그것들은 2,500여 년 전에 만들어졌어도 현대 사회와 개인들이 고민하는 다수의 문제들을 관통하고 있다. 어떤 대목에서는 마치 21세기 대한민국에 일침을 가하는 듯한 내용들도 있어 방대한 분량에도 불구하고 손을 뗄 수가 없었다.

그런데 이 책에서 더욱 중요한 것은 구체적인 법률들을 관류하는 플라톤의 철학적 인식을 충분히 이해하도록 도와준다는 점이다. 이는 비단 사회와 국가, 조직에만 해당하는 것이 아니라 한 인간으로서 자기 삶의 룰을 만들고 이를 최상으로 끌어올리고 싶은 이들에게도 함축하는 바가 크다.

이처럼 『법률』은 제목만으로는 구체적인 법률들의 모음집으로 보이지만, 사실 훨씬 더 심오한 의미를 지니고 있다. 실제로 법규들을 다루는 내용은 전체의 3분의 1에 불과하다. 3분의 2는 법의 전문(前文)과 이와 직·간접으로 연결된 내용을 담고 있다.

그가 책의 말미에 강조하였듯이 입법자는 공동체 구성원들이 지켜야 할 어떤 관습이나 규범을 제정하는 자이면서 아울러 공동체가 추구해야 할 이념과 가치, 유지해야 할 질서의 틀을 수용해야 한다. 이들은 굳건한 앎의 토대 위에 있어야 한다. 그렇지 않으면 오랫동안 지켜온 신념도 금방 무너질 수 있기 때문이다. 그렇기에 가장 먼저 법률에 대한 앎을 제공한다는 점에서 이 책의 가치를 찾을 수 있지만, 앞서 언급한 바와 같이 읽어나갈수록 오히려 풍성한 삶의 지혜에 놀라움을 금할 수 없다.

학자들에겐 저마다 역작이란 것이 있다. 그것은 인생의 중·후반기에 주로 나오는데 플라톤의 경우 『국가』와 『법률』이 그의 역작이 아닐까 생각한다. 앞의 책은 50대(기원전 380년대~370년대)에 그리고 뒤의 책은 70대(기원전 355년 전후)에 씌어진 책이다. 플라톤은 60세에 철인왕의 실현을 위해 시칠리아의 시라쿠사를 두 번째로 방문하는데, 이미 그곳에까지 『국가』가 널리 알려져 있어 초청을 받은 것이었다.

또한 70대 초반에 집필을 시작한 『법률』은 사망한 해인 기원전 347년(80세)에는 이미 초고가 완성되어 있었다. 플라톤이 80세를 넘어서까지

시라쿠사 방문 디온이 플라톤을 시라쿠사의 참주 디오니시오스에게 안내하고 있다. 헤르만 필의 목판화.

살았더라면 『법률』의 초고는 계속해서 수정되어 완성도가 더 높은 책이 되었을 것이다. 아무튼 두 책 사이에는 최소한 20여 년의 간격이 있는데, 그 때문인지 주장의 차이를 여러 군데에서 확인할 수 있다.

『국가』에 비해 『법률』은 신생 독립국가를 위한 매뉴얼이라 할 만큼 좀더 실용적이고, 현실 정치와 관련된 구체적 실천 방법에 큰 비중을 두고 있다. 하지만 동시에 이상적인 법률이 추구해야 할 가치나 인식, 방향에 대해서도 충분한 논의가 이뤄지고 있다. 『국가』를 읽을 때처럼 큰 조직을 상정하고 읽는 것도 가능하나, 상당 부분의 내용은 일반적인 국가에 관한 내용을 보여주고 있다.

대부분의 사람이 그렇듯이 학자 역시 젊은 날에는 패기만만하고 야심만만한 주장을 펼치게 된다. 그만큼 이상 사회에 대한 염원도 강하고 이런 염원은 급격한 개혁을 통해 가능하다고 믿고 행동하게 된다. 하지만 세월이 흐르고 다양한 경험이 축적될수록 인간에 대한 이해가 깊어 가면서 세상을 자신이 원하는 방식대로 휙휙 바꾼다는 것이 쉽지 않음을 인식하게 된다. 생각이든 행동이든 변혁보다는 진화에 더 큰 비중을 두게 된다.

그것은 세월의 흐름이 가져다주는 삶의 지혜라 할 수 있다. 그래서 농담 반 진담 반으로 하는 이야기 가운데 "젊은 날에는 변혁적인 시각을 갖는 사람들이 다수이지만 중년과 노년에까지 그런 시각을 가졌다면 그는 철이 들지 않은 사람이다"라는 말도 있지 않는가? 이상 사회에 대한 패기만만한 주장을 펼쳤던 플라톤 역시 보통 사람들이 겪는 변화로부터 예외일 수 없었다.

50대에는 철인 통치자의 등장과 그의 역할을 크게 기대하였던 플라톤은 70대에 들어서는 이에 대한 기대를 줄이고 대신 이런 역할을 법률에서 찾는다. 현명한 한 사람보다는 현명한 다수의 역할에 기대를 걸 정도로 이상주의자에서 현실주의자로 무게중심이 이동한다. 또한 50대에 생각했던 급진적인 개혁안 가운데 하나인 재산과 처자식에 대한 공동 소유제 역시 70대에는 등장하지 않고 오히려 사유재산제에 대한 확고한 믿음에 더 큰 비중을 둔다.

필자 또한 젊은 날에는 세상이 내가 원하는 대로 단시간에 변화될 수 있다고 믿은 적이 있었다. 그러나 수많은 사람들로 이루어지는 세상의 변화는 기대만큼 빠르게, 그리고 이상적으로 이루어지기 쉽지 않다는 사실을 깨닫게 되었다. 젊은 날에도 타인들에 비해 지나치게 이상적인 변혁에 대해서 거부감을 갖고 있었지만 세월의 흐름으로 인해 훨씬 굳건한 진화에 대한 믿음을 갖게 되었다. 이는 세월이, 경험이, 공부가 나에게 안겨다준 지혜의 선물이라 생각한다. 플라톤의 두 대표작을 통해 이런 지혜를 엿볼 수 있었던 점이 인상적이었다.

그럼에도 『법률』에서 아쉬운 점은 다듬어지지 않은 표현들이나 내용들이 종종 등장한다는 점이다. 다른 〈대화편〉의 책들처럼 깔끔하게 다듬어진 완성판이라기보다는 완성을 거의 앞둔 원고에 가깝다는 주장에 대다수 전문가들이 동의한다. 책의 마지막 부분에 해당하는 12권의 3분 2 지점에 "우리의 법률 제정(작업)은 거의 끝맺게 된 셈이다"라는 표현이 등장하는데, 전체 내용을 미루어볼 때 미완이라 할지라도 거의 완성본에 가까운 작품으로 이해할 수 있다.

『법률』에는 현대인들이 살아가면서 경험하거나 생각할 수 있는 모든 영역에 걸쳐서 첫째는 법의 정신, 둘째는 법률 제정이나 운용에 대한 구체적인 조언의 순서로 구성되어 있다. 전체 내용을 파악하기 위해 권별로 어떤 내용들이 담겨 있는지를 정리해 두는 것도 의미가 있다.

제1권: 세 나라(크레테, 스파르타, 아테네)의 법률에 밝은 원로들이 모여 체제와 법률에 대한 논의를 시작한다.

제2권: 교육의 목적과 연회, 합창, 가무의 교육적 효과에 대해 말한다.

제3권: 각국(스파르타, 페르시아, 아테네) 체제의 기원과 입법자가 목표로 삼아야 할 세 가지를 다룬다.

제4권: 새로운 정착지 마그네시아를 위한 최선의 체제에 대한 이야기에서 '신을 닮은 지성의 배분'으로서 법률이 등장한다. 법률의 전문(前文)에 해당하는 부분이다.

제5권: 법의 정신에 해당하는 전문이 소개되고 난 다음 가구 수, 토지와 가옥의 분배, 과세기준 등과 같은 법률 요강들을 소개한다.

제6권: 호법관, 지휘관, 성직자 등과 같이 나라를 이루는 관직과 혼인, 출산, 노예 등 생활에 대한 법률 요강들이 소개된다.

제7권: 태교, 임신부 운동, 아이들 교육, 읽기, 쓰기 등과 같은 양육과 교육에 대한 법률 요강들이 다루어진다.

제8권: 축제, 군사훈련, 애욕, 소년애, 성애, 수출입, 시장 등 일상생활의 문제들에 대한 내용이 다루어진다.

제9권: 자발적·우발적 살인과 같은 형벌과 자살 등에 대한 내용들이 다루어진다.

제10권: 신들에 대한 불경, 그런 행위에 대한 재판 및 처벌 등과 같은 종교 문제에 대해 다룬다.

제11권: 재산권 및 계약, 그리고 민사상의 다양한 문제를 다룬다.

제12권: 외교, 군사, 공공행사, 평화 체결, 장례 등을 다룬다.

이렇듯 모두 12권에 걸친 방대한 메시지는 시간과 정성을 들여 읽을 만한 충분한 가치가 있다. 다만 다듬어지지 않은 문장들 때문에 이따금 이해하는 데 어려움을 겪을 수 있다. 그럼에도 플라톤의 저서들 가운데 가장 인상적이었던 책을 딱 한 권만 고르라고 한다면 나는 이 책을 꼽는 데 주저하지 않을 것이다.

---

* 이 장의 원전 인용문의 출처는 Trevor J. Saunders 번역의 『*The Laws*』(Penguin Group, 2004)입니다.

자유는 스스로 지키는 것이지 주어지는 것이 아니다

클레이니아스: 입법자의 입장에서 보면, 대다수의 사람들이 '평화'라 부르는 것은 허상에 불과하고 실제로는 모든 나라가 서로를 상대로 선포만 하지 않았을 뿐, 항상 전쟁을 벌이고 있는 것입니다. 이런 식으로 접근하면, 크레테의 입법자들이 항상 전쟁을 염두에 두고 공적인 영역과 사적인 영역에서의 법규들(관례들, 관습들, ta nomima)을 제도화했다는 것을 알 수 있습니다. 우리에게 이 법규들을 물려준 것은 이 정신을 이어받아 법규를 수호하도록 한 것입니다. 실상 전쟁에서 패배할 경우, 모든 재산은 승리한 쪽이 차지하기 때문에, 평화로운 시기에 우리가 소유하는 어떠한 것이나 우리가 행하는 것들은 전혀 도움이 되지

않는다고 믿었기 때문이죠. (……)

아테네인: (……) 전쟁을 위해 평화와 관련된 법(nomoi)을 제정하는 것이 아니라, 그가 평화를 위해 전쟁과 관련된 법을 제정하면 진정한 입법자가 될 것입니다. 〔제1권 626a:2~626b:4. 628d:8~628e:1〕 pp.5~6, 9

하지를 앞둔 어느 무더운 여름날 새벽, 크노소스 산에 세 사람이 모였다. 그들은 이다 산(Ida: 크레테 섬에서 가장 높은 해발 2,456미터의 산으로 제우스의 어머니인 레아가 이 산에서 제우스를 낳아 동굴에 숨겨 키웠다는 신화가 전해져 내려오는 곳)의 동굴을 찾아가는 중이다. 그리스인들은 법률을 신성한 것으로 받아들여 도시국가들은 새로운 법률의 제정이 있을 때면 올림포스 신들의 대변자 격인 아폴론의 델포이 신전을 찾아 재가를 받는 형식을 취했고, 미노스 왕은 9년마다 크레테의 이다 산에 있는 제우스 동굴을 찾아가서 법률과 관련한 조언을 구했다는 전설이 있다. 그들이 새벽같이 모여 이다 산 같은 특별한 곳을 찾아가는 것은 법률과 관련된 어떤 일 때문일 것이다.

일행은 아테네인 한 사람과, 메길로스(Megillos)라는 스파르타인, 그리고 크레테의 새로운 가상 식민지인 마그네시아(Magnēsia)의 입법을 위임받은 클레이니아스(Kleinias)라는 크레테인 등이다. 그들은 길을 가면서 법에 관한 대화와 조언을 나누는 중이었다. 크레테인 클레이니아스가 두 사람을 초청한 것인데, 그가 입법을 위임받은 자라 하니 법률에 대한 조언을 구하러 제우스의 동굴을 찾아가는 게 틀림없다.

크레테의 이다산 정경 그리스 신화에 제우스의 어머니인 레아가 이 산의 동굴에서 제우스를 낳았다고 전해진다.

아테네인은 대화의 시작 부분에서 함께 길을 가면서 나라 체제(정체: politeia)와 법률에 관한 이야기를 서로 주고받으며 시간을 보내게 될 텐데 모두 이를 즐거워할 것이라고 말하며 앞으로 전개될 대화를 암시한다.

이 책에서는 플라톤이 아테네인의 입을 빌려 자신의 의견을 드러내고 있음을 감안했을 때, 나는 플라톤이 국가의 법률에서 무엇을 중요하게 여기는지 궁금하였다. 도대체 플라톤은 크레테에 건국되는 신생 국가의 법률에 대해 어떤 생각을 갖고 있었을까?

『법률』은 먼저 '국가 안보'에 대한 내용으로 시작된다. 플라톤은 모든 국가의 출발점이자 토대는 외부의 적으로부터 스스로를 보호하는 국가 안보가 기본 중에 기본이라는 생각을 갖고 있었다. 플라톤의 시대에는 그리스 본토뿐만 아니라 에게 해의 섬들에도 폴리스라 불리던 도시국가들이 있었다. 한때 그리스 본토와 그 주변에 있는 도시국가가 1,000여 개에 이르기도 했다. 이들 중에서 규모가 컸던 대표적인 나라가 아테네와 스파르타다.

『법률』의 첫 부분에서 아테네인은 나머지 두 사람에게 어떠한 이유로 당신들은 공동 식사와 체력 단련, 그리고 무장을 제도화했는지를 묻는다.

당시 아테네와 달리 크레테와 스파르타는 모두 공동 식사 제도를 도입하고 있었다. 이 질문에 대해 크레테인 클레이니아스는 전쟁을 수행할 때는 공동 식사가 불가피하다고 답한다. 국가들 사이에 전쟁이 빈번한 시대였기 때문에 언제라도 기민하게 대응하기 위한 공동 식사제는 이해할 수 있었지만 평화시에도 법으로 공동 식사를 정해놓은 이유를 아테네인으로서는 이해하기 힘들었을 것이다. 바로 이 점에 대해 크레테인이 그것은 평화시에도 해야 한다고 강조한 후 하는 말이 위에 인용문으로 소개한 내용이다.

당시와 우리가 살고 있는 시대는 다르긴 하지만 적대 세력과 대치 상황에 있는 입장이라면 클레이니아스의 발언을 주목할 만하다. 아무 일도 일어나지 않는 평화 상태가 지속될 것 같아도 그 이면에는 항상 전쟁 가능성이 놓여 있다. 한 사람이나 국가가 경제 문제를 해결하는 방법은 세 가지다. 하나는 손과 발, 두뇌를 이용하여 먹고사는 문제를 직접 해결하는 것이고, 다른 하나는 타인이나 타국의 선의에 의존해서 먹고사는 방법이며, 마지막으로는 침략이나 약탈에 의해 타인이나 타국의 재산을 빼앗아서 먹고사는 것이다. 마지막 방법은 과거나 지금이나 폭력을 행하는 사람들에게는 '매력적이고 편한' 방법일 것이다. 따라서 적대 세력과 대치하고 있다면 평화시에도 그들의 속셈을 파악하고 있어야 한다.

자유나 재산은 그냥 주어지는 것도, 남이 지켜주는 것도 아니다. 스스로 지켜야 한다. 스스로 자유를 보호하지 못하거나 폭력을 휘두르는 상대방과의 전쟁에서 패하면 모든 것을 승자에게 빼앗기고 노예 상태

페르시아 원정 알렉산드로스 석관으로 불리는 조각으로 장식 석관의 뒷면에 새겨져 있으며 좌측의 인물이 아마 부케팔로스를 탄 알렉산드로스 대왕이다. 기원전 310년경 작품. 이스탄불, 고대박물관.

에 처하는 것은 불을 보듯 뻔하다. 따라서 입법자는 적의 침략으로부터 자국과 자국민을 보호하기 위한 법을 만들어야 한다.

클레이니아스는 그런 맥락에서 "평화를 위해 전쟁과 관련된 법을 제정하면 진정한 입법자가 될 것입니다"라고 말한다. 이에 대해 아테네인은 클레이니아스가 훌륭하게 다스려지는 나라의 정의(定義, horos)로 선택한 것은, 훌륭한 국가란 전쟁에서 다른 나라들을 이기도록 조직되고 다스려져야 한다는 뜻으로 이해하겠다고 말한다.

그런데 스스로를 보호하지 못하는 사람이나 국가가 있다면, 그 이유는 무엇일까? 대개는 인간에 대한 잘못된 이해 때문이다. 인간의 폭력성과 야만성을 외면하고 자신이 보고 싶은 착한 인간성만을 주목하는 사람들은 대부분 적지 않은 비용을 지불해야 하는 어려운 상황에 내몰리게 된다.

개인도 마찬가지다. 나 역시 남들이 볼 때 좀 필요 이상으로 준비한다고 느낄 때가 실제로는 나 자신에게 가장 충실하게 살아가고 있었을 때였다. 살면서 내가 자랑스럽게 생각하는 때는 미리미리 준비하는 자세로 삶을 살아온 순간들이다.

비단 전쟁 상황뿐만 아니라 우리들의 삶 자체가 일련의 변화와 위기들로 이루어져 있음을 고려하면, 모든 리더의 책무는 변화가 가져오는 크고 작은 충격이 조직의 생존을 위협하지 않도록 대비하는 일이다. '별일 있겠어'라고 안심하기보다는 '별일이 생기면 어떻게 해야 하는가'라는 대안을 갖고 있어야 한다. 현실을 바라볼 때는 낭만보다는 냉정함이 우선되어야 한다.

아테네는 이미 큰 전쟁을 경험하였고 여전히 전시 상태에 놓여 있었다. 페르시아와 맞서 싸웠던 것도 결국은 개인의 자유를 보장받기 위해서였다. 이는 지금 대한민국의 현실과 마찬가지다. 남과 북으로 대치하고 있는 우리도 여전히 '전쟁' 상태다. 평화 상태가 오래 지속됐지만 여전히 적대적인 세력과 마주 서 있다. 전체주의 체제와 자유주의 체제는 병립할 수가 없다. 전체주의 체제는 항상 자유주의 체제를 약탈하려는 의도를 갖고 있다.

국가뿐만 아니라 모든 조직의 첫 번째 책무는 생존이고, 그 다음이 성장이다. 따라서 입법자의 책무 역시 외침과 위험으로부터 스스로를 보호하는 일이 가장 우선되어야 한다. 여기서의 입법자는 좁은 의미로는 나라의 법률을 제정하는 통치자나 공직자이고, 넓은 의미로는 크고 작은 조직의 생존과 성장을 책임지는 '리더(혹은 지도자)'라 해석해도 무리가 없을 것이다. 따라서 많은 경우 '입법자는'이란 표현을 '리더는'이라고 이해해도 된다.

국가는 물론 일반적인 기업이든 지방자치단체든 소규모 조직에서도 이런 위기 관리 훈련이 필요하다. 기업에는 '컨틴전시 플랜(contingency plan: 발생 가능한 위험을 가정하고 수립하는 비상 경영 계획)'이란 것이 있다. 만일의 사태에 대비한 것으로 발생 가능한 위험을 정형화한다. 경제 변수가 바뀌고 위기가 발생했을 경우 단계별 대비책을 마련한다. 때에 따라서 대기업들은 국가보다 더 열심히 대비를 하기도 한다. 현대는 위험의 양이 증가하는 시대이기 때문에 위험 관리가 훨씬 중요하다.

그런데 한국 사회는 그런 부분에 있어 매우 느슨한 편이다. 농경문화 위주의 사회였기 때문에 기본적으로 위험에 대한 긴장도가 상당히 낮다. 우리는 기름, 식량, 원자재 등 자원 대부분을 다른 나라에서 수입해 온다. 이런 상황에선 개인이든 회사든 나라든 적절한 긴장감을 유지하고 위험을 관리해 나가는 것이 중요하다. 그런 우리 경제를 나는 '간당간당 경제' '아슬아슬 경제'라고 한다. 더욱이 여전히 휴전 상태인 것을 감안하면 우리는 좀더 많이 긴장해야 하고, 좀더 많이 준비해야 한다.

또한 한국 사회는 언제나 일이 벌어지고 나서야 수습하는 경우가 많다. 그러고 나서 사후약방문(死後藥方文) 식으로 대비책이 없었다는 둥, 인재(人災)라는 둥의 변명을 내놓는다. 일이 벌어지고 난 다음 그런 이야기는 아무 소용이 없다. 항상 적절한 정도의 위기 의식을 고양하고, 언제든지 힘들어질 수 있다는 사실을 국민이 인식하게 해야 한다. 그것은 불안을 조장하는 것과는 다른 것이다. 모든 유기체는 적절한 긴장이 있을 때 잘 돌아간다. 일종의 건설적인 불안감이라고 볼 수 있다. '자유는 지켜내는 것이다'라고 하는 것은 결국 준비하라는 뜻이다. 평화도 준비가 필요하다. 그래서 평화로운 시기에 대한 입법이 아니라 전쟁을 대비한 입법이 필요하다.

기업의 경우엔 평화가 없다. 다른 기업과의 경쟁은 사실상 전쟁이나 다름없다. 때문에 '준비가 생활의 일부여야 한다(Preparation is a way of life)'. 기업은 잘 되고 있을 때일수록 다음을 준비해야 된다. '뭘 저 정도까지 준비하나?' 하는 이야기를 들을 만큼 필요 이상으로 준비를 해야 한다.

　석유와 석유 화학 제품 등을 다루는 다국적 기업 쉘은 위기 상황에 대한 철저한 준비로 정평이 난 기업이다. 기업의 이야기이긴 하나, 그 준비의 기민성 등은 국가의 입법자들도 한번쯤 생각해 볼 만하다. 쉘은 '워 게임(War Game)'이라는 시뮬레이션 프로그램을 개발해 급박한 상황에 신속하게 대처할 수 있는 조직 체계를 갖추었다. 그래서 과거 중동전쟁으로 전 세계에 에너지 위기가 닥쳤을 때 신속하게 대처해 정유업계의 세계적인 대표 기업이 되었다. 또한 구 소련의 붕괴와 이로 인한 서방의 유전 개발 참여 확대 가능성을 미리 읽고 소련 붕괴 후 이 지역 유전 개발에 가장 먼저 뛰어들었다. 그 덕분에 업계에서 위상을 더욱 높일 수 있었다.

　훌륭한 입법자는 위기 발생의 경우를 생각하고 이에 대한 대안을 가지고 있어야 한다. 준비에 관한 한 아무리 극성스러워도 지나친 법이 없다.

입법자는 사람들을 화합으로 이끌어야 한다

아테네인: 그렇다면 나라를 화합하는 이는 어떻겠습니까? 그는 나라를 경영함에 있어서 대외적인 전쟁에 더 주목하겠습니까, 아니면 나라 안에서 생기는 전쟁에 주목하겠습니까? 바로 우리가 '내란(내분, stasis)'이라고 부르는 것은 모두가 자신의 나라에서는 일어나지 않기를 바라고 또 일어나더라도 빠르게 종식되기를 바라는 것입니다.

클레이니아스: 분명히 후자 쪽에 더 주목할 것입니다.

아테네인: 그렇다면 한쪽은 파멸하지만 다른 한쪽은 승리하면서 내란에 평화가 찾아오는, 평화와 우애로 인해 화해가 이루어지겠죠. 나라가 외부의 적에 대항해 다시 뭉쳐야 할 경우, 사람들은 이 둘 중에서 어느

쪽을 선호하게 될까요?

클레이니아스: 모두 두 번째의 경우를 원하겠죠. 자신의 나라에서 일어나는 일이니 말입니다.

아테네인: 그렇다면 입법자도 같은 심정이지 않을까요?

클레니아스: 그렇겠죠.

아테네인: 그리고 모든 입법자들은 최선의 것(to ariston)을 위해 모든 법규들(ta nomima)을 제정하지 않습니까?

클레니아스: 물론입니다.

아테네인: 그러나 최선의 것은 전쟁이나 내란이 아니라 서로간의 평화와 우의(philophrosynē)입니다. 〔제1권 628a:9~628c:11〕 pp.8~9

전쟁에는 두 가지 종류가 있다. 하나는 외침이고 다른 하나는 내분이다. 앞에서 크레테와 스파르타의 공동 식사와 같은 법률이 외침에 대비하기 위한 것임을 확인했다.

그렇다면 입법자의 임무는 이것으로 충분한가? 아테네인은 결코 그렇지 않다고 말한다. 외침에 대비하는 일 못지않게 나라 안의 구성원들 사이에서 일어나는 불화를 막는 것도 중요하다고 말한다. 불화 상태에 있는 사람들을 일단 화해시키는 일이 급선무다. 이런 화해가 일시적이 아니라 지속될 수 있도록 하는 안전장치가 필수적인데, 이때 법률이 그 역할을 해야 한다. 다시 말해 화해를 한 구성원들이 그후로도 계속해서 지키지 않을 수 없는 규칙을 법률로 만들어내는 일이 입법가의 중요한 임무 가운데 하나다.

결론적으로 입법자의 임무는 한 공동체의 구성원들이 자유롭고 슬기롭게 우애로운 관계를 유지하는 공동체를 지향하는 것이어야 한다고 말한다. 특히 우애(philia)는 공동체를 유지하기 위한 필수 덕목 중 하나다.

아테네인은 정치가가 대외적인 전쟁에 관해서만 걱정하고 신경쓴다면 그는 올바른 정치가가 될 수 없다고 말한다. 그로써 대외적인 침략보다 내란이나 내분이 더 중요한 비중을 차지하고 있음을 은근히 시사한다.

우리 역사에서도 고구려의 몰락 과정을 보게 되면 이러한 맥락을 발견할 수 있다. 고구려 말 연개소문은 강경한 대내외 정책을 폄으로써 당나라 등의 외침 위협에서 나라를 지켜갔다. 그러나 그가 죽고 난 뒤 그의 장남이 왕위에 오르면서 형제들간의 내분이 본격화된다. 그로 인해 결국 연개소문 사후 3년 만에 평양성이 함락되고 우리 역사상 가장 웅비했던 국가로 기억되는 고구려는 사라지고 만다.

그런데 나는 생각이 좀 다르다. 물론 내분이나 내란을 방지하는 것도 중요하다. 하지만 외침은 거기에 굴복하는 순간 자유와 재산을 동시에 모두 잃어버리기 때문에 더 가혹한 일이라고 생각한다. 플라톤 시대에도 전쟁에 패배하면 그 도시국가의 구성원들은 거의 노예 상태에 빠지게 되었다. 따라서 나는 굳이 우선순위를 따진다면 외침을 첫 번째로, 내란을 두 번째로 하고 싶다. 이들 두 가지 전쟁을 방지하기 위한 법률을 제정하는 것이 입법자의 임무이자 법의 기능이라 생각한다.

아테네인은 불화 상태에 놓인 구성원들의 사례를 형제가 많은 집의 불화에 빗대어 설명한다. 불화를 해결하기 위해서 재판관은 세 가지 방법을 권할 수 있다. 하나는 선량한 형제들끼리 힘을 뭉쳐서 나쁜 형제들을 제거해 버리는 일이다. 다른 하나는 나쁜 형제들이 선량한 형제들의 다스림을 받도록 하는 일이다. 끝으로 어느 누구도 처치하지 않고 화해를 한 다음 이를 지속할 수 있는 준칙을 정해주는 일이다. 이에 대해 아테네인은 훌륭한 재판관의 자질에 대해 이렇게 말한다.

"불화가 있는 친족을 화해시키고 그들을 이끌어줄 수 있는 법률을 제정해 주어 그들이 서로 화목하게 지낼 수 있도록 해주는 그런 사람이 있다면 말씀입니다." [제1권 627e:5~628a:4] p.8

그렇다면 이익을 두고 끊임없이 서로를 시기하고 모함하는 구성원들이 완전한 화해 상태에 이를 수 있을까? 물론 그런 이상 상태를 가정하고 더 나은 법률을 만드는 일은 필요하지만, 인간이 가진 본성을 미루어볼 때 인간 사회는 불화 상태로 인한 소란스러움을 완벽하게 제거할 수는 없다고 본다. 다만 입법자들은 가능한 한 불화를 줄이고 우애를 높이기 위한 법률을 만들어야 한다는 사실을 잊지 말아야 한다. 제9권에서는 입법이 추구하는 목적이 구성원들 사이에 우의를 증진시키기 위함임을 이렇게 강조하고 있다.

"법률은 선량한 사람들이 우애롭게 살기 위해 지켜야 할 규칙들을 가르치기 위해서 생기게 된 것 같습니다. 다른 한편으로는 또한 그 규칙들을 배우는 것을 기피하는 자들을 위해서, 곧 거친 본래 성격이 순화되지 않아 아주 나쁘게 변모할 수도 있는 사람들을 위해서 만들어진 것 같습니다." [제9권 880d:11~880e:4] p.362

그렇다면 올바른 법률을 제정하기는커녕 파벌을 만들어 국민들 사이에 불화를 조장하는 우리 사회의 일부 입법자들의 행동은 어떻게 이해해야 할까? 한마디로 입법자로서 기본 자격조차 없는 사람들이라 하지 않을 수 없다. 쉬운 일은 아니지만 입법자는 가능한 한 당파의 이익을 앞세우기보다는 대의를 위한 이익을 먼저 생각해야 하고 공동체의 구성원들 사이에 갈등을 조장하는 언행을 삼가야 한다. 당파의 이익과 공동체 전체의 이익을 이분법적으로 잘라서 이야기하기는 힘들지만, 가능한 한 균형을 유지할 수 있어야 한다. 그것이야말로 입법자의 기본 책무다.

한편, 플라톤의 이야기처럼 내분을 다스리는 것이 중요하긴 하지만 불화와 갈등이 존재하지 않는 이상적인 국가나 조직은 존재하기 힘들다는 사실 역시 받아들여야 한다. 어떤 국가나 조직이든, 사람 사이의 갈등과 알력, 불화는 불가피하다. 물론 정도의 차이는 있겠지만 말이다. 이처럼 피할 수 없는 불편한 진실을 기꺼이 받아들인 상태에서 해결책을 생각하면 갈등이나 불화에서 오는 불편한 마음과 고통을 줄일 수 있다.

『국가』에 보면 최선의 정체인 군주제가 망하는 것은 지배 계층의 변화와 내분에서 비롯된다는 이야기가 등장한다. 때문에 플라톤은 통치자의 책무 가운데 하나로 구성원들의 '생각의 일치'를 강조한다.

"모든 정체의 변화는 통치권을 소유하고 있는 자로부터 생기는 것이며, 그 사람의 내부에 내란이 일어났을 때 생기는 것이지. 그와 반대로 통치자 자신의 내부에 자기 조화가 유지되는 한은 가령 통치자가 극히 소수일지라도 변혁이 있을 수 없을 것 같은데……" (545d:1~5)

군주의 자식들이 자기네들끼리 싸워서 망한다는 이야기가 나온다. 그만큼 내분은 큰 적일 수밖에 없다. 기업의 경우도 마찬가지이다. 소위 '왕자의 난' 같은 기업 내부의 자중지란으로 망하거나 휘청거린 경우가 적지 않다. 창업 2세대나 3세대들이 형제끼리 선대로부터 물려받은 기업을 서로 차지하려고 다투다가 이미지를 실추시킨 예는 우리 기업에서 흔하게 볼 수 있다. 심지어 어느 회사는 내분으로 인해 기업의 경쟁력이 약해져 문을 닫는 경우도 있다.

국가든 기업이든 중요한 덕목은 존립하는 것이다. 그러기 위해서는 팀워크라든지, 공감대 형성이라든지, 정의 같은 가치의 공유 등을 통해 우선 내부적으로나 외부적으로 적을 없애는 것이 가장 중요하다. 동시에 외침을 방지하기 위해 평화시에도 단단히 대비하는 것이 필수적이다. 이 모든 일에서 입법자의 역할이 크다.

부분적인 훌륭함이 아닌, 전체적인 훌륭함을 갖추어라

아테네인: 우리는 진실을 말해야 했다고 생각합니다. 우리는 그 입법자들(스파르타의 입법자들)이 훌륭함(덕)의 한 부분(aretēs timorion), 그것도 가장 평범한 부분에 주목하여 법규를 정한 것이 아니라, 전체적인 훌륭함(덕, pasa aretē)에 주목하여 정한 것이라고 말해야 했으며, 그가 살았던 당시에 법률에 틀을 만들고자 했던 것도 오늘날의 입법자들이 추구하는 법률의 틀과는 다르다고 말해야 했습니다. (……)
최소한 정치가와 같은 입법자는 언제나 이(사려분별 혹은 지성)에 주목하여 법률의 체제를 정해야 한다는 것을 저 스스로 다시 기억해 내야 할 것 같습니다. 또한 두 분께 다시 상기시켜 드리고 싶은 것이 있습니다. 우리가

나눈 대화의 앞부분을 다시 짚어보자면, 두 분께서는 훌륭한 입법자는 전쟁을 염두에 두고 모든 법규들을 정해야 한다고 하셨습니다. 그런데 저는 이것이 곧 입법자에게 네 가지의 훌륭함(덕, aretē) 중 한 가지에만 주목하여 법규를 정하라고 지시하는 것과 같다고 했죠. 저는 법규를 정할 때는 전체적인 훌륭함(pasa aretē)에, 무엇보다도 사람으로서의 전체적인 훌륭함을 선도하는 으뜸가는 훌륭함에 주목해야 한다고 말했습니다. 바로 사려분별(지혜)과 지성, 그리고 이것들을 따르는 사랑과 욕구를 동반하는 판단(의견)일 것입니다. 〔제3권 630e:1~6, 688a:1~688b:4〕 p.12, pp.90~91

플라톤은 『국가』에서 훌륭한 나라의 특성과 훌륭한 개인의 특성은 서로 닮았다고 했다. 즉 이는 인간 개개인의 본성에 대한 통찰과 이들이 모여 국가나 조직과 같은 또 하나의 세계를 형성하게 된다는 것을 예리하게 꿰뚫고 있다. 플라톤이 말하는 '법률'은 국가와 같은 조직의 입장에서는 제도·정책·관행·관습·기업 문화들을 모두 포함한 것이고, 개인으로 치면 삶의 규율일 수도 있고 습관일 수도 있다.

나 역시 『법률』을 읽으면서 한 국가를 운영하기 위한 말 그대로의 '법(法)'을 떠올리는 동시에 이를 조직에 적용한다면, 혹은 나 개인에게 적용한다면 어떻게 되는가 하는 문제를 끊임없이 생각했다.

입법자는 어떤 면에서 조직에서는 리더이고, 개인에게는 개인의 입법자, 즉 스스로에게 법을 만들어 규율하는 존재다. 국가의 리더는 국가의 구성원들에게 법을 만들어준다. 조직의 리더는 조직원들에게 법을 부여해 준다. 그러므로 입법자는 크게 보았을 때 '규칙을 만드는 자'라고도 할 수 있다.

그렇다면 정치가나 입법자들은 법률을 만들 때 어떤 점에 특히 신경을 써야 하는가? 법률이 외침과 내란 모두를 대비하도록 해야 하고, 이를 위해서 구성원들 개개인이 용기뿐만 아니라 지혜, 절제, 정의와 같은 훌륭함(덕)을 가질 수 있도록 도와야 한다. 다시 말하면 법률의 목적은 구성원들이 인간으로서의 '전체적인 훌륭함(pasa aretē)'을 갖추도록 돕는 것이다. 따라서 플라톤은 법률 또한 이런 목표를 달성할 수 있도록 만들어져야 한다고 주장한다.

플라톤은 『국가』에서 네 가지 훌륭함(덕), 즉 지혜(phronēsis), 용기(andreia), 절제(sōphrosynē), 정의(올바름, dikaiosynē)가 제대로 구현되었을 때 비로소 사람은 사람답고 나라도 나라다운 것이라 말한 바 있다. 여기서 중요한 것은 '부분적인 훌륭함(덕)'과 '전체적인 훌륭함(덕)'을 명확히 구분하는 일이다. 예를 들어, 부분적인 훌륭함은 혼을 구성하는 네 부분인 지혜, 용기, 절제 그리고 정의 가운데 어느 한 부분만 훌륭한 상태인 사람을 말한다. 용감한 용병은 기꺼이 자신의 목숨을 내놓고 싸우는데 그를 두고 우리는 용기라는 부분적인 훌륭함은 갖춘 사람이라 부른다.

반면에 전체적인 훌륭함은 지혜, 용기, 절제가 각각 훌륭한 상태에 도달함으로써 정의를 이룬 사람이나 나라를 말한다. 그러니까 네 가지 훌륭함이 개인이나 나라에 구현된 경우를 두고 나라로서 전체적인 훌륭함 혹은 개인으로서 전체적인 훌륭함이란 표현을 사용할 수 있다. 혹자는 전체적인 훌륭함을 '완벽한 올바름(정의)'이라고 말하기도 한다.

'부분적인 훌륭함'의 대표적인 나라는 스파르타와 크레테이다. 이 나라들은 외국과의 전쟁에서 승리하는 것이 국가 경영의 지상 목표였기 때문에 모든 법률은 전쟁에서의 승리를 목표로 만들어졌고 용기만을 강조했다.

외침에 맞서 승리하기 위해서는 용기만으로도 충분할지 모른다. 그러나 플라톤은 "모든 입법자는 최선의 것을 위해서 일체의 법규들을 정하지 않겠습니까?"라고 묻는다. 다시 말하면 모든 입법자는 구성원들이 최선의 상태에 이를 수 있도록 법률을 제정해야 한다는 말이다. 그러자면 입법의 목적을 용기와 같은 '부분적 훌륭함'에만 두지 말고 거기에 지혜·절제·정의 등을 더한 '전체적 훌륭함'에 두어야 한다. 결국 입법의 목적은 구성원들이 저마다의 위치에서 자신의 능력을 한껏 발휘하는 상태에 있음을 뜻하는 탁월함, 훌륭함, 그리고 덕을 지향해야 한다.

구 소련과 같은 공산주의 국가나 히틀러 치하의 독일, 그리고 고대 그리스의 스파르타와 같은 국가들은 전쟁의 승리만을 목적으로 하는 일종의 군사 국가였다. 단기적으로 이들 국가들은 전쟁 수행이라는 성과를 극대화할 수는 있지만 중·장기적으로는 자원 배분의 극심한 왜곡, 생산성 하락과 국민들의 심성 파괴로 인해 붕괴될 수밖에 없다.

'부분적 훌륭함'과 '전체적 훌륭함'은 국가만이 아니라 조직이나 개인에게도 참고할 만하다. 먼저 기업의 경우를 살펴보자. 기업은 시장에서 경쟁자를 이기는 일이 최우선되어야 한다. 그만큼 경쟁자보다 우위에 설 수 있는 성과를 내는 것이 중요하다. 따라서 조직의 각종 제도는 경쟁에서의 승리에만 초점을 맞출 수도 있을 것이다.

그러나 조직은 기본적으로 사람들의 모임이기 때문에 경쟁에서의 승리 외에 더 근원적인 경쟁력이 필요하다. 지속적으로 경쟁력을 갖고 존경받는 기업이 되기 위해서는 구성원들이 자신의 업무에 더 몰입할 수 있어야 하고 조직에 대한 충성심과 자긍심이 남달라야 한다. 또한 기업 자체가 사회적으로 좋은 평판을 유지하고 있어야 위태롭지 않다. 이는 건강한 기업의 공유 가치나 기업 문화 없이는 불가능하다. 결과적으로 경쟁력이라는 '부분적 훌륭함'만이 아니라 경쟁력 외에 내부 구성원의 만족도, 몰입도, 자긍심, 혁신적 기업 문화, 혁신 역량, 도덕성 등을 포함하는 '전체적 훌륭함'을 목표로 해야 한다.

전체적인 훌륭함을 발휘하는 기업이 되어 장기적인 성공을 거두려면 기업의 매출이나 외형적인 것도 좋지만 내부 구성원의 만족도도 높아야 되고 사회적 평판도 좋아야 된다. 사람도 영육 간의 균형이 맞아야 하듯 회사도 마찬가지다.

스파르타 군인 기원전 5세기경의 스파르타 군인. 망토는 스파르타 군인들에게 긍지의 상징이 되었다.

이따금 특정 정권에서 급속히 성장하는 기업들이나 요행으로 급성장하는 기업들이 있는데 대개는 그 결말이 좋지 못하다. 이들은 기업 경영의 본질에 충실한 결과물로 성장한 것이 아니라 기업의 윤리성 같은 근원적인 가치를 무시한 채 유착이나 로비 혹은 횡재를 통해 성장을 일

구었기 때문이다. 기업이 기본적으로 이익을 추구하는 단체지만 합법을 넘어서 더욱 더 윤리적으로 행동하려는 노력은 그 자체로서 기업의 생존과 성장에 많은 역할을 한다.

짐 콜린스는 그의 책 『좋은 기업을 넘어 위대한 기업으로』에서 "기업은 단순한 돈벌이를 넘어서는 핵심 가치와 목적이 있어야 하고, 거기에 핵심을 보존하고 발전을 자극하는 핵심 동인이 결합되어야 한다. 만약 이를 해낼 수만 있으면 기업의 이윤은 따라온다"고 했다.

이처럼 원칙에 맞게끔 경영해 가는 일의 중요성은 비단 기업에만 적용되는 것은 아니라고 본다. 지난날 몇몇 인물들의 부침을 회상해 보면 우직하리만큼 삶의 올바른 원칙에 충실했던 사람이 대부분 인생이란 장기 레이스에서도 승리하였다. 속도가 강조되는 사회일수록 원칙에 충실하는 것이 중요하다.

'부분적 훌륭함'과 '전체적 훌륭함'은 한 개인에게도 의미하는 바가 크다. 일을 잘하는 것이나 공부를 잘하는 것을 부분적 훌륭함이라 한다면, 한 인간으로 훨씬 더 나은 사람이 되기 위한 덕목들인 지성, 덕성, 체력을 두루 갖춘 사람을 '전체적 훌륭함'을 갖춘 인물이라고 평가할 수 있을 것이다.

오늘날과 같이 세계의 여러 사람들이 시간과 공간을 넘나들며 함께 일하고 서비스 산업과 같은 분야가 융성하는 글로벌 시대엔 지식만 있다 해서 성공하기 힘들다. 위에서 설명한 인간적인 덕목들을 두루 갖추어 화합할 수 있을 때만이 성과를 내고 성장해 갈 수 있다. 즉 직업 공부만 뛰어나선 안 되고 올바른 인간 공부를 겸비해야 하는 것이다. 오늘날 우리가 철학을 읽고 고전을 만나야 하는 이유는 여기에서도 다시 한 번 찾아볼 수 있다.

입법자는 사람들이 무지에서
벗어나도록 도와야 한다

아테네인: 그것은 입법자가 가능한 한 나라들이 지혜(사려분별, phronēsis)를 가질 수 있도록 하고 어리석음(지각 없는 상태)을 없애려고 해야 한다는 뜻입니다.

클레이니아스: 그건 명백합니다.

아테네인: 그렇다면 무엇을 가장 큰 무지라고 해야 맞을까요? 제가 말씀드리는 내용에 두 분께서도 동의하시는지 생각해 주십시오. 저는 바로 이것이라고 생각합니다.

클레이니아스: 무엇이죠?

아테네인: (……) 저는 기쁨과 고통의 감정과 이성(logos)적인 판단(의견,

doxa), 즐거움이 불협화음을 내는 것이 가장 큰 어리석음(지각 없는 상태, 지성의 부재 상태, anoia)에 해당한다고 생각하는데, 이는 혼에 있어 매우 큰 부분을 차지하기 때문입니다. 혼에 있어 기쁨과 고통을 경험하는 부분은 나라에 있어 곧 평민과 대중에 해당합니다. 따라서 혼이 앎(epistēmē)과 판단 그리고 이성과 대립하게 되면 이는 바로 제가 말하는 '어리석음'이 성립하는 것이죠. 이를 나라에 대입해서 생각해 보면, 대중이 통치자들과 법률에 복종하지 않을 때와 같고, 개인에 대입하면 훌륭한 원칙들이 자기 혼 안에 있는데도 이를 제대로 활용하지 않고 오히려 여기에 반대로 행동하는 것을 말합니다. 저는 이러한 무지의 일례들이 나라와 개인에 있어 가장 큰 무지를 이루어낸다고 생각합니다.

〔제3권 688e:8~689c:1〕 pp.91~92

입법자들은 법을 제정할 때 가능한 한 나라의 구성원들이 무지로부터 벗어나고 지혜로워지도록 도와야 한다. 무지는 지성이 부족하거나 없는 상태를 말하는데, 이는 두 가지로 나눌 수 있다. 하나는 우리가 흔히 말하는 무엇을 잘 모르는 상태, 즉 지식이 부족한 상태를 말한다. 그리고 다른 하나는 올바른 것이 무엇인지, 아름다운 것이 무엇인지, 자신이 좋아해야 하는 것이 무엇인지를 알고 있으면서도 그것을 선택하지 못하는 상태다.

앞의 것은 배움의 부족이 원인이기 때문에 배움으로써 극복할 수 있다. 그런데 후자는 배움을 통해서도 해결할 수 없다. 그래서 후자를 두고 플라톤은 '가장 극단적이며 가장 큰 무지'라고 부른다.

이처럼 큰 무지를 갖게 되는 이유는 무엇일까? 『국가』에서 인간의 혼이 세 부분, 즉 사유적(이성적) 부분, 의욕적 부분, 비사유적·욕망적 부분으로 나뉜다고 설명한 바 있다. 세 부분에 각각 대응하는 덕이 지혜·용기·절제인데, 이들이 제대로 작동한다면 가장 큰 무지는 발생하지 않는다. 하지만 우리는 일상생활에서 이성과 기개, 욕망 사이에 잦은 충돌을 경험한다. 이때 위의 인용문에 등장하는 '불협화음'이 발생한다. 예를 들어 올바르고 아름다운 일을 쾌락이 방해하여 이성과 기개가 욕망 앞에 무릎을 꿇는 경우가 있다.

우리는 10대, 20대, 30대, 40대 등을 거쳐가면서 그 시점에 무엇을 잘해야 하는지를 안다. 이성을 활용할 수 있다면 이를 아는 일은 어렵지 않다. 그러나 게으름이나 나태함 그리고 유혹 때문에 당연히 해야 할 일을 제대로 하지 못한 채 세월을 낭비해 버리는 경우가 자주 발생한다. 왜 낭비해 버리는 것일까? 힘이 드센 욕망에 굴복하거나 실천에 대한 의지나 기개가 부족하기 때문이다. 구체적인 이유가 무엇이든 꼭 해야 할 일을 행하지 못하는 것의 공통점은 세 부분(혼의 사유적(이성적) 부분, 의욕적 부분, 비사유적·욕망적 부분) 사이에 '불협화음(diaphōnia)' 때문이다.

무라카미 하루키의 『먼 북소리』에 일종의 후회에 대한 글이 나오는데, 이는 내가 지금껏 살아오면서 나 자신에게 더 충실하게 살아갈 것을 주문할 때 늘 가슴에 새긴 내용이기도 하다.

"나이를 먹는 것은 그다지 두렵지 않았다. 나이를 먹는 것은 내 책임이 아니다. 누구나 나이는 먹는다. 그건 어쩔 수 없는 일이다. 내가 두려웠던 것은 어느 한 시기에 달성해야 할 무엇인가를 달성하지 않은 채로 세월을 헛되이 보내는 것이었다. 그건 어쩔 수 없는 일이 아니다." 무라카미 하루키, 『먼 북소리』

욕망 앞에 이성과 기개가 항복한 상태를 두고 플라톤은 지각 없는 상태 혹은 지성의 부재 상태라고 부른다.

누가 그런 어리석음을 자주 범할까? 플라톤은 평민이나 대중을 예로 든다. 하지만 나는 정치가나 입법자도 평민이나 대중처럼 인간적인 약점으로부터 자유로울 수 없다고 본다. 오히려 정치가나 입법자의 욕망이 이성이나 기개를 정복할 때는 더욱 참담한 결과를 가져온다. 왜냐하면 그들은 권력의 힘을 이용해서 무자비한 폭력을 행사할 수 있기 때문이다.

20세기 역사에서 재앙으로 꼽히는 사건들 가운데 하나가 아프리카에서 식민지를 벗어난 국가들이 직업 정치가들의 먹잇감이 된 것이다. 1945년 이후 아프리카에서 가장 부유한 국가로 기대를 모았던 곳은 훗날 가나로 국명을 바꾼 골드코스트(Gold Coast)였다. 영국의 식민지였던 이곳은 1850년 입법 의회 신설, 1916년 6명의 흑인의원 선출 등으로 착실히 독립의 길을 걸었다. 특히 미국에서 정치학 학사와 석사까지 받은 콰메 은크루마가 1952년 초대 총리에 선출됨으로써 아프리카의 밝은 미래에 대한 기대감을 심어주었다. 그는 많이 배웠을 뿐만 아니라 언변도 뛰어나고 젊고 잘생긴 인물이었다.

그러나 그가 중앙집권적 독재자로 자신과 나라를 파국으로 이끄는 데는 그러한 배움도 별 역할을 하지 못했다. 그는 스스로 단순한 지도자가 아니라 영적인 지도자가 되기를 갈망했고, 자신이야말로 아프리카인을 대표하는 인물이라는 공명심에 사로잡혔다. 그런 그의 욕망은 올바른 판단력을 마비시키고 말았다. 그가 얼마나 자신에게 도취되어 있었는가를 엿볼 수 있는 대목은 1960년대에 출간된 평전에 등장하는 그에 대한 주위의 찬사이다.

"은크루마는 우리의 아버지이자 교사이며, 우리의 형제이자 친구이며, 진실로 우리의 생명이다. 그가 없었다면 우리는 살아도 사는 게 아니었을 것이다. (……) 그가 우리에게 베푼 은혜를 우리가 숨 쉬는 공기보다 훨씬 소중하다. 가나가 있는 것도, 우리가 여기 있는 것도 그분 덕분이기 때문이다." 폴 존슨, 『모던 타임스 II』, p.276에서 재인용

은크루마는 이 같은 말도 되지 않는 찬사를 믿으면서 스스로에게 취해갔고, 마침내 일당 독재와 이로 인한 실정은 1966년 군사 쿠데타를 불러왔다. 그는 축출되어 1972년 망명지에서 숨을 거두었다. 그가 학교에서 배운 지식은 당대의 다른 이들보다 훨씬 많았을지 몰라도 스스로에 대한 무지에 빠져 있었고 자신의 욕망에 눈이 멀어 세상을 보는 올바른 시각을 잃어버렸다.

무지는 단순히 많이 알고 모르고의 문제가 아니라 자신의 욕망을 얼마나 잘 억제하느냐에 달린 문제라는 사실을 알게 해주는 흥미로운 사례이다.

조직을 이끄는 지도자라면 잘 알면서도 억제하기 힘든 것이 욕망이며, 그것이 몰락의 씨앗을 제공할 수 있음을 언제나 되새겨야 한다.

법의 지배는
자연스러운 것이다

아테네인: 통치하고 통치를 받을 위치에는 어떤 것들이 있고, 또 몇 가지나 될까요? (……) 가장 큰 자격을 가진 것은 여섯째일 듯한데, 바로 지혜로운 자가 이끌고 다스리고 무지한 자가 이들을 따르는 것입니다. 지혜로우신 판다로스이시여! 제가 말하는 '법'이야말로 곧 '자발적인 법에의 복종'을 의미하며 자연에 어긋나지 않고(para physin) 이는 매우 자연스런(자연에 따르는, kata physin) 것이라고 말할 수 있겠습니다. 〔제3권 690a:1~2, 690b:10~690c:5〕 p.93

『법률』은 어떤 성격의 책인가? 위의 인용문과 같이 『법률』의 3분의 2는 구체적인 법조문보다는 법의 정신에 대한 철학적 논의를 담은 법률의 전문(前文)으로 이뤄져 있다.

인간뿐만 아니라 동물 세계의 자연스런 상태는 다스리는 자와 다스림을 받는 자로 나뉘는 것이다. 플라톤은 다스림의 예를 일곱 가지 드는데, 자식에 대한 부모의 다스림, 미천한 자들에 대한 고귀한 자의 다스림, 젊은이에 대한 원로의 다스림, 노예에 대한 주인의 다스림, 약한 쪽에 대한 강한 자의 다스림, 무지한 자에 대한 지혜로운 자의 다스림, 그리고 추첨에서 당첨되지 못한 자에 대한 당첨된 자의 다스림 등이다.

이들 중에서 다스리는 자에게 가장 큰 자격이 주어지는 것은 여섯 번째인 무지한 자에 대한 지혜로운 자의 다스림이며, 법의 지배가 지혜로운 자의 다스림 가운데 대표 사례에 속한다. 단 그 전제 조건은 다스림을 받는 사람들이 법의 지배에 강제적이 아니라 자발적으로 동의해야 한다는 점이다.

자발적인 동의가 왜 중요할까? 오늘날과 마찬가지로 당시에도 법률의 제정 과정에서 갈등이 자주 일어났다. 두 가지 경우가 흔하였는데, 하나는 강자들이 무리하게 자신의 이익을 취하는 법률을 제정하는 것이고, 다른 하나는 민주정에서 스스로 약자라고 간주하는 다수 시민들이 자신의 이익을 위해 법률 제정에 관여해 다수가 원하는 방향으로 법률을 만들어서 소수의 재산을 빼앗거나 소수를 박해하는 일이다. 이런 경우들은 모두 자연스런 법의 지배에 어긋난다.

첫 번째 사례는 장기 집권이 이뤄진 독재국가의 경우이다. 이집트나 리비아 등과 같은 장기 집권 국가들에서는 장기 집권을 위해 만들어진 법률들은 하나같이 국민들의 이익을 위한다고 하지만 실상은 지배자인 강자의 이익을 위한 법률들이었다.

이런 법률들은 형식 요건은 합법적인 절차를 따랐지만 지배받는 자들의 자발성에 근거를 두고 있지 않기 때문에 자연스런 법의 지배라 할 수 없다. 때문에 국민의 저항권이 정당화되었고 마침내 독재자들은 비참한 최후를 맞이하였다.

두 번째 사례는 민주정을 채택하고 있는 나라에서 포퓰리즘이 기승을 부릴 때 발생하는 것들이다. 아테네에서는 민중 선동가들의 활동은 생각이 깊은 사람들에겐 골칫거리였다. 아리스토텔레스의 『정치학』에는 "민중 선동가들은 때로는 부자들을 공격하도록 대중을 공공연하게 부추긴다. 그런 일을 비일비재하다"라고 말할 뿐만 아니라 "민중 선동가들은 부자들에게 적대감을 드러냄으로써 먼저 민중을 신임을 받았다"라고 이야기하기도 한다. 1인 1표 하에서는 다수가 소수를 박해하기로 결정한다면 충분히 가능한 일이다. 이런 의도에서 만들어진 법 또한 자연스런 법의 지배에 어긋난다.

두 가지 사례 모두 자발적인 동의로 만들어진 법이 아니라 강제에 의한 법이 다스리는 경우다. 우리는 자발성에 바탕을 둔 법이야말로 다스림에 최고의 권위를 갖고 있음을 잊지 말아야 한다.

위대한 입법자는
중용을 지킨다

아테네인: 그러니까 그 당시 왕들이 법률로 규정된 것보다 더 많이 가지려고 했던(to pleonektein) 병에 먼저 걸렸던 것과 그들이 그들의 말과 맹세한 것에 있어 자신과 합치하지 못한 것이 명백하지 않습니까? 우리가 이야기했듯이 불협화음(불일치)은 가장 큰 무지인데도, 지혜로 여겨져서 모든 것을 음의 잘못 짚음과 찢는 듯한 비음악성(무교양)으로 망쳐놓았습니다. (……) 만약 누군가 알맞은 정도[適度, to metrion]를 무시하고 작은 배에 지나치게 거대한 돛을 달거나 작은 사람이 지나치게 많은 음식을 먹거나 역량이 되지 않는 혼들에게 지나친 권력을 부여하면, 그 결과는 언제나 참담하고 파멸로 치닫게 될 것입니다. 히브리스(hybris)에 빠져듦으로써 일부는 질

병으로 퍼지고 올바르지 못한 상태(불의)로 치닫는 등 신체와 혼은 자만심에 빠지게 되는 것이죠. [제3권 691a:3~9, 691c:1~6] pp.94~95

입법자는 어떤 사람이어야 하는가? 어떻게 행동해야 하는가? 먼저 무리하지 않아야 하며 중용을 지킬 수 있어야 한다. 탐욕을 절제할 수 있어야 한다. 플라톤은 헤시오도스의 「노동과 나날」 41행에 등장하는 구절, 즉 "그들은 반이 전부보다는 얼마나 더 많은 줄도 모르고 있다"라는 말로 가진 것에 만족하지 못하고 자기 몫보다 더 많은 것을 가지려는 탐욕이 입법자뿐만 아니라 통치자들을 망치게 한다는 점을 강조하고 있다.

대부분 인간들은 자기 몫 이상을 가지려는 탐심을 갖고 있다. 이를 억제할 수 있어야 하는데, 쉽지 않다. 이런 경우를 두고 플라톤은 '히브리스에 빠져든다'는 표현을 사용한다. '히브리스(hybris)'는 '자신에 대해서만이 아니라 남에 대해서도 도를 넘어 난폭하거나 지나친 상태에 놓이는 것'을 뜻한다.

자기 자신과 관련된 히브리스는 폭음·폭식 등과 같은 무절제한 행위를 말하며, 타인과 관련된 히브리스는 오만·무례함·방자함인데, 이는 자신이 타인보다 더 우월한 존재임을 과시하고 싶은 욕심에서 나오는 행동이다. 입법자나 통치자가 히브리스 상태에 놓이게 되면 시민과 나라에 큰 피해를 끼치게 되는 것은 당연하다.

우리 안에 있는 욕망이 우리를 비이성적인 쾌락으로 이끌고 이것의

콘라트 아데나워 오늘날 선진 독일의 초석을 쌓은 위대한 지도자로 평가받는 아데나워는 특히 장기 집권으로 말로가 좋지 않았던 정치가들의 실수를 반복하지 않았다.

지배를 받게 될 때는 히브리스에 놓이게 된다. 이를 피하려면 어떤 사람의 판단이나 행동이 이성(logos)에 의해 최선의 것으로 인도되고 억제되어야 한다. 결국 이성과 욕망의 대결에서 이성이 승리해야 하는 것이다.

때문에 플라톤은 입법자들에게 알맞은 정도〔적도, 適度〕를 알고서 그에 대비하는 것이 입법자들의 할 일이라고 말한다. 이성의 힘으로 욕망의 힘을 억제할 수 있는 능력을 갖춘 사람이 입법자나 통치자가 되어야 한다는 점에서 위대한 입법자는 『국가』에서의 '철인왕'에 가까운 인물로 해석할 수 있다.

그들은 자기 자신의 욕망도 절제해야 하지만 국가의 입법을 하는 데 있어서도 특정 집단의 이익을 대변해서도 안 된다. 이를테면 '중용'의 길을 걸어야 하는 것이다. 하지만 중용은 실천하기 어려운 덕목 가운데 하나이다. 독일의 초대 수상 콘라트 아데나워(1876년~1967년)는 중용을 잘 지킨 현대의 지도자 가운데 한 사람이다.

그는 초대 독일 수상 선거에서 자기 투표지에 자기 이름을 써 넣어 상대 후보를 한 표차로 누르고 극적으로 당선되었다. 이 때문에 그는 정치적 목적으로 수단을 가리지 않는 인물로 비판도 받지만, 그의 업적을 보면 그는 개인의 영달보다는 진정으로 국민들을 위한 정치를 했다는 것을 알 수 있다.

그가 쾰른 시장에 재직하고 있을 당시 히틀러가 집권을 위해 쾰른을 방문할 예정이었다. 히틀러가 시민들의 환대를 요구하자 아데나워는 무리한 요구라며 거부했다. 이 사건으로 그는 나치 정권 때 12년간 추방을 당해야 했고, 히틀러 암살 사건에 연루되어 게슈타포에 체포되어 투옥되기도 했다.

독일인들은 아데나워를 가리켜 '독일 연방 공화국 건국의 국부'라고 한다. 73세에 수상으로 취임해 14년간 재직하면서 전후 서독의 경제 발전 기반을 다져 '라인 강의 기적'을 이루기도 하였다. 14년이란 시간은 패전한 독일 국민들에게는 너무나 소중한 시간이었다. 그는 공과 사를 구분하지 못하거나 부패에 빠지는 등 장기 집권하는 정치가들이 흔히 범하기 쉬운 실수를 하지 않았다. 오로지 패전한 조국의 재건과 국민들에게 더 나은 삶을 제공해야 한다는 공적 임무에 헌신했다. 그는 욕심을 제대로 잘 다스린 인물이었으며, 결코 '히브리스'에 빠지지 않았던 인물이었다.

이와 달리 권력에 대한 욕망을 제어하지 못하여 수많은 대중과 국가에 막대한 피해를 입힌 채 역사의 오점이 된 이들도 있다.

무바라크 대통령을 반대하는 시민들 이집트를 30년간 통치하며 '현대판 파라오'로 불렸으나 2011년 들불같이 퍼진 민중들의 저항 속에 권좌에서 물러나고 만다.

　30년 동안 집권하다가 시민혁명으로 권좌에서 물러나게 된 호스니 무바라크 전 이집트 대통령의 실각에는 친인척을 중심으로 하는 부정부패와 청년 실업, 고물가 등과 같은 경제난이 한몫을 차지하였다. 그러나 이들 못지않게 중요한 요인은 자신의 권력을 아들들에게 승계하려고 했던 점이다.

　이는 무바라크 이후에는 더 나은 나라가 되리라는 국민들의 희망에 찬물을 끼얹어버렸고, 이것이 민중의 분노를 촉발했다. 무바라크는 '히브리스에 빠져버렸다'는 표현을 사용해도 무리가 아니다. 어떤 형태의 권력이든 욕망에 적절한 브레이크를 걸기가 쉽지 않고, 이것이 몰락의 빌미를 제공하게 되는 경우가 많다.

　그렇다면 어떤 조건을 갖춘 사람들이 입법자로서 역할을 잘할 수 있을까? 여기서 입법자는 나라의 일을 맡은 정치가나 공직자들을 모두 포함하는 것이다. 이때 먼저 개인의 이익을 최우선시하는 사업가가 공익을 중시하는 입법자의 자리에 과연 적합할까 하는 질문을 제기해 볼 수 있다.

최근에는 비즈니스에서 성공한 리더들이 정계에 진출하는 사례가 늘고 있다. "저 사람은 사업에서 성공했으니까 공직을 맡겨도 잘 해낼 수 있을 거야"라고 생각하기 쉽다. 하지만 플라톤은 사업에서 성과를 거둔 사람이라고 해서 반드시 정치나 입법에 맞는 능력을 소유한 것은 아니라는 사실을 강조하고 있다. 차라리 셈이 능하지 못하고 민첩하지 못하더라도 '지각 있는 사람들'에게 관직이 주어지는 것이 적합하다고 말한다. 또한 '가장 큰 지혜'를 갖춘 자가 그런 자리에 앉을 수 있는데, 그 사람들은 '원칙 혹은 이성에 따라 사는 사람들'이라고 말한다.

아테네인: 비록 이들이 계산(추론)에 능한 사람들(logistikoi) 성향상 혼의 기민성과 관련된 모든 경우에 단련된 사람들일지라도 무지하다면 비난을 받아야 합니다. 반면에 이들과 반대쪽에 있는 사람들은 지혜롭다고 일컬어져야 하며 이들에게 관직이 주어져야 합니다. 말마따나, 이들이 글을 읽지 못하고 수영을 할 줄도 모른다 해도, 이들은 지각 있는 사람들이기 때문입니다. 여러분, 화합 없이 어떻게 최소한의 사려분별(지혜)을 지닐 수 있겠습니까? 그것은 불가능합니다. 하지만 가장 아름답고 큰 화합은 '가장 큰 지혜(megistē sophia)'라는 것이 지당하니, 이 지혜를 지닌 사람은 이성에 따라(kata logon) 사는 사람이지만, 이 지혜가 부족한 사람은 낭비벽에 빠진 사람이자 가정을 망치는 사람이며, 그의 무지로 인해, 나라의 구원자는커녕, 그 반대임이 드러날 것입니다. [제3권 689c:7~689e:1] p.92

플라톤의 주장을 지나치게 비약하고 싶은 생각은 없지만, 내가 이 문장을 만났을 때 떠오른 생각은 나랏일 맡은 사람들이 사업 세계에서 잔뼈가 굵은 사람과 뚜렷이 다른 점은 어떤 사물이나 현상을 바라보는 자신만의 관점이나 생각이 분명히 서 있어야 한다는 점이다. 물론 현실 정치나 입법에서 자신의 관점이나 생각에 맞지 않는 의사 결정을 해야 할 때도 있다. 그럼에도 자신만의 잣대를 갖고 있는 사람과 그렇지 않은 사람 사이에는 큰 차이가 있다.

사업가에게는 융통성이 큰 비중을 차지해야 하겠지만, 정치가나 입법자에겐 뚜렷한 원칙이 우선되어야 하고 융통성은 보조적인 특성이어야 한다. 무엇보다 중요한 것이 바로 주관, 원칙에 대한 올바른 사려분별일 것이다. 여기서의 주관이나 원칙은 감각이나 인기에 바탕을 둔 것이 아니라 이성이나 지성의 토대 위에 서 있어야 함은 물론이다.

물론 사업가에게도 입법자에게도 모두 사려분별이 필요하다. 하지만 그 성격은 다소 다른 듯하다. 사업가에게 있어서는 이익 즉 돈이란 가치, 돈을 벌기 위한 실용적인 지혜가 더 중요할 것이다. 그러나 입법자에게는 모든 이해관계를 넘어서는 변치 않는 원칙, 가치에 대한 사려분별이 더 요구된다.

사업에서 발군의 수완을 발휘했지만 정치가로서, 통치자로서의 면모는 그에 미치지 못했던 대표적인 인물이 태국의 탁신 전 총리다. 그는 태국 최초로 인공위성을 쏘아올리며 억만장자에 올랐던 인물이며, 시나와트라 그룹을 창업해 태국의 통신 시장을 석권했던 인물이다. 세계적인 축구 구단 맨체스터유나이티드의 구단주이기도 했다.

그는 여러 정치적 파고를 이겨내고 성공한 사업가로서의 이미지를 십분 발휘해 총리로 선출되었지만 스스로의 탐욕을 이기지 못하고 부정선거와 부정부패 등으로 인해 실각하고 만다.

　사업가들이 지나치게 원칙을 고집하는 것은 오히려 바람직하지 않을 수 있다. 물론 정직과 신뢰와 같은 원칙을 지켜야겠지만, 시시각각 변하는 상황에 따라 유연하게 적응해 가는 것도 중요하다. 하지만 입법자나 정치가는 스스로 올바름에 대해 확고한 원칙이 있어야 법률이나 제도를 만들고 집행함에 있어 이해 당사자들을 설득할 수 있다. 이런 원칙이 없다면 정책이나 제도는 축구공처럼 왔다 갔다 할 것이고 구성원들의 불만은 높아질 것이다.

　사업가는 당장의 이익과 생존에 자신의 시간을 할애하기 때문에 공적인 문제에 대해 고민하지 않는다. 그렇게 오랜 세월을 사업 세계에서 활동하다 보면 자연히 매사를 자기 중심으로 바라보는 데 익숙해진다. 그러나 공적인 임무는 사물이나 현상을 두루 넓게 봐야 하고 개인의 이익이 아닌 공공의 이익을 먼저 고려해야 한다. 물론 성공한 사업가들 가운데 짧은 시간에 자기 중심으로 바라보던 시각을 전체를 보는 시각으로 변화시키는 데 성공한 사람들도 있지만, 다수는 그런 전환에 어려움을 겪게 된다. 그래서 사람마다 자신이 자리 잡고 있어야 할 자리가 다른 것이다.

　어쨌든 입법자나 정치가는 사업가와는 다른 면모를 필요로 한다. 내가 생각하는 입법자(리더)의 첫 번째 조건은 자기 미션에 대한 확고한 헌신이다. 자기의 업에 대한 헌신하는 마음, 즉 소명 의식이 필수적이다. 두 번째는 주관이 분명히 서 있어야 한다. 옳고 그름을 판별할 수 있는 지혜이다. 기본적으로 국가 이익에 대한 헌신이 우선되어야 하고 그러기 위해서는 공명정대를 원칙으로 삼아야 한다. 빠른 셈법보다는 올바른 세상을 향한 원칙을 지켜낼 수 있는 우직함이 필요하다. 그만큼 입법자라면 이에 대한 충분한 지적 훈련이 뒤따라야 한다. 사업가들이 스스로 정치가나 입법자로 변신할 때, 혹은 구성원들이 정치가나 입법자를 선택할 때 반드시 참고해야 할 점이다.

올바른 법은
지성에 의해 만들어져야 한다

아테네인: 우리는 공적인 영역과 사적인 영역, 그리고 가정과 나라를 경영할 때 항상 이성의 불사성(不死性, athanasia)을 믿고 이에 복종해야 하며, 지성(nous)의 배분(dianomē)을 '법(nomos)'이라는 이름으로 존귀하게 여겨야 할 것입니다. 그러나 만약 마음에 쾌락과 탐욕이 가득하여 절대 채워지지 않는 악한 욕망에 시달리는 혼을 가진 한 인간이나 과두체제 또는 민주체제가 나라나 개인을 다스린다면, 우리가 방금 말했듯, 재앙에서 벗어날 길이 없습니다. 〔제4권 713d:6~714a:7〕 pp.125~126

법이란 무엇을 지향하고 무엇을 담아내야 하는가. 이러한 질문에 우리는 올바름, 공정함, 자유 등의 단어를 떠올릴 것이다. 제4권에서 플라톤은 입법자가 목표로 삼아야 하는 것, 그리고 법이 갖추어야 할 조건을 이야기한다.

    『법률』의 제3권에서는 국가 체제의 기원에서 시작해서 1인 통치의 페르시아와 민주정체의 아테네, 그리고 혼성 체제인 스파르타를 다루고 있다. 페르시아 체제는 민중을 '전적인 굴종 상태(전적인 노예 상태: pasa douleia)'로 내모는 데 반해서 민주정체는 민중을 '전적인 자유 상태(pasa eleutheria)'로 몰아간다. 플라톤은 이미 『국가』에서 민주제는 구성원들의 과잉 자유로 말미암아 방종을 불러올 수 있음을 경고했다.

    이런 부작용을 방지하기 위해 입법자가 나서야 하는데, 입법자는 자유, 우애, 그리고 지성이란 세 가지 목표를 염두에 두고 법률을 만들어야 한다고 주장한다.

> 입법자는 세 가지를 목표로 삼아야 하는데, 즉 법을 제정하는 나라가 자유로우며 우애롭고 지성을 갖추게 되도록 입법을 해야 한다고 말했습니다. [제3권 701d:5~7] p.109

    이에 대해 플라톤은 '자유와 우애 그리고 지성의 공유(koinōnia)를 통해서'라는 표현을 사용하고 있다. 자유의 공유는 시민들이 의무와 더불어 방임으로 흐르지 않는 범위 내에서 가능하다. 표현과 선택의 자유를 보장하면서도 타인의 자유를 침해하지 않도록 해야 한다. 우애의 공유는 지역·계층·재산·지위 등에 근거해서 모든 시민들이 법 앞에 평등하게 대우함으로써 가능하다. 이는 갈등이나 분열을 없앤 상태 곧 화합을 말한다. 싸우지 않고 서로서로 이해하고 친밀감을 갖고 살아가는 것이다.

그렇다면 지성의 공유는 어떻게 해야 하는 것일까? 플라톤은 법률 속에 최대한의 지성을 반영하도록 함으로써 소수의 뛰어난 지성을 다수의 시민들과 공유할 수 있다고 보았다. 여기서 소수의 뛰어난 지성은 소문이라든지 괴담과 같은 의견이나 추측에 흔들리지 않고 이성에 바탕을 둔 지식(앎)을 갖고 생각하고 판단하고 행동한다. 이 세 가지는 지금도 대단히 중요한 원칙이다. 참고로 『국가』에서 살펴본 대로 플라톤은 이성(logos)와 지성(nous)를 구분해서 이해했다.

이 세 가지 목표를 통해 법은 결국 정의(올바름)을 지향하게 된다. 즉 입법자는 정의로운 법을 만들어야 하는 것이다. 그렇다면 정의로운(올바른) 법은 어떤 것인가? 그리고 불의한(올바르지 못한) 법은 어떤 것인가? 플라톤은 이미 올바르지 못한 법에 대해 『법률』 제3권에서 다루고 있는데, 하나는 강자의 이익을 위한 법률이고 다른 하나는 지배하는 자의 이익을 위해 만들어진 법률이다. 이를 두고 플라톤은 '더 강한(강자)의 편익(이득)'이라는 표현을 사용한다.

오늘날에도 지배자들이 선거에 승리하기 위한, 혹은 특정 이익집단의 이익을 보호해 주기 위한 수단이나 도구로 법을 제정하는 일들이 빈번하게 이루어지고 있는 실정이다. 마찬가지로 다수가 소수의 이익을 빼앗기 위한 법률도 얼마든지 가능하다. 이를 '다수에 의한 박해'라고 부를 수 있을 것이다. 이 두 가지는 모두 '법의 지배(The Rule of

Law)'와 분리해서 '입법의 지배(The Rule of Legislation)'라는 용어로 표현하기도 한다. 전자는 모든 사람들을 공정하게 대하는 올바른 법의 지배를, 후자는 특정 집단을 편애하거나 이득을 가져다 주는 입법의 지배를 말한다. 그러니까 후자는 법이 갖는 본래 목표인 자유, 우애, 그리고 지성을 반영치 않고 누군가의 이익을 위한 법률이라 할 수 있다.

그래서 하이에크 교수는 누구에게나 공평하게 적용되는 법(law, nomos)과 조직의 규칙 및 규범(legislation, thesis)을 구분하였다. 그가 우려한 것은 점점 입법부가 제정하는 입법(legislation)들이 누군가에게 이익을 나누어주는 조직을 위한 규칙(thesis)으로 변질되어 간다는 점이다. 그의 걱정대로 오늘날 대부분 현대의 국가들은 '입법의 지배'로 곤경에 처해 있다. 본래 '법의 지배'는 입법의 범위에 대한 제한을 뜻하며, 입법부에서 제정되는 thesis는 nomos에 의해 제한되어야 한다.

그렇다면 정의로운 법은 어떤 것일까? '지성의 배분을 법으로'라는 표현에 플라톤이 이상적으로 생각하는 법치에 대한 견해가 압축되어 있다. 플라톤은 지혜로운 통치자나 입법자는 지성의 도움을 받아서 가장 올바른 것으로 판단된 것들을 그 나라의 사람들에게 배분해 주는 역할을 맡은 사람이라고 생각했다.

다시 말하면 입법자들이 만드는 법 조문 하나하나에는 가장 올바른 것 혹은 가장 정의로운 것에 대한 판단이 이뤄져야 하는데, 이를 가능하게 하는 기준이 바로 지성이다. 이처럼 지성에 의한 판단을 기초로 해서 올바른 것을 기술적으로 배분해 놓은 것이 올바른 법이다.

결과적으로 입법자 자신이 지성을 지닐 때만이 정의로운 법의 제정이 가능하다. 정의로운 법의 제정을 가능하게 하는 입법자에 대해 플라

아르테미시온의 제우스(혹은 포세이돈) 제우스 이후 신의 지배가 끝나고 비로소 인간들 스스로 자신의 역사를 만들어가는 시대가 열림, 아테네, 국립박물관.

톤은 '진리를 고수하는 입법자'라는 표현을 사용한다. 그는 지성을 지닌 자이자 신의 지혜를 아는 자이다. 때문에 그의 입법은 신의 뜻에 따라 이루어진다. 플라톤은 자신이 살았던 시대를 신들의 보호를 받았던 시대가 끝나고 인간들이 스스로의 문제를 해결해야 하는 시대로 이해했다. 때문에 신의 지혜를 최대한 반영한 최선의 법률에 따라 통치되는 나라를 이상 국가로 상정했다.

 여기서 정의로운 법에 대한 수요가 등장하는 배경을 잠시 소개한다. 그리스 신화에 제우스를 비롯한 올림포스 산의 정상을 보금자리로 하는 신들의 조상들이 있다. 이들은 흔히 티탄족으로 불리는데, 1대 주신이 우라노스이고, 그 아들이자 2대 주신이 크로노스이고, 그 아들이자 3대 주신이 제우스이다. 2대 주신이 지배하던 크로노스의 시대에는 신들의 보호를 받고 신들이 모든 것을 다 관장하던 시절이었기 때문에 법률이 필요하지 않았다. 제우스 시대에 들어섰을 때 비로소 신의 지배가 끝나고 인간들 스스로 자신의 역사를 만들어가는 시대를 맞이하게 되었다.

따라서 정의로운 입법자들은 신들의 뜻을 반영한 정의로운 법률의 봉사자일 뿐만 아니라 정의로운 법률의 복종을 받는 자들이기도 했다. 여기서 정의로운 법률은 신성한 것이므로 법률에 대한 복종은 신들에 대한 복종으로 간주되었다. 그래서 법(nomos)을 '제우스의 뜻(The Will of Zeus)'라고 부르기도 한다.

아무튼 입법자들은 스스로 지성을 갖춘 자가 되어야 한다. 그리고 그들이 지성을 갖추고 '지성의 배분을 법으로' 실행에 옮길 수 있도록 유권자들이 도움을 줘야 한다. 하지만 도시국가와 비교할 수 없는 어마어마한 인구와 국가 규모를 지닌 현대 민주주의 정치 체제에서 이런 이상이 실현되기란 쉽지 않다.

그럼에도 우리는 플라톤을 통해서 진정한 법은 무엇인가를 이해할 수 있어야 하며, 그곳에 도달하는 일이 여의치 않더라도 이상적인 상태를 염두에 두고 이를 향해 나아가는 노력을 게을리해선 안 된다. 그리고 올바른 법과 올바르지 않은 법을 구분하는 기준을 분명히 알고 이것으로 법을 판단할 수 있어야 한다.

플라톤의 저서들에 등장하는 주장들 가운데 일부가 지나치게 이상적이라는 비판이 있다. 그럼에도 플라톤의 이상론은 두 가지 장점을 갖고 있다. 하나는 우리가 가진 문제점이 무엇인지 확인할 수 있는 기회를 제공한다는 점이고, 다른 하나는 현재는 부족하지만 우리가 지향해야 하는 이상적인 목적지를 제시한다는 점이다.

올바른 법이 지성에 의해 만들어져야 하고, 입법자는 지성을 갖춘 자여야 한다는 플라톤의 글을 읽으니 여야 의원이 멱살을 잡고 싸우는 우리나라 국회의 모습이 떠오른다. 만일 법이 최고의 지성으로 이루어졌다면, 싸울 일이 없을 것이다. 한쪽의 이익을 위해 법을 만들었거나 무언가 올바른 판단력과 통찰이 결여되어 있기 때문에 싸우는 것이다. 입법자의 목표와 지향점을 무시한 처사가 아닐 수 없다.

여의도 정치판을 떠나는 홍정욱 의원이 한 인터뷰에서 우리 입법자의 현주소를 읽을 수 있다. 그는 "다른 건 다 견딜 수 있는데, 몸싸움은 정말 끔찍했다"면서 "한국 정치는 정치라고 할 수도 없다"고 말한다. 지금 우리의 현실이 이 정도의 수준에 머물고 있음을 생각하니 대한민국 입법자들 모두 플라톤의 『법률』을 일독하였으면 하는 바람이 간절하다.

입법자들은 무엇보다 공명정대함을 추구해야 한다

아테네인: 지배권과 관련된 관직을 둘러싸고 다툼이 일었을 경우, 승자들은 이렇듯 나라의 일들을 독차지함으로써, 패자들에게는 당사자는 물론 그 자손들에게도, 그 어떤 관직도 나누어 주지 않고 서로 감시하면서 삽니다. 혹시라도 누군가가 관직에 올라, 과거에 있었던 나쁜 일들을 기억하고서 반란을 일으키는 일이 없도록 하기 위해서입니다. 이런 것들을 이제 우리는 나라 체제(정체)도 아니라고, 또한 나라 전체의 공동을 위해 제정되지 않은 것들은 바른 법률도 아니라고 말할 게 분명합니다. 법률이 일부 사람들을 위한다면, 이들을 우리는 도당(徒黨)이라 부르지 시민들이라 말하지 않으며, 이들이 올바른(정의로운) 것들이라 말하는 것들도 공연히 말하는 것들입니다.

제가 오늘날 통치자들을 두고 '법률의 봉사자'로 일컫는 것은 새로운 명칭을 사용하고 싶어서가 아니라, 한 나라의 구원이냐 그 반대냐를 나누는 것에 그 무엇보다 큰 영향을 받기 때문이라고 믿기 때문입니다. 저는 법이 다른 권력에 휘둘리고 권위를 잃으면 나라가 곧 멸망한다고 봅니다. 하지만 법이 통치자의 주인이고 통치자들이 법의 종인 나라에서는 신들이 내리는 축복을 받게 될 것입니다. [제4권 714a:8~18, 715c:7~13] p.126, 128

저울과 칼을 든 정의의 여신 '디케(Dike).'

그녀는 제우스와 율법의 여신 테미스의 소생으로, 사람들의 행위에 대한 옳고 그름을 판별할 뿐만 아니라 사람들이 저지르는 불의를 처벌하는 여신이다. 정의의 여신상은 주로 왼손에는 '평등의 저울'을, 오른손에는 이성과 정의의 힘을 상징하는 '칼'을 들고 있다. 정의의 법을 침해하는 사람에게 단호한 징벌을 가할 것임을 예고하고 있기 때문에 누구든지 올바른 법을 지키지 않을 경우에는 보복을 각오해야 한다

만약 이러한 정의의 여신이 똑같은 잘못을 했을 때, 어느 한쪽의 손만을 들어주거나 한쪽만을 벌한다면 사람들은 그가 내리는 처벌을 더 이상 두려워하지 않게 되고 불만을 표출할 것이다.

이처럼 입법자들은 무엇보다 공명정대함을 추구해야 한다. 어느 쪽의 이익에도 치우치지 않는, '공동의 선'을 추구할 수 있어야 한다. 플라톤은 '나라 전체의 공동의 것(to koinon)을 위해 제정된 법률'만이 '바른 법률(orthoi nomoi)'이라고 한다. 이런 법이야말로 아름답고, 이

를 지킬 때 더욱 빛이 나게 된다.

앞에서는 법이 담고 있어야 할 지향점에 대한 내용을 다루었다면 이제는 그 실천법으로 파고든다. 정의로운 법의 제정이나 집행을 위해 입법자나 통치자는 어떻게 행동해야 하는가?

플라톤은 법률이 나라 전체를 위함이 아니라 일부 사람들을 위해 만들어지는 경우를 두고 '(그들은) 시민이 아니라 도당(徒黨)이다'라고 표현했다. 이것이 법으로 규정된다는 것은 그만큼 당대의 현실에서 이러한 폐단이 적지 않았다는 증거일 것이다.

안타깝게도 21세기의 현실도 플라톤이 비판했던 상황으로 돌아가고 있다. 대표적인 것이 선거 후의 공직 인사이다. 큰 선거전이 끝나면 공직의 배분은 선거전에서의 논공행상으로 이뤄진다. 공개적인 매관매직은 없어졌지만 선거에 기여한 사람들을 위한 자리 만들어주기는 오늘날도 일상적인 일이다. 선거라는 전투의 승리에 공헌한 사람들에게 괜찮은 자리를 나눠주고, 이들끼리 돌아가면서 자리를 나눠 갖는 것을 '회전문 인사'라고 부르는데, 이것이 관행으로 자리 잡은 지 이미 오래되었다. 결국 정치라는 것이 혹은 입법이라는 것이 시민을 위한 것이 아니라 도당을 위한 '이익 쟁취 게임'으로 운영되고 있는 실정이다.

이익 중심의 인사 처리는 특정 집단을 비호하는 수단으로 변질됨으로써 공평무사의 원칙을 저버리기 쉽다. 회전문 인사가 되면 결국 특정 그룹들을 편애하게 되고, 그 그룹에 속하지 않는 사람들은 일종의 부정의에 대한 분노를 일으키게 된다. 그럼 사회 전체적인 불협화음, 우애라는 부분을 침범하는 일이 자주 발생한다.

때문에 플라톤은 법률을 제정하거나 관직을 맡게 되는 공직자들은 부유하거나 좋은 가문 출신이거나 뛰어난 능력을 가졌다거나 하는 요

정의의 여신 독일 프랑크푸르트 뢰머 광장에 서 있는 정의의 여신. 디케, 아스트라이아(Astraea), 유스티치아(Justitia) 모두 정의의 여신을 뜻한다.

소보다는 제정된 법률에 얼마나 충직하게 복종하는가를 따져야 한다고 말한다. 또한 입법자와 통치자는 어느 한쪽의 이익을 특별하게 고려하지 않은 공평무사 원칙을 지켜야 한다. 왜냐하면 나라 전체의 공동 이익을 위해 제정된 법률이 아니라면 올바른 법률이라 할 수 없기 때문이다.

우리 사회는 사실 법질서를 지키는 의식이 상당히 희박한 편이다. 입법자들은 물론 공직자들 자신부터 법을 경시하는 풍조가 만연하다. '공평무사'의 원칙이 지켜지지 않은 경우도 있다. 고위 공직자들을 위한 인사 청문회 내용이 신문 지상에 오르내리는 것을 보노라면, 참으로 답답한 경우가 많다.

같은 비리 사건이라도 그 대상에 따라 법이 달리 적용되는 경우도 있다. 가령 금력을 가진 사람이나 권력을 쥔 사람이 비리를 저질러 잡혀

들어가면 얼마 안 가 이내 특사로 풀려나곤 한다. 사회에 엄청난 파장을 미친 경제사범인데도 솜방망이 처벌에 그치는 경우가 허다하다. 오죽하면 '대마불사(大馬不死)'라는 말이 나왔을까.

어떤 모임에서의 일이다. 법 집행과 관계된 분들이 함께 있었는데, 한 중소기업의 CEO가 당시 불법 행위로 수사선상에 올라 있던 모 대기업 회장을 옹호하고 있었다. 말인 즉, 그는 사회에 지대한 공헌을 했기 때문에 법 집행에 유연성이 필요하다는 것이었다. 직설적으로 말하자면 불법을 저질렀더라도 나라 경제를 생각해서 좀 봐주어야 한다는 것이었다. 나 역시 오랫동안 기업을 연구해 온 사람이었지만 그 말에 어이가 없었다.

법의 공명정대함에 대한 원칙이 흔들리게 되면 법의 존립도 힘들어질 것이다. 대중의 분노를 불러일으키고, 누구라도 법을 지키는 데 대해 거부 반응을 일으킬 수밖에 없다.

만약 통치자와 입법자들이 정의로운 법을 제정하고 운영함으로써 '신들에 대한 봉사를 행하는 자'들이자 '법률에 대한 봉사자들'이란 의무를 지키지 못하면 어떤 일들이 일어날까? 법의 권위는 흔들리게 되고 법이 주인이 아니라 종의 위치에 놓이게 될 것이다. 통치자나 입법자가 자신의 편의와 이익에 맞춰서 법을 종으로 삼는 곳에서는 결코 시민들이 행복해질 수 없다.

물론 법만 공평무사해서는 안 될 것이다. 입법자는 물론 각 구성원 모두가 이러한 법을 지켜야 하고, 그렇지 못할 경우엔 처벌을 받는다는 두려움을 가지고 있어야 한다. 이에 플라톤은 시민들에게 정의의 법을 준수할 것을 이렇게 당부한다.

아테네인: "여러분! 옛말에 따르면, 신은 모든 것의 시작과 끝 그리고 중간을 쥐고 있어 자연의 법칙에 따라 순환하면서 그 여정을 완결합니다. 그런데 신성한 법을 버리는 자들에게 보복을 하는 정의의 여신(Dike)이 항상 신의 곁에 있습니다. 앞으로 행복하게 살 사람은 겸손하고 예의바르게 이 여신을 따르지만, 젊고 어리석음으로 인해 또는 외적 아름다움이나 자신이 가진 부와 명예 등으로 우쭐대며 자만심으로 가득 찬 사람들은 혼이 오만으로 이글거려 신으로부터 버림받게 되어있습니다. (……) 오래 지나지 않아서 그는 정의의 여신에게 보복을 당하여 가정과 나라를 완전히 몰락시킵니다. 〔제4권 715e:7~716a:9, 716b:5~7〕 pp.128~129

한 나라의 제도나 법률은 누가 보더라도 전체의 이익을 위해 합당하게 운용되어야 한다. 그리고 각 개인은 자신의 위치에서는 물론 높은 자리에 오를수록 공명정대하고 엄격한 잣대로 자신의 행위에 오해가 생기지 않도록 해야 한다.

인간이 지닌 것 중
가장 중요한 것은 혼(魂)이다

아테네인: 자신의 모든 소유물 중 가장 신성한 것은 혼(psychē)이니, 이는 자신과 가장 밀접한 소유물입니다. 모든 이에게는 사람의 전체를 구성하는 두 가지 요소가 있습니다. 더 강하고 우수한 쪽이 주인 노릇을 하는 데 반해, 더 약하고 열등한 쪽은 종노릇을 하는데, 우리는 자신의 것들 중에서도 종노릇을 하는 것보다 주인 노릇을 하는 것을 더 귀히 여겨야만 합니다. 이처럼 우리의 주인인 신들과 이들을 따르는 것들 다음으로, 자신의 혼을 존귀하게 여겨야 한다고 말씀드린 제 권고는 옳다고 생각합니다. [제5권 726a:2~727a:2]
pp.143~144

'자신의 모든 소유물 가운데서도 가장 신성한 것은 혼이다'라는 문장을 만난 순간 오래전에 들었던 인생 조언이 생각났다. 나이가 꽤 드신 그분은 막 직장 생활을 시작하는 아들과 친구들에게 "훗날 직장 생활을 하다가 영혼을 팔아야 할 지경에 처하게 된다면, 그때는 다른 곳으로 옮겨야 할 때다"라는 말을 해주었다. 양심을 거스른 채 부정을 저질러야 할 때가 되면 그만두어야 한다는 점에서 그분 말씀 속의 영혼이 이 글에서의 혼(魂)과 비슷한 의미를 지니고 있다고 생각했다.

『법률』 제5권의 시작 부분에서는 인간의 소유물 가운데 가장 귀한 것인 혼(psychē)에 대해 다룬다. 법률에 대한 이야기를 펼치다가 제5권에 들어서 혼에 대해 이야기를 갑자기 하는 이유는 무엇일까?

플라톤은 제5권의 중간에 조금 못 미치는 부분부터 책의 방향을 크게 바꾼다. 법률의 전문(前文)에 대한 이야기를 끝내고 본격적인 법률 조항에 대한 이야기를 시작한다. 따라서 법률의 전문을 끝맺는 의미에서 혼에 대한 이야기를 길게 풀어놓는데, 새로운 시작을 위한 중간 결론 정도로 받아들일 수 있다. 내가 보기엔 이 즈음에서 혼을 크게 다루는 이유는 다음과 같다.

우선 법률은 '지성의 배분'이어야 하며, 이를 위해 입법가는 자유·우애·지성이란 세 가지 목표를 염두에 두고 법률을 만들어야 한다. 이를 위해 입법가 스스로 육체를 혼에 복종시킬 수 있어야 하며 그렇지 않으면 제대로 입법가 역할을 할 수 없다. 또한 입법가 스스로 충직하게 법률을 지키기 위해서도 육체를 혼에 복종시켜야 한다. 뿐만 아니라 법률의 지배를 받는 사람들 역시 혼이 주인 노릇을 하도록 하고 육체가 종 노릇을 해야 법률을 제대로 지킬 수 있다. 이처럼 입법과 집행 그리고 준수 모두에 있어서 혼이 대단히 중요하다.

한편 플라톤이 '혼은 모두에게 있어서 정말이지 가장 귀중한 것'이라고 말하는 다른 이유가 있다. 그는 영혼 삼분설처럼 혼을 기능 면에서 이성·기개·욕망이란 세 부분으로 나누기도 하지만 또다른 한편으론 혼을 '불사하는 종류'와 '사멸하는 종류' 두 가지로 나누기도 하는데, 이때 우리 뇌에 자리를 잡고 있는 사멸하지 않는 혼이 이성(logos) 또는 지성(nous)이다. 따라서 '지성의 배분'인 법률은 혼을 떼어놓고 이야기할 수 없다.

혼은 다양한 의미를 지닐 수 있다. 문맥에 따라 정신, 영혼, 양심 등을 뜻한다. 나는 혼이란 단어에서 양심, 주관, 영혼 혹은 기백 등을 떠올린다. 그리고 물리적으로는 정신적인 에너지의 흐름을 말한다. 나는 '무슨 일을 하든지 열과 성과 혼을 담아서'라는 표현을 자주 사용하는데, 이것은 무슨 일을 하든 정성과 관심을 담아서라는 의미다. 대충이 아니라 정신적 에너지를 집중시킨 상태를 말한다.

그렇다면 플라톤에 있어서 이처럼 소중한 혼을 해치는 경우는 어떤 경우일까? 그는 혼을 해치지 않기 위한 방법을 일곱 가지나 소개하는데, 이는 오늘날의 우리들도 새겨둘 만하다.

첫째, 과실(過失)에 대한 원인을 내부에서 찾지 않고 남의 탓으로 돌리지 말아야 한다. 어떤 잘못이 발생하게 되었을 때 자신에게서 원인을 찾지 않고 남의 탓으로 돌리는 일은 자신의 혼을 존중하지 않고 해치는 일이다. 의타심을 가진 사람은 정신적인 강건함, 그러니까 기백을 잃어버린 사람을 말한다.

반대로 자립심이 강한 사람은 잘못이 발생하더라도 자신에게서 원인을 찾고 그것을 고쳐서 더 나은 결과를 얻기 위해 노력을 하는데, 이런 사람은 스스로 문제를 해결하고야 말겠다는 강한 정신력을 가졌다. 이런 경우, 혼은 문제를 해결하는 횟수가 늘어날수록 강해지게 된다.

이 대목에서 짐 콜린스가 말한 '창문과 거울'의 비유가 떠오른다. 기업의 리더가 성과를 올렸을 때는 창문 밖을 내다보면서 바깥을 두리번거리듯 다른 사람에게서 공(功)을 찾아야 되고, 위기가 닥쳤을 때는 거울을 보듯이 자기 안을 들여다보고 스스로 반성해야 된다는 이야기다.

둘째, 쾌락에 탐닉하지 말아야 한다. 입법자가 권하는 행위는 지성에 바탕을 두고 활동하는 일이며, 곧바로 이는 혼을 존중하는 일이다. 반대로 쾌락에 빠져 허우적거리는 일은 혼을 해치는 일이다. 양심에 반하는지 알면서 육체적 쾌락에 자신을 노출시킨다면, 이는 자신이 가진 고귀한 부분인 영혼을 천한 부분인 욕망에 굴복시킴으로써 스스로의 영혼을 타락시키는 일이 된다.

셋째, 고난이나 곤경에 놓일지라도 그것이 주는 어려움이나 고통, 그리고 슬픔에 굴복하지 말아야 한다. 세상 사람들이 역경이나 난관이라 부르는 일은 육체를 힘들게 할 수 있지만 다른 한편으로 인간의 영혼을 성장하게 만들기 때문에 혼을 돕는 일이다. 따라서 고통이나 난관에 굴복하지 않아야 한다.

극단적인 사례이긴 하지만 극심한 우울증을 경험하는 사람들은 지독한 공포와 자살 충동, 그리고 사고의 분열을 경험한다. 작가 윌리엄 스타이런은 인생의 노년에 찾아온 우울증 경험을 담담하게 그려낸 『보이는 어둠』이란 책을 펴냈다. 그는 누구라도 우울증의 광포한 폭풍우를 참고 견뎌낼 수만 있다면 마음의 평정과 기쁨을 즐길 수 있는 능력이 회복됨으로써 성공한 자들에게 돌아가는 충분한 보상을 누릴 수 있다고 말한다. 역경을 이겨내는 일은 육체적으로 힘든 일이지만 어떻게 다루는가에 따라서 확실히 혼에 자양분을 제공하는 기회로 삼을 수 있음은 분명하다. 그래서 나는 우리가 살아가면서 경험하는 치열한 경쟁 과정조차도 혼을 닦는 과정으로 이해한다.

넷째, 어떻게든 살아남는 것을 목적으로 비굴해지지 않도록 해야 한다. 이는 비굴함보다는 반듯한 죽음을 선택한 스승 소크라테스의 죽음을 염두에 둔 말이다.

다섯째, 아름다움이나 준수함에 빠져 육체를 지나치게 귀하게 여기지 말아야 한다. 물론 신체의 강건함과 아름다움을 유지하기 위해 노력하는 일은 귀한 일이지만, 과도한 나머지 혼보다 몸을 더 귀하게 여기지 않도록 해야 한다. 외모를 치장하는 데 온 신경을 쓰다가 머리가 점점 비어가는 상태를 걱정해야 한다. 젊을 때는 외모의 화려함이 혼의 빈약함을 가려주기도 하지만 나이가 들면 혼의 빈약함은 얼굴과 언행으로 여실히 드러나게 마련이다.

여섯째, 재물에 눈이 어두워져 부도덕한 일을 범하지 말라. 뇌물을 받는 일은 영혼을 어지럽히는 일이고 이는 곧바로 혼을 타락시키는 일이다. 플라톤은 "제 혼의 값지고도 아름다운 것을 작은 금을 받고서 팔아버리기 때문입니다"라고 말하고, "땅 위의 금이든 땅 밑의 금이든, 모든 금도 [사람으로서의] 훌륭함(덕)만한 값어치는 없으니까요"라는 조언을 더한다. 작은 금전으로 명예를 실추시키는 일은 혼을 타락시키는 일이다. 어떤 상황에서든 직책을 이용해서 작은 금전이라도 타인으로부터 받는 일은 용납될 수 없는 일이다. 대가성이든 아니든 세상에 공짜가 있을 수 없다는 것은 너무 명백한 사실이기 때문이다.

일곱째, 악행을 저지르지 말아야 한다. 악행을 저지르는 사람은 운 좋게 처벌을 피할 수 있을지라도 그는 나쁜 사람을 닮게 된다는 벌까지 피할 수 없는 일이다. 악행을 범한 사람들이 사법적 절차에 따라 처벌받는 일은 잘못에 대해 교정 받을 기회를 갖는 일이다.

반면에 운 좋게도 처벌을 피하는 데 성공한 사람들을 두고 세상 사람들 가운데는 다행스런 일이라고 평가하는 사람이 있을지 모르지만 플라톤은 범죄를 범한 사람의 정신을 치유할 수 있는 기회를 놓친 것으로 본다. 혼을 치유해서 더 나은 사람이 될 수 있는 기회를 놓친 딱한 사례다.

이들 일곱 가지를 피하고 좋은 것을 따르고 붙잡기 위해 끊임없이 노력함으로써 인간은 혼을 더 나은 상태로 유지할 수 있다. 혼은 그 무엇과도 바꿀 수 없는 인간의 가장 본질적인 부분이니까 말이다.

교육을 통해 올바른 습관과 지혜를 갖게 하라

아테네인: 저는 교육(paideia)이란 아이일 때 얻는 최초의 훌륭함(덕)이라고 봅니다. 쾌감(즐거움)과 좋아함(사랑), 고통(괴로움)과 싫어함(미움)이 그의 혼에서 솟아나 올바른 방향으로 이끌어지는 것이죠. 그 이유를 알 수 없는 상태에서 말입니다. 하지만 그 이유를 알게 되었을 때, 그의 이성과 감정의 찬동(symphōnia)을 통해 자신이 적절한 습관(버릇, ethos)에 대한 가르침을 받았다는 것을 이해할 것입니다. 이 찬동이 바로 사람으로서의 전체적인 훌륭함(덕)입니다. (……)

교육은 법에 의해 규정되고 또한 도덕성이 높고 경험이 풍부한 연장자들로부터 인정받은 바른원칙(ho logos orthos)을 향해 아이들을 이끌고(holkē)

인도(agōgē)하는 것입니다. [제2권 653b:1~653c:4, 659d:1~5] p.42, 51

얼마 전 천안에 강연을 하러 가서 아주 반가운 얼굴을 만나게 되었다. 한때 내가 가르쳤던 학생의 어머니였다. 몇 해 전 나의 강연에 참석했던 그 어머니는 우연히 로비에서 만난 나에게 서울의 명문대학을 다니고 있는 아들이 군대에 다녀와서도 놀기만 할 뿐 삶에 대한 구체적인 계획이 없어 걱정이라고 털어놓았다. 그래서 난 그분에게 아들을 내 교육에 한번 보내보라고 조심스레 권하였다.

아들은 어머니의 권유로 마지못해 강연에 참여하였다. 강연을 듣고 나서 그는 "이렇게 대충 살다가는 죽도 밥도 되지 않겠다"는 두려움과 함께 "이렇게 대충 살아가는 것은 인간의 길이 아니라 금수(禽獸)의 길이다"는 것을 깨달았다고 한다.

그 청년이 나에게서 배웠던 것은 구체적인 방법이기도 하였지만 더 중요한 것은 어떻게 사는 것이 올바른 삶인가를 판별하는 기준 혹은 잣대였다. 그런 강력한 각성에 힘입어서 그는 180도 다른 사람이 되었다고 한다. 이후 자신만의 목표를 세우고 열심히 노력한 끝에 학과에서 최고 수준까지 올라갔고, 유학도 스스로 가게 되었다고 했다.

아이들은 한번 자각하고 각성하면 주변의 충고나 가르침을 스펀지처럼 빨아들인다. 그렇게 누구나 머리나 가슴이 열리는 때가 있다. 그때 문을 열어주는 역할을 하는 것이 부모 혹은 교사일 것이다. 이토록 중요한 교육은 한 국가의 튼튼한 뿌리를 만들어내는 초석인 만큼 고대부터 이에 대해 강조한 것은 당연한 일이다..

이상 국가의 매뉴얼이라고 할 『법률』에서도 플라톤은 교육에 대해서 강조한다. 사실 플라톤의 대표작인 『법률』과 『국가』에는 지나치다고 할 정도로 많은 부분이 아이들 교육뿐만 아니라 성인 교육을 다루고 있다.

아무리 좋은 법률이라도 시민들이 지키지 않으면 소용없는 일이다. 플라톤은 시민들이 제정된 법을 자발적으로 지키도록 하기 위해서, 또한 올바른 원칙을 따르는 행복한 삶을 위해서 교육이 필요하다고 주장한다. 그는 "교육은 법에 의해 규정되고 또한 도덕성이 높고 경험이 풍부한 연장자들로부터 인정받은 바른 원칙을 향해 아이들을 이끌고 인도하는 것이다"라는 말로 그 필요성을 강조하고 있다.

우선 교육에 대한 정의를 명확히 하기 위해 아리스토텔레스가 『니코마코스 윤리학』에서 플라톤의 교육에 대해 언급하는 부분을 잠시 살펴볼 필요가 있다. 그는 "플라톤이 말하듯, 바로 어려서부터 마땅히 즐거워해야 할 것들과 마땅히 괴로워해야 할 것들에 대해 즐거워하고 괴로워하게끔 어떤 식으로든 인도되어야 한다. 이게 바로 교육이기 때문이다"라는 대목이 나온다.

플라톤의 교육관은 교육에 대해 중요한 부분을 설명해 주고 있다. 플라톤은 바른 교육에 대해서 '미워해야 할 것들은 바로 처음부터 끝까지 미워하지만, 좋아해야 할 것들은 좋아하게 되는 바로 이 부분'이라고 말한다. 좋은 것과 나쁜 것, 이로운 것과 해로운 것 등을 제대로 구분하는 힘, 이것이 바로 교육이 가장 먼저 심어주어야 할 부분이다.

아이들이나 어른들 모두 당장의 달콤함과 즐거움을 주는 것은 설령 그것이 올바르지 않는 것이라 하더라도 기꺼이 받아들일 가능성이 높다. 때문에 교육은 당장 즐거움을 주더라도 가까이 하지 않아야 할 것을 멀리하도록 가르치는 일일 뿐만 아니라 당장 괴로움을 주더라도 가까이 해야 할 것을 가까이하도록 가르치는 것을 말하기도 한다.

정신의학자인 모건 스콧 펙 박사는 그의 저서 『아직도 가야 할 길』에서 인간이 정신적 문제에 빠지지 않고 진정한 성장을 이루는 기본 중 하나로 당장의 즐거움을 장기적 즐거움을 위해 미룰 줄 아는 능력이라고 한다.

플라톤은 교육의 대표적인 사례로 아이들을 위한 음악 교육을 든다. 아이들이 몸을 흔들고 자기 마음대로 흥에 겨워 소리를 질러대곤 하는데, 보통 아이들은 질서에 대한 감각도 없고 무질서에 대한 감각도 지니고 있지 않다. 그런데 이들에게 일정한 가사, 리듬 그리고 선법을 가르치면 노래도 춤도 잘하게 되는데, 이를 두고 훌륭하게 교육받은 자라고 부른다. 이때 법률은 가사, 리듬, 그리고 선법에 대한 일정한 규칙을 정하는 일을 맡으며, 입법자는 시인들로 하여금 만들어진 규칙을 따르도록 설득하고 이것이 가능하지 않은 경우에 한해 강제하게 된다.

또 하나의 사례는 환자들을 돌보는 간병인을 생각해 보면 된다. 간병인은 환자들이 건강을 회복하는 데 필요한 좋은 음식물을 권하는 반면 나쁜 음식물을 피하도록 한다. 이것이 계속되다 보면 환자들은 좋은 음식물을 반기지만 나쁜 음식물을 싫어하는 버릇이 들게 된다. 나는 여기서 '버릇이 들도록'이라는 표현에 주목한다. 교육은 궁극적으로 좋은 버릇이 들도록 만드는 일을 수행하며, 교육과 비슷한 임무를 수행해야 하는 것이 법률과 입법자이다.

교육은 아이들에게만 적용되는 것은 아니다. 어른들 역시 당장의 쾌락 때문에 멀리해야 하는 일을 가까이함으로써 패가망신하는 경우가 자주 있다. 경마, 카지노, 음주 등과 같은 중독성 쾌락에 젖어 빠져나오지 못하는 어른들 역시 바른 교육으로 인도해야 할 대상이다. 나이를 먹는다고 해서 모두 사려분별을 가진 인물이 된다는 보장은 없다. 나이가 아니라 오로지 교육만이 사려분별과 참된 판단을 가져다줄 수 있다.

플라톤의 교육에 대한 정의는 평생 학습에 관심을 가진 사람들에게 매우 유익한 조언이 될 것이다. 플라톤은 사려분별과 참된 의견을 나이가 들어서라도 가지게 된다면 그것은 행운이라고 말한다. 특히 요즘은 '호모 헌드레드(Homo Hundred)', 즉 인간의 100세 수명이 현실화되고 있는 시대다. 게다가 기술과 사회, 문화는 엄청나게 빠른 사이클로 변화하고 있다. 20대 전까지의 교육이 전부가 아니라 이제는 자신과 일의 성장을 위해서도, 그리고 변화하는 패러다임에 적응하기 위해서도 끊임없는 배움의 자세는 정말 필요하다.

생업만으로도 힘든데 끊임없이 무언가를 배워야 한다는 것은 부담이 되기도 하며, 현재의 여러 즐거움을 포기해야 하는 경우도 생길 수 있다.

그러나 플라톤에 따르면 지금 당장 즐거움을 주지 않더라도 반드시 행해야 하는 것이라면 행할 수 있어야 하며, 반복을 통해서 버릇으로 만들어내야 한다. 스스로를 훌륭한 인물로 만들어가길 소망하는 사람이라면 새겨들어야 할 조언이다.

플라톤의 교육관은 관리형 교육이다. 난 이에 전적으로 동의한다. 평소 교육에 대해 이런 견해를 갖고 있던 나는 플라톤을 통해서 그게 옳다는 것을 다시금 확인했다. 학부모들을 만나면 항상 강조를 한다.

"유·청소년기의 교육은 상당 부분 관리가 되어야 합니다. 방임형 교육처럼 위험한 게 없습니다."

사실 요즘 젊은 부모들 가운데는 교육에 대한 환상을 가지고 있는 사람들이 제법 있다. 어릴 때부터 자유롭게 풀어놓고 키워야 아이들이 자유로운 사고를 가진 인간으로 성장한다고 믿는다. 물론 어떤 경우는 그럴 수도 있지만, 그 성공 가능성을 가늠하기는 사실 어렵다. 그런 만큼 나는 방치와 자유로운 교육은 구분되어야 한다고 생각한다.

관리형 교육이라고 해서 부모가 모든 것을 일일이 간섭하고 통제하는 그런 교육을 뜻하는 것은 아니다. 전체적인 자녀 교육의 큰 그림을 그리고 아이의 특성을 파악해서 아이들에게 여러 기회를 주는 것이 중요하다. 그 과정에서 적절히 제한하고 풀어줄 것을 분명히 하는 것이 바로 관리형 교육이다. 예를 들면 부모들이 아이를 키우면서 하고 싶은 걸 다 하게 해준다고 하는데, 이는 상당히 위험한 일이다. 부모가 해야 할 것과 하지 말아야 할 것을 구분하고, 경우에 따라서는 하지 말아야 할 것을 강제할 수 있어야 한다.

물론 이러한 판단에 부모의 주관이 너무 많이 개입되면 부모의 생각대로 아이를 키울 수 있다. 그래도 부모가 갖고 있는 교육관에 따라서 아이들에게 어느 정도 옳고 그름에 대한 구분을 해주는 게 중요하다.

그러자면 먼저 부모가 지혜로워야 하는데, 모든 부모가 지혜로운 것은 아니다. 많이 배우지는 못해도 지혜가 탁월한 부모들은 괜찮지만, 배움은 많지만 정작 지혜를 갖추지 못했다면 자칫 교육이 폐단으로 흐를 수도 있다.

그러므로 자식 교육도 중요하지만 부모는 먼저 자기 자신이 지혜를 가질 수 있도록 늘 공부하지 않으면 안 된다. 그저 어느 학교가 좋다, 어느 학원이 좋다 하는 정보의 달인이 되는 게 아니라 인간의 성장에 대한 편견 없는 가치관, 앞으로 아이가 살아갈 세상에 대한 올바른 식견 같은 것이 필요하다.

아이들을 가르쳐보면 중학생까지만 해도 아이들은 사고가 말랑말랑하다. 즉, 외부의 자극에 대한 수용 가능성이 높다. 그때는 부모가 영향력을 충분히 발휘할 수 있는 시기이다. 또한 아이들이 어릴 때 훌륭한 사람이 되어야겠다는 성취 동기가 필요한데, 그것을 만들어주는 것 역시 부모의 중요한 책무이다. 일단 그런 성취 동기가 있으면 아이들은 부모에게 마음을 열고 잘 따라와준다.

삶은 기나긴 학습의 과정이다. 살아 있는 것은 모두 매일매일 더 나아짐을 향해 전진한다. 그렇게 생각하면 부족한 것은 채워야 하고, 나쁜 것은 고쳐야 하며, 좋은 것은 더 좋게 만들어야 하는 것은 훌륭한 인생을 꿈꾸는 개인의 의무다. 이러한 의무가 잘 발휘될 수 있도록 좋은 시스템과 교육의 방향을 설정하는 것이 바로 법률과 국가의 역할일 것이다.

자녀 교육에 반드시
아버지가 참여하라

아테네인: 그(페르시아의 키로스 왕)는 젊었을 때부터 평생 전쟁에 종사했으며 아이들은 여인들에게 양육하도록 맡겼던 것 같습니다. 이 여인들은 어려서부터 이 아이들이 마치 하늘의 축복을 받은 것처럼 부족함 없이 키웠습니다. 여인들은 그 누구도 아이들이 하는 일에 반대하지 못하게 막았으며 아이들이 하는 말과 행동을 모두가 칭찬하도록 강요했습니다. 이 아이들이 어떤 종류의 사람으로 키워졌는지 아시겠죠?
(……) 반면에 그들의 아버지는 그들을 위해 온갖 짐승들의 무리와 사람의 무리를 끌어모았지만, 장차 이것들을 물려주고자 했던 자식들이 전통적인 페르시아의 방책(기술, technē)을 교육받지 못했다는 것을 몰랐습니다. 페

르시아인들은 양치기이자 거친 땅의 자손들이기에 그 방책(기술)은 야외에서 자면서 경계를 늦추지 않는, 또한 필요할 경우 전장에 나갈 수 있는 강인한 양치기들을 만들어내는 혹독한 것이었죠. 그러나 그는 여인들과 환관들로부터 자신의 아들들이 메디아식 교육, 즉 이른바 '축복받은' 지위로 인해 타락해 버린 교육을 받았다는 사실을 몰랐습니다. 이로 인해 이들은 꾸지람을 받지 않고 자라 으레 어린 아이들이 그러하듯 자라게 된 것입니다. [제3권 694d:1~695b:8] pp.100~101

얼마 전 신문에서 현재 우리나라 부모들은 자녀와의 대화 시간이 거의 없는데, 특히 아버지와 아이들의 대화 시간이 평균 10분밖에 안 된다는 기사를 읽었다. 그 기사에는 부모와 대화를 하지 않는 아이들은 상대적으로 성적이 떨어진다는 내용도 있었다.

현대 특히 대한민국의 아버지들은 그 역할이 매우 축소되는 것 같다. 일단은 가족을 부양한다는 생각에 물질적 성공을 목표로 하다 보니 집안일은 물론 아이들 교육에도 무관심한 경우가 많다. 어느 정도 사회인으로 성공하고 물질적 부를 축적하고 나면 그제야 아이들을 돌아보게 되는데, 그때는 아이들이 이미 저만치 가 있어 때를 놓치는 경우가 많다.

자식을 둔 사람들은 일단 자신의 일만큼 자식 교육에 열의가 있어야 한다. 가만히 보면 돈을 버는 이유 대부분이 자식들 때문인데, 정작 돈을 버느라 자식을 소홀히한다는 것은 아이러니가 아닐 수 없다.

플라톤은 자식 교육에 대한 중요성을 강조하면서, 부모가 아이들을 어떻게 교육해야 하는가에 대해 흥미로운 사례를 제공한다.

플라톤은 아버지가 아무리 바쁘더라도 자식 교육을 어머니에게 전적으로 맡기는 일은 위험하다고 경고하면서 두 가지 사례를 들었다. 하나는 기원전 550년 페르시아 제국을 건설한 전설적인 왕 키로스와 그의 아들 캄비세스의 이야기이고, 또 하나는 캄비세스에 이어 권력을 쥐는 데 성공하여 페르시아 제국을 재통일한 다리우스 황제와 그의 아들 크세르크세스 1세의 이야기이다.

기원전 6~5세기경 서아시아에는 3대 강국, 즉 소아시아의 리디아, 티그리스 강 동쪽의 메디아, 메소포타미아 유역의 칼데아(신바빌로니아 왕국)가 있었고, 이 3대 강국과 강 하나를 사이에 두고 이집트가 있었다. 그런데 이런 열강들 사이에서 아무 존재감이 없었던 페르시아가 모두를 제치고 최강국이 된다.

키로스는 정복지에 대한 존중과 관용으로 페르시아 국민은 물론이고 정복지 백성들 사이에서 존경받는 왕이었는데, 기원전 529년 그가 마사게타이 족과의 전쟁에서 패하고 갑작스레 목숨을 잃자 캄비세스가 그의 뒤를 이었다.

캄비세스는 권력을 쥐자마자 동생을 살해하고 이를 나무라는 아내마저 살해한다. 그의 아버지는 위대한 영웅으로 추앙받았지만, 캄비세스는 폭정과 악행으로 세계 역사상 가장 악명 높은 폭군으로 기록된다. 그는 임신한 아내를 죽인 것은 물론, 자신을 칭송하지 않았다는 이유로 충신의 아들을 화살로 쏘아 죽였을 뿐만 아니라, 포악함으로 주위 사람들을 전전긍긍하게 만들었다.

플라톤은 키로스를 제국의 건설에는 성공한 사람이었을지 모르지만 자식 농사에는 철저하게 실패한 사람으로 묘사하고 있다. 그는 키로스가 직접 아들을 가르치지 않고 궁전의 여인들에게 의탁해 절제하지 못하는 인간을 만들고 말았다고 한탄한다. 앞에서 살펴본 바와 같이 당장 즐겁더라도 하지 말아야 할 것을 하지 않게끔 하는 것이 교육인데, 그것을 제대로 가르치지 못했던 것이다.

『법률』에 의하면 궁정의 여자들에게 자식 농사를 전적으로 의탁함으로써 실패한 또 한 사람은 다리우스 1세이다. 그는 캄비세스의 폭정으로 인한 페르시아의 대혼란을 짧은 기간에 수습한 페르시아의 최고 현군이다. 그는 탁월한 능력을 발휘해 모든 반란을 평정하여 페르시아 제국을 재통일했을 뿐만 아니라, 동쪽 인더스 강 유역에 진출하여 인도를 정복하고 서쪽의 이집트와 도나우 강 유역으로 진출했다. 또한 마케도니아와 트라키아도 정복해 페르시아를 대제국으로 만들었다.

그러나 그를 이어 즉위한 아들 크세르크세스는 기대 이하였다. 궁전의 여인들 품 안에서 사치스런 교육을 받은 크세르크세스 역시 절제를 배울 수는 없었다. 플라톤은 다리우스 1세의 자식 농사에 대해서도 이런 한탄을 한다.

> "다리우스여! 그대는 키로스의 잘못으로부터 배우지 못하였기에, 키로스가 캄비세스를 키운 것과 똑같은 방식으로 크세르크세스를 키웠소. 크세르크세스는 똑같은 교육의 산물이었기에 당연하게도 캄비세스의 불운들과 거의 같은 일들을 치렀습니다. (……) 아이든 어른이든 노인이든 이런 양육을 통해서는 [사람으로서] 훌륭함(덕)에 있어 탁월해질 수 없습니다. 입법자는 바로 이들에 대해서 고찰해야만 하고 우리 또한 지금 여기에서도 그러해야 한다." [제3권 695d:8~695e:4, 696a:2~6] pp.101~102

다리우스 1세의 묘 페르세폴리스 인근에 위치한 페르시아 제국 시대 왕들의 공동묘지에 있으며, 석실의 상부에는 조로아스터교 최고 신인 아후라 마즈다의 불꽃이 형상화되어 있다.

어머니는 사랑으로, 아버지는 엄격함으로 자식을 대해야 한다. 자식은 아버지를 통해서 할 수 있는 것과 할 수 없는 것을 뚜렷이 구분하고 경우에 따라서는 자신이 원하는 것을 마음대로 할 수 없을 뿐만 아니라 해서도 안 된다는 점을 분명히 배워야 한다.

플라톤이 드는 사례처럼 오늘날 아버지가 장시간 집을 비우는 경우는 드물다. 그러나 바깥일이 바쁘다는 이유로 자식 농사에 거의 관여하지 않는 아버지들이 많다. 엄마는 아이들의 부모가 아니라 매니저 역할을 하고, 아버지는 그저 그 비용을 대는 존재로 교육에서 멀어지고 있다. 세심하게 아이들을 챙기는 것은 차치하더라도 아이에게 정신적인 영향력조차 주지 못하는 아버지들이 늘고 있는 것이다.

'밥상머리 교육'이라는 말이 있다. 밥을 먹으면서 세상 사는 이야기, 아이들의 관심사, 집안과 가족들의 사정 등을 서로 나누면서 가치관을 심어주고, 세상을 바라보는 안목과 꿈 등을 길러주는 것을 말한다.

나도 아버지로부터 밥상머리 교육을 받고 자랐다. 이를 통해 아버지에게 한 가지 확실하게 배운 것은 '치열하게 살아야 한다'는 것이었다. 그것은 내가 지금까지 다부지게 살아오는 데 결정적인 영향을 끼쳤다.

내가 아들들에게 밥상머리에서 강조하는 것은 '자기 인생을 책임지라'는 것이다. 그리고 항상 혼자 서야 된다고 한다. 사람은 잘 되기 위해서는 비용을 지불해야 하고, 그 비용을 지불하지 않으면 힘들게 살 수밖에 없다. 그리고 어디서 무엇을 하고 살아가든 훌륭함을 향해 나아가는 삶이 되어야 한다고 강조하곤 한다.

『IBM, 창업자와 후계자』는 IBM의 후계자 토머스 J. 왓슨 2세가 자서전 형식을 빌려 쓴 책이다. 이 책에 보면 아버지의 교육이 얼마나 중요한지 알 수 있다. 토머스 J. 왓슨 2세는 아버지의 명성과 능력이 부담스러워 빗나가기 시작했다. 그러나 그의 아버지는 그에 대한 기대감을 저버리지 않고 마지막까지 기다려준다. 이 책에 보면 그의 아버지는 화장실을 사용하고 나올 때 세면대를 닦는 법이라든지, 발레파킹할 때 팁을 기대보다 조금 더 주는 세세한 것까지도 아들을 데리고 다니면서 일일이 가르친다. 그런 아버지가 있었기에 후계자 토머스 J. 왓슨 2세는 아버지보다 IBM을 더 크게 키울 수 있었던 것이다.

모든 부모들이 자식을 잘 키우고 싶은 열망이 있다. 그러나 아이들하고 소통을 하지 않으면 비록 사회적으로 성공하더라도 아이들한테 영향은 줄 수 없다.

또한 어머니가 할 수 있는 일이 있는 반면 아버지만이 할 수 있는 일이 있음을 잊지 않아야 한다. 그리고 자식 교육의 많은 부분을 맡게 된 어머니 역시 플라톤의 교육관을 한 번 더 새김으로써 자식들이 하고 싶은 것을 마음껏 하도록 해주는 것만이 바른 교육(paideia orthē)이 아님을 명심해야 한다.

교육을 핑계로 자신의 가치관을 무작정 주입시키려는 것도 위험하다. 이를 테면 '너는 무엇이 되어야 한다'고 강요하는 것은 바람직하지 않을 뿐만 아니라 부모가 그럴 자격이나 혜안을 갖고 있는지에 대해서도 생각해 봐야 한다. 부모도 자식 교육에 대해 공부를 하고 이를 통해 자기 나름의 교육관을 지니고 있어야 한다. 어떻게 내 아이를 키워야 할 것인가, 어떻게 하면 훌륭한 부모가 될 수 있을까?

'채소는 밭주인의 발소리를 듣고 자란다'는 말이 있다. 마찬가지로 아이는 부모의 사랑과 관심을 받고 자란다. 요즘 사람들은 돈으로 아이를 키운다는 얘기를 많이 한다. 돈이 물론 중요하다. 교육비가 워낙 많이 들기 때문이다. 그러나 꼭 돈이 전부일까. 내 경우 자식에 대한 교육관은 아버지로부터 보고 배웠다. 돈이 없어도 사랑과 정성으로 아이들하고 대화하면 아이들이 문제없이 자란다고 확신한다.

자식 교육에서 대화보다 더 중요한 것이 있다면 그것은 리더십의 공통 분모인 '감동'이다. 자식이 보기에 아버지의 삶에 감동이 있어야 자식 농사에도 성공할 가능성이 높다고 생각한다. 부모의 언행일치, 솔선수범, 치열함, 성실함 등은 모두 자식의 마음에 감동을 만들어내는 요소들이다.

사실 나도 아이들이 어릴 때 육아에 많이 참여하지 못했다. 그때는 그게 중요하다는 걸 몰랐기도 하고 사는 데 너무 바빴다. 그 뒤 아이들이 생각을 만들어가는 시점부터 자식 교육을 위해 나의 많은 부분을 할애했고 그 덕분에 지금은 아이들과 스스럼없으면서도 더할 수 없는 신뢰 관계를 쌓게 되었다. 그럼에도 좀더 이른 시기에 아이들이 커가는 모습을 함께하지 못한 점은 지금도 아쉽다.

아이를 잘 키우기 위한 욕심을 가지고 교육 문제도 아버지가 직접 관여하고 애정을 가져야 한다. 좋은 아버지, 좋은 어머니가 되는 것도 배워야 하고 노력해야 한다. 아이들을 잘 교육시키는 일은 선택이 아니라 의무이다.

자식들에게 물려주어야 할 것은 금(金)이 아니라 경외(敬畏)다

아테네인: 아이들에게 경외(공경, 염치)를 물려주어야지, 금을 물려주어서는 안 됩니다. 우리는 부끄러움을 모르는 젊은이들을 꾸짖음으로써 이를 물려줄 수 있을 거라고 생각하지만, 그들이 모든 사람들 앞에서 부끄러움을 느껴야 한다고 훈계함으로써 가능한 것이 아닙니다. 하지만 사려 깊은 입법자는 오히려 나이 많은 사람들에게 젊은이들을 공경하도록 권고할 것이며 젊은이들로 하여금 나이 많은 사람들이 부끄러울 만한 행동이나 언사를 보거나 듣는 일이 없도록 특별히 신경 쓰라고 할 것입니다. 나이 많은 이들이 부끄러움을 모른다면 젊은이들 또한 뻔뻔해집니다. 젊은이들을 교육하는 가장 좋은 방법은 그들을 꾸짖는 것이 아니라 남에게 훈계할 내용을 스스로

행하여 명백하게 보여주는 것입니다. 〔제5권 729b:1~729c:6〕 pp.146~147

이 글은 자식들에게 부모가, 젊은이들에게 어른들이 무엇을 어떻게 교육할 것인가에 대한 이야기로, 이 대목들을 읽으면서 나는 플라톤의 교육관은 시공을 초월하여 여전히 유효하며 이 시대에도 금과옥조로 삼을 만하다는 생각이 들었다.

요즘 우리 사회를 보면 어른이 없다는 한탄이 절로 나온다. 지하철에서 젊은이가 노인에게 욕설과 폭행을 하고, 학교에서 학생이 교사에게 폭언을 하는 등 가정과 사회를 이루고 있는 기본적인 질서가 흔들리는 것은 아닌지 걱정이 들 때가 많다. 그런데 젊은이들이 버릇없고 무도하다고 일방적으로 몰아붙일 수는 없다. 어른답지 못한 어른이 많기 때문이다. 서로 상대를 존경하면 함부로 할 수 없다. 가족 간에도 이웃 간에도 존경받을 만한 사람에게는 함부로 하지 못한다. 플라톤이 아이들에게 금(金)보다 '경외'를 물려주라는 말은 바로 이런 의미에서 나왔다.

경외(敬畏)의 사전적인 의미는 '공경하면서 두려워함'이다. 플라톤이 말하는 경외도 이와 크게 다르지 않다. 현대적 의미로 풀어쓰면 경외감을 갖는 것은 세상에 대해서 겸허하고 어려워하는 마음가짐을 갖는 것을 뜻한다. 이는 조금 더 겸손하고 조금 더 겸허하게 남을 높이고 나를 낮추는 것이다. 반대말은 오만방자와 자만이 될 것이다.

부모들은 아이들이 경외심을 갖도록 가르쳐야 한다. 이를 위해선 부모 자신이 먼저 경외심을 가질 수 있도록 행동해야 한다. 아이에게 겸

손을 가르치는 것이 아니라 먼저 겸손한 자세를 보여주는 것이다. 또 현재 누리고 있는 것이 자신의 힘만으로 이루어진 게 아니라는 것을 일깨워주어야 한다. 그것은 먼 조상으로부터 아버지 대까지 희생과 헌신으로 이어져내려온 것이라는 사실을 알게 해주어야 한다.

플라톤은 돈을 물려주지 말고 경외를 가르치라고 한다. 부모들이 큰 재산을 물려주었지만, 그것 때문에 인생을 망치는 경우는 주변에서 흔히 본다. 지나치게 젊을 때부터 많은 부를 가지면 절제하지 못할 가능성이 꽤 높다. 돈은 세상에 대한 경외감을 갖기보다 사람을 교만하게 만들 수 있다. 돈이 많으면 내가 제일 잘 낫다는 생각, 세상이 너무 쉽게 보이는 마음 등을 가지기 쉽다. 게다가 열심히 무언가를 해야 할 동기를 상실할 수도 있다. 그래서 돈을 물려주더라도 반드시 세상에 대한 경외도 함께 물려주어야 한다.

스테판 M. 폴란과 마크 레빈의 『다 쓰고 죽어라』를 보면 자식에게 재산을 물려주지 않고 '다 쓰고 죽으라'고 충고하는데, 그 이유 중 하나가 자식을 망치는 첫 번째 지름길은 돈을 물려주는 것이기 때문이라고 한다. 결혼할 때 집을 구하는 데 어느 정도 보태주는 정도의 조력이라면 몰라도 많은 재산은 노동에 대한 의욕 자체를 사라지게 만들기 쉽다. 물론 스테판 폴란의 주장은 사람에 따라 다르다는 전제 조건을 갖고 받아들일 필요가 있다. 세상에는 엄청난 유산을 물려받았음에도 자신에게 주어진 책무를 기대 이상으로 잘 수행하는 사람들도 있다.

한편 플라톤은 자녀들의 경제 교육과 관련해서 흥미로운 이야기를 한다. "자녀들을 위해서 이들이 최대한 부유한 상태가 되도록 하기 위해서, 돈을 좋아하는 일이 없도록 해야 합니다"라는 부분이다. 해석하기에 따라 이 부분의 의미가 달라질 수 있다. 플라톤은 돈이란 무언가를 추구한 결과물로 얻어지는 것이지 돈 자체를 추구하는 일은 위험하다는 것을 말하고 있다.

물론 돈을 많이 물려받으면 살아가기가 한결 쉽다. 그러나 엄청난 재산이 한 번에 유산으로 주어진다면 빛과 그림자가 모두 있게 마련이다. 한편 그런 재산을 물려받는 행운을 갖지 못한 사람이 반드시 불행한 것은 아니다. 자기 힘으로 축적하는 데서 오는 즐거움과 자긍심도 대단하기 때문이다.

그렇다고 플라톤이 재화와 소유물을 자식에게 유산으로 남기는 일 자체를 반대한 것은 아니다. 그는 "젊은이들에게는 아첨꾼들이 꾀게 하지 않을 정도의 자산, 그러나 필요한 것들이 부족하지 않을 정도의 자산"이 적당하게 주어지는 것에 대해서는 동의했다. 그는 재화와 소유물이 부족하게 되면 노예 상태가 발생할 수 있다고 그 이유를 들고 있다. 재력의 유무 여부가 한 개인의 자유와 밀접하게 관련되어 있음을 지적하고 있는데, 이는 오늘날과 비교해서 크게 다를 바가 없다.

다만 지나치게 돈과 같은 금전을 강조한 나머지 경외감과 같은 요소를 사소하게 여기지 않도록 당부하는 플라톤의 조언은 의미가 있다.

한편 나이 든 사람과 젊은이들 사이에는 어느 시대나 갈등이 있었다. 플라톤이 강조하는 점은 젊은이를 이끌고자 하는 사람이라면 평생 동안 행동으로 본보기를 보여주라는 것이다. 나이 든 사람들은 이것을 하라, 혹은 저것을 하라는 주문이 많다.

하지만 그보다 먼저 젊은이들이 존경하지 않을 수 없도록 스스로 반듯하게 처신한다면 백 마디 말보다 훨씬 더 효과가 있을 것이다. 가정이나 조직에서나 젊은이를 움직이도록 하는 데 솔선수범만한 것이 어디 있겠는가?

자신에 대한 사랑이
지나쳐서는 안 된다

아테네인: 많은 사람들이 자기 자신의 혼에 있어 나쁜 것들은 용서해 줌으로써 이를 더 이상 범하지 않는 어떤 방법도 생각해 내지 못하고 있습니다. 이는 모든 사람들은 본성적으로 자기 자신에 대해서 사랑하고 또 그래야만 한다고 말하기 때문입니다.

우리가 저지르는 모든 과실의 원인은 자신에 대한 지나친 사랑 때문이라고 보는 것이 진실에 가깝다고 할 수 있습니다. 지나친 자기애는 스스로의 과실에 눈을 멀게 하고 정의로운 것들과 아름다움과 선한 것들에 대한 판단을 흐리게 만듭니다. 참된 것에 앞서 자아를 더 존중해야 한다고 판단하기 때문이죠. 위대한 인물이 되고자 하는 자라면 자기 스스로와 자신이 소유한 것을 사랑할 게 아니라 올바른(정의로운) 것들을 사랑해야만 합니다. (제5권 731d:7~732a:4) pp.150~151

제5권에서 플라톤은 제법 긴 분량에 걸쳐서 '자신이 어떤 사람으로서 삶을 영위하는 것이 가장 훌륭한 것인지'에 대한 해답을 차근차근 제시하고 있다. 참됨(진실), 온순함, 자기애, 아름다운 삶 등을 설명하는 가운데 등장하는 것이 자신에 대한 사랑, 즉 자기애(self-love)에 대한 부분이다. 여기서 이야기하는 자기애는 지나치거나 방향이 잘못된 것을 말한다.

인간은 본능적으로 자신을 사랑하도록 되어 있다. 자신을 사랑하는 것의 순기능은 매우 크다. 자신의 몸을 아끼고 영혼을 아끼는 일만큼 귀한 것이 또 어디 있겠는가?

사실 모든 사랑은 자기애로부터 비롯된다. 자기를 사랑하지 않는 사람은 남도 사랑할 수 없다. 정의로운 삶도 자기애에서 비롯된다. 하지만 플라톤은 자신을 지나치게 사랑한 나머지 정의로운 것들과 좋은 것들을 잘못 판단하게 될 위험에 대해서 경고한다. 아울러 위대한 인물이 되고자 하는 사람은 자기 자신이나 혹은 자기에게 속한 것은 사랑하지 말고 올바른 것들을 사랑해야 한다고 말한다.

모든 집착이 그렇듯, 자신에 대한 집착도 옳지 않다. 분별력과 판단력을 잃게 하기 때문이다.

높은 관직이나 명성을 가졌던 사람들이 기대를 저버리고 급속히 몰락의 길을 걷는 경우를 생각해 보자. 종종 너무나 인간적인 성적 욕망에 굴복해서 실수를 하는 경우와 재산을 더 모으고 싶다는 욕심 때문에 실수를 하는 경우가 있다. 앞의 것이나 뒤의 것이나 자신의 것들에 대한 지나친 사랑 때문에 일어나는 문제들이다. 플라톤의 처방은 모든 사람은 자신에 대한 과도한 사랑은 피하고 늘 자신보다 더 나은 것들을 추구해야 한다고 권한다.

구한말 이완용과 송병준을 비롯한 몇몇 대신들은 일제에 국권을 넘기는 데 적극적으로 협조했다. 그들은 자신과 가족의 안위와 영화에 더 큰 비중을 두었고, 그 덕분에 당대에는 호의호식할 수 있었다. 하지만 그들의 자기 사랑은 자신뿐 아니라 후손들에게 씻을 수 없는 오명을 남겼다. 어디선가 살아가고 있을 후손들이 지고 가야 할 마음의 부담이 얼마나 크겠는가? 일본에 적극적으로 부역한 사람들의 자기애는 한때의 영광을 누리게 해주었지만 자신뿐 아니라 후손들에게 영원한 비애를 남기고 말았다.

지나친 자기애가 가져올 수 있는 피해를 어떻게 막을 수 있을까? 지난날을 잠시 정리하는 시간을 가졌을 때 떠올랐던 몇몇 후회스러운 판단이나 처신이 도움이 될 것이다. 중요한 문제일수록 현재, 이곳을 중심으로 의사 결정을 내리고 행동하면 훗날 후회할 가능성이 높아진다. 현재와 이곳을 중심으로 의사 결정을 하게 되는 중요한 요인이 다름아닌 지나친 자기 사랑이다. 여기와 현재를 넘어서 더 넓은 시각에서 생각할 수 있다면 지나친 자기애로 인한 실수를 줄일 수 있을 것이다.

자기에 대한 사랑 자체를 나쁘다고 볼 수는 없다. 그러나 적어도 훌륭한 인물이 되려는 이는 '저 자신'도, '저 자신의 것'들도 사랑하지 말고 올바른 것들을 사랑해야 된다. 자기의 잘못을 인정하지 않고 자기의 비행을 합리화하거나 자기 자신을 속이지 말아야 한다.

타인을 시기하지 말고
타인의 시기에 굴복하지도 마라

아테네인 : 우리는 모두가 시기하지 않고 사람으로서 훌륭함(덕)을 얻기 위한 경쟁을 하기 바랍니다. 그런 사람들이 자기 스스로의 힘으로 경합하여 남들을 비방하여 깎아 내리지 않고서도 나라의 명예를 높일 수 있기 때문입니다. 그러나 시기하는 사람은 비방을 통해 다른 이들보다 우월해야 한다고 생각하며 사람으로서의 진정한 훌륭함(덕)을 쌓는 데 소홀히 하고 경쟁자들에게 정당하지 못한 비난을 함으로써 경쟁자들을 의기소침하게 만들죠. 이러한 자에게 나라를 맡기면, 훌륭함(덕)을 얻기 위한 나라 전체의 노력이 가로막히고, 나라의 명성에도 해가 됩니다. 그러므로 모든 사람들이 기개가 있으면서도 온순해야 합니다. 〔제5권 731a:3~731b:4〕 pp.149~150

사람들은 남의 이야기를 하기 좋아한다. 그런데 주로 칭찬하는 말이 아닌 비방하는 말이다. 그런 말은 앞에서 당당하게 하지 못하고 뒤에서 수군거리며 하기 때문에 '뒷담화'라고도 한다. 그런데 사람들의 뒷담화를 가만히 들어보면, 대개는 시기심에서 비롯된다. 기본적으로 사람들은 자신보다 못한 존재에게는 동정심을 갖지만, 자신보다 앞서고 잘난 사람들에게는 시기심을 갖는다. 때문에 본질적으로 뒷담화는 열등감의 표출이라고 할 수 있다.

앞의 인용문은 제5권 중에서 '자신이 어떤 사람으로서 삶을 영위하는 것이 가장 훌륭한 것인지'에 대한 플라톤의 두 번째 답이다. 시기심을 가진 적들을 어떻게 대할 것인가에 대한 플라톤의 조언은 철학자의 답이라기보다 마치 조직 내에서 산전수전을 겪은 노회한 경험자의 조언 같다.

대다수의 사람들은 자기보다 잘되거나 앞선 사람을 시기한다. 이는 개인과 개인 사이에서도 문제가 되지만 나라의 구성원들로서도 문제를 일으키게 된다. 시기심은 나라에 크게 기여할 수 있는 사람을 가로막고 그들을 의기소침하게 만든다.

그런데 시기심은 타인뿐 아니라 자신에게도 해를 끼치게 된다. 자신의 훌륭함을 갈고닦기 위해 노력하기보다는 상대방의 뒷다리를 잡는 데 골몰하도록 만들기 때문이다. 한마디로 인생의 낭비다. 플라톤은 시기심을 갖고 올바른 자들을 방해하는 사람들에게도 처방을 제시할 뿐만 아니라 뒷다리를 잡히는 대상이 되는 사람에게도 실용적인 조언을 아끼지 않는다. 우선 시기심을 갖는 사람들에게는 자기 자신이 그런 잘못된 감정을 갖고 있음을 자각하라고 말한다. 자각하지 못함으로써 '가장 큰 무지'에 빠지게 되고, 그 결과 점점 더 훌륭함에서 멀어지게 되는 점을 주의해야 한다. 여기서 '훌륭함은 곧 앎이다'는 플라톤의 주장과 일맥상통하게 된다.

그렇다면 시기심의 대상이 되어 괴롭힘을 당하는 사람은 어떻게 해야 할까? 일단 격정(기개)을 갖고 꿋꿋이 참고 견뎌야 한다. 시기심을 갖고 악행을 저지르는 사람을 불쌍한 존재라고 생각하고 참고 견뎌내기도 해야 한다.

그런데 이 세상에는 도저히 개선되기 힘든 사람들이 있다. 구조적인 문제점을 가진 이런 사람들을 사회 생활이나 조직 생활에서 만날 수도 있다. 이들은 정치적 게임에 능하고, 앞서가는 자를 조직적으로 방해하고 제거하려고 노력한다. 나의 경험에 따르면, 이런 사람들에게는 선의를 베풀어도 문제가 고쳐지기 쉽지 않다. 이들을 어떻게 대하는가는 당장은 자신의 일과 삶의 질을 결정하는 중요한 문제이고 때에 따라서는 미래를 좌우할 수도 있을 것이다.

플라톤은 격정과 온순함이란 두 가지의 양면 정책을 권한다. 하지만 절대 고칠 길이 없을 정도로 구조적인 문제점을 가진 사람에겐 분노를 터뜨려야 한다고 말한다.

"당신이 도저히 수습하기 어려운 악한 사람에 대처해야 한다면, 분노를 터뜨려야 합니다. 훌륭한 사람의 의무는 주변 상황에 따라 기개가 넘치거나 온순해야 하는 것입니다." [제5권 731d:3~5] p.150

이런 사람들에게 맞서는 일차 무기는 격정(기개)이다. 맞서 싸워서 이겨야 한다. 맞서는 것이 귀찮기도 하고 두렵기도 하면 계속해서 상대방에게 당할 수밖에 없다. 그리고 최대한 아껴서 사용해야겠지만 때로는 분노로 성깔을 부리기도 해야 한다. 물론 이는 최후의 수단이다. 한마디로 머리로 싸우는 것에서만이 아니라 기(氣) 싸움에서도 이겨야 한다.

참고 견디는 것이 좋은 것만은 아니며, 늘 성격 좋은 사람으로 여겨질 필요는 없다. 필요한 경우는 성질을 부릴 수도 있어야 한다는 이야기다. 사람 사는 곳이면 어디든 밀고당기는 힘의 관계가 있고 잘되는 사람을 방해하는 사람들이 있게 마련이다. 때문에 앞서가는 사람이라면 어디서든 시기심으로 무장된 적들을 만나게 된다. 습관적으로 남들의 뒷다리 잡기에 열심인 사람들을 만났을 때, 그들에게 '저 사람은 함부로 대해도 된다'는 잘못된 신호를 주지 않도록 주의해야 한다. 때로는 격정적으로 성질을 부림으로써 만만한 상대가 아님을 보여주는 게 필요하다.

나도 맞서 싸운 경험이 제법 있다. 맞서 싸울 때는 팔씨름을 하듯이 팽팽하게 기 싸움이 이뤄지는데, 중요한 것은 끝까지 '꼬리'를 내리지 않아야 한다는 점이다. 이때 필요한 것이 바로 격정이자 기개다. 이를테면 '최악의 상황에서 내가 아니라 당신이 (조직을) 나가야 한다'고 굳게 결심하면서 동시에 '이런 부당한 친구들을 그냥 두고 볼 수는 없다'라고 각오를 다지면서 치열한 싸움을 해야 한다. 그렇게 할 만한 자신이 없으면 처음부터 고개를 숙이고 들어가는 게 낫다.

사실 나는 그런 상황에 처했을 때 이를 도저히 받아들일 수 없었다. 상대방의 행동이 부당했고, 억울하게 고개를 숙이고 살 수는 없었기 때문이다. 고백하건대 젊은 날의 나는 참으로 당찬 싸움꾼이었다. 기백으로 무장한 채 스스로 불의한 부분에 대해서는 일전을 불사하는 전사였다. 그러나 지금은 세월이 덧없는 것들에 대한 전투를 최대한 자제하도록 만들어주었다.

사람은 어떤 상황에서든 기개가 살아 있어야 하고 불의를 보면 결정적인 순간에는 분노를 터뜨릴 수도 있어야 한다.

『플라톤의 법률』의 번역자인 박종현은 격정(기개, thymos)을 '힘차게 움직이거나 격노하는 것을 나타내는 동사'라고 말하며, 우리말로 '혈기, 활기 혹은 격정에 가까운 뜻'이라고 설명한다.

마지막으로 자신이 시기심을 행사하는 주역이 되지 않는 방법은 무엇일까? '곳간에서 인심 난다'는 속담으로 압축해서 표현할 수 있다. 시기심은 자기 스스로 여유가 없고 실력이 없는 데서 나온다. 여기에 대한 위기 의식을 느낀 나머지 자기 자신을 보호하기 위해 취하는 비겁한 일임을 잊지 말아야 한다.

평소에 부지런히 자신의 실력을 갈고닦으면 시기심의 생겨날 가능성을 크게 낮출 수 있다. 게다가 인간적으로 성숙함을 향한 노력을 게을리하지 않으면, 누군가에게 시기심이 생겨나는 과정을 제3자의 눈으로 지켜볼 수 있다. 시기심이 생겨나는 과정을 스스로 지켜볼 수 있다면 이를 다루기는 훨씬 쉬워질 것이다.

참된 삶의 첫걸음은
자신에게 진실한 것이다

아테네인: 참됨(진실, alētheia)은 신들과 사람에게 모든 좋은 것들로 인도합니다. 행복하고 축복을 받고자 하는 자는 일찍이 참된 사람으로 살아가도록 해야 할 것입니다. 이러한 자는 신뢰할 수 있지만, 의도적으로 거짓말을 자주 하는 자는 믿을 수 없고 본의 아니게 거짓말을 해대는 자는 어리석습니다. 이들 중 어느 쪽도 부러워할 게 아닙니다. 어리석거나 미덥지 않은 사람은 친구가 없기 때문입니다. 세월이 흐르면서 그가 어떤 자인지 알려질 것이며, 생의 마감을 앞둔 힘든 노년기에는 스스로를 소외시키게 됩니다. 친구들과 자식들이 살아 있건 살아 있지 않건 간에 그들의 삶은 마치 고아나 다름없게 됩니다. (제5권 730c:1~730d:2) p.149

제5권의 '자신이 어떤 사람으로서 삶을 영위하는 것이 가장 훌륭한 일인지'에 대한 플라톤의 세 번째 답이다. 플라톤은 참되고 진실하게 살아가도록 최선을 다하라고 말한다.

    참됨(진실)의 첫걸음은 무엇보다도 자신을 속이지 않고 진실하게 대하는 것이다. 자신과 불화하지 않고 화합하면서 지내는 것이다. 어떻게 하는 것이 자신과 화합하면서 지내는 것일까? 지성과 양심이 권하면 하고, 그렇지 않으면 하지 않으면 된다. 내면세계에서 들려오는 진실한 목소리를 외면하지 말아야 한다. 욕망에 사로잡혀 이성과 양심이 하지 말라는 것을 행하면 편안한 마음 상태를 유지하기 힘들다.

    자신을 참되게 대하는 것은 처음에는 그다지 표가 나지 않는다. 뿐만 아니라 소소한 쾌락을 억제해야 하기 때문에 다소 고통이 따르기도 한다. 그러나 일단 참됨을 실천하기 시작한 사람은 그에 머물지 않고 절제나 사려분별 등을 더해가게 된다. 보통 사람들로선 경험할 수 없는 깊고 높은 즐거움이 뒤따른다.

    다음으로 필요한 일은 참됨이나 절제, 사려분별을 자신이 영향력을 발휘할 수 있는 범위 내에서 주변에 퍼뜨려야 한다. 가장이라면 가정에, 사장이라면 회사에, 나라를 이끄는 지도자라면 나라에 영향력을 발휘해야 한다. 플라톤은 자신이 참되는 것을 넘어서서 이를 적극적으로 전파하는 사람을 높이 평가하고 최고급의 명예를 주어야 한다고 말한다. 뿐만 아니라 참됨이나 절제, 사려분별을 실행에 옮기는 데 적극적일 것을 주문한다. 예를 들어, 올바르지 못한 짓을 저지르는 사람들이 있다면 남들과 힘을 합쳐서라도 적극적으로 막으라고 한다.

그렇다면 진실한 믿음을 주는 사람에게는 어떤 이득이 있을까? 스스로 자신에 대한 자긍심과 자부심을 갖게 되고 훌륭함(덕)에 한 걸음 더 다가설 수 있게 된다. 그리고 외롭지 않게 된다. 진실한 사람은 자신과 가족, 주변 사람들에 믿음을 주게 되므로 가진 주변에 진실한 친구들이 떠나지 않는다. 미덥지 않은 사람은 친구들도 한 사람 두 사람 곁을 떠나게 되고, 나이가 들면서 점점 더 외로워진다. 참됨이 가진 힘은 화합이지만 거짓이 가진 힘은 불화다. 따라서 자신을 참되게 대하지 못하여 자신과 불화하는 사람은 타인과도 불화에 놓이게 된다.

원하는 부나 지위를 힘껏 노력해서 손에 넣더라도 이를 계속 유지할 수 있는지 여부는 자기 자신과 화합된 관계를 지속할 수 있는가에 크게 좌우된다. 자기 자신과 불화하는 사람은 결국 '외도'를 하게 된다. 불화를 푸는 수단으로 각양각색의 중독성 있는 취미에 손을 대게 되면서 주의력이 흩어지고 어려움에 처하게 되는 경우가 많다. 결국 사람이건 사업이건 나라건 위기는 내부로부터 발생하게 된다.

나는 조직을 떠난 지 10년이 되었을 때 그동안의 부침을 되새겨볼 기회가 있었다. 인기나 성과로 사는 사람들에게 있어서는 '세월 앞에 장사 없다'라는 말이 결코 무색하지 않다. 그런 부침에는 운이 어느 정도 역할을 하지만, 스스로를 참되게 대하지 못했던 사람들에게는 부침이 더 뼈아프게 다가온다. 마치 부실한 기초 위에 탑을 쌓듯이 자신에게 참됨이 없이는 오래 유지하기 힘들다.

짧은 시간 동안이라면 얼렁뚱땅 세상 사람들의 눈을 살짝 가릴 수 있다. 그러나 시간이 흐를수록 그게 쉽지 않다. 자신에 대한 참됨과 타인에 대한 참됨이 낱낱이 드러나기 때문이다.

그래서 나는 '가능한 한 과정에 최대한 충실하게 살자!'는 다짐을 자주 하곤 한다. 한 걸음 나아가 '더 이상 완벽할 수 없을 정도로 과정에 최대한 충실하게 살자!'고 자신에게 자주 다짐하곤 한다. 여기서 '충실하게'는 '진실하게'라는 말로 바꾸어도 무리가 없다. 설령 그 진실이 당장의 이득이 되지 않더라도 개의치 않는다. 진실 자체만으로도 가치가 있다고 생각하기 때문이다.

친구 관계를 생각해 보라. 진실하지 않은 친구라면 이런저런 명목으로 여러분에게 피해를 끼칠 수 있다. 금전적인 손해는 물론이고 그 친구로 인해 신뢰에 금이 가는 일도 일어날 수 있다. 한두 번은 넘어갈 수 있겠지만, 이런 일들이 반복되다 보면 친구 관계도 소원해지고 결국 남남으로 갈라서게 된다.

진실하고 불의를 저지르지 않은 사람은 명예를 얻을 수 있다. 그런데 타인들이 불의를 저지르지 않도록 조언하고 때로는 막기도 한다면 그가 누리는 명예는 두 배, 세 배까지 늘어나게 될 것이다. 이는 불의를 방관하지 않고 적극적으로 막아내는 사람에게 주어진 포상이라 할 수 있다.

그러나 젊은 시절에는 참됨이라는 가치에 눈을 뜨기가 쉽지만은 않다. 빨리 성공을 위해 달려가는 것, 더 좋은 것만을 추구하는 것이 가치 있게 여겨지기 때문이다. 이익이 중시되고 이해가 많이 엇갈리는 시대인 만큼 '참'이란 표현이 사치스럽게 느껴질 수도 있다. 올바름에 대한 열망, 정의로움에 대한 열망, 참됨에 대한 열망, 진실에 대한 열망은 '빨리빨리'를 강조하는 젊은 시절에는 손해보는 일처럼 비칠 수 있다. 그러나 살면서 깨닫게 되는 사실은 역시 참됨이라든지 올바름에 대해 우직하리만큼 고집한 시간들이 나의 많은 것들을 만들어주었다는 것이다.

　인간(人間)이란 한자(漢子)가 의미하듯 우리 모두는 관계를 맺고 살아간다. 우리 자신이 의식하든 그렇지 않든 우리의 언행은 상대방과 주변 사람들에게 긍정과 부정의 인상을 끼치게 된다. 진실한 사람이 발휘하는 올바름, 절제, 사려분별 등은 마치 봄날의 꽃향기처럼 주변으로 퍼져나간다. 반드시 권력이나 영향력을 갖지 않더라도 올바름, 절제, 사려분별의 향기를 주변에 퍼뜨릴 수 있는 인생도 멋질 것이다.

절제·지혜·용기·건강으로
삶을 지배하라

아테네인 : 인간으로서 가장 복되게 살아가는 삶은 어떤 것들이 있으며 또 얼마나 많이 있을까요? (……) 절제 있는 삶이 그 하나이고, 지혜로운 삶도 그 하나이며, 용감한 삶도 그러하며 건강한 삶도 그 하나입니다. 그리고 이에 반대되는 네 가지의 삶도 있습니다. 무절제한 삶, 어리석은 삶, 비겁한 삶, 그리고 병든 삶입니다. 절제 있는 삶을 아는 사람은 이를 모든 면에서 온화하며 조용한 즐거움들과 조용한 괴로움들, 가벼운 욕구들과 광적이지 않은 애욕들을 가지게 된다고 설명할 것입니다. 그리고 무절제한 삶은 극단적인 쾌락과 괴로움, 강도 높은 욕구들과 광적인 애욕들로 인해 전반적으로 폭력적이라고 말할 것입니다. (……) 따라서 절제하고 지혜로우며

용기 있는 삶이 무절제하고 어리석으며 비겁한 삶보다 더 적고 더 작게 더 드물게 가지게 되는데 하지만 즐거움에 있어서 전자의 삶이 후자의 삶을 압도하지만, 괴로움에 있어서는 후자의 삶이 전자의 삶을 압도하기 때문에 전자의 삶이 후자의 삶보다 더 큰 행복을 줍니다. 그러므로 용감한 사람은 비겁한 이를 지혜로운 이는 어리석은 이를 이기게 됩니다. 〔제5권 733d:7~8, 733e:2~ 734a:4, 734c:3~734d:2〕 pp.153~154

한 제조업 분야 CEO의 인터뷰에서 인상 깊었던 부분이 있다. 그는 이미 탄탄하게 사업을 일군 인물이었는데, 그때까지 골프를 한 번도 친 적이 없다고 했다. 한국 사회에서 골프란 것이 비단 스포츠가 아니라 일종의 사업 수단인 것을 감안하면 무척 놀라웠다.

그런데 그의 대답이 의외였다. 그는 자신이 워낙 승부 근성이 강하고 게임과 같은 잡기에 잘 빠져드는 편이라, 만약 골프를 치기 시작하면 거기에 너무 골몰한 나머지 도저히 헤어나올 수 없을 거 같아 두려웠다고 했다. 거친 제조업 분야에서 살아남은 것도 대단한데, 자신이 스스로 욕망 앞에서 작아질 수밖에 없음을 인정하고 골프장 근처도 가지 않았다는 그의 절제심이 정말 대단해 보였다.

'어떤 사람으로서 삶을 영위하는 것이 가장 훌륭한 일인지'에 대해 플라톤은 네 번째 답을 들려준다. 플라톤은 인간이 지녀야 할 네 가지 행동 원칙들인 절제·지혜·용기·건강이 지배하는 삶을 권하고, 그 반대인 무절제·어리석음·비겁함·병이 지배하는 삶을 멀리하라고 권한다.

이들 중에서도 플라톤은 절제 있는 삶에 대해 많은 지면을 할애하고 있다. 이를 제대로 이해하기 위해서는 그가 무절제한 삶을 어떻게 이해하고 있는지 먼저 살펴볼 필요가 있다. 그는 무절제한 삶은 격렬하고 강력한 쾌락들과 광폭한 욕망과 광적인 애욕이 지배하는 삶으로 이해하고 있다. 반면 '절제 있는 삶'을 살아가는 사람들에 대해 플라톤은 '모든 것에 대해 온유한 것, 곧 조용한 괴로움들과 조용한 즐거움들, 온유한 욕구들과 광적이지 않은 애욕들을 갖는 것'이라 말한다.

절제와 무절제한 삶을 생각하면 어김없이 쾌락을 떠올리게 된다. 나는 축제 성격이 짙은 행사, 이를 테면 음주가무나 격렬한 승부가 걸린 스포츠 등을 그다지 좋아하지 않는다. 이를 느끼는 순간은 짧고 강렬하지만 끝나고 나면 공허감이 크다. 쾌락의 낙폭이 크기 때문에 웬만해서는 그런 행사들을 가까이 하지 않는다. 젊은 시절에는 일을 핑계로 술도 제법 마셨지만 최근에는 거의 입에 대지 않고 있다.

그렇다면 왜 사람들은 무절제한 삶을 선택하는 것일까? 하나는 무지하기 때문이고 다른 하나는 자제하지 못하기 때문이다. 무절제한 삶을 피하기 위해서는 모르는 것을 알기 위해 노력하고 스스로를 깨우치면 된다. 또한 적절하지 못한 쾌락과 욕망에 대한 노출을 줄이고 스스로를 단련시키는 노력을 해야 한다.

사람의 마음이란 갈대와 같아서 '이걸 하지 말아야겠다'고 결심해도 어느새 쾌락과 욕망에 몸을 내맡기게 된다. 때문에 무절제를 가둘 수 있는 좋은 습관을 갖는 것이 바람직하다.

한편 건강한 삶과 병든 상태의 삶 사이에는 어떤 차이가 있을까? 두 가지 삶에는 각기 즐거움과 괴로움이 존재한다. 단, 건강한 상태에서는 즐거움들이 괴로움을 압도하지만 병든 상태의 삶에서는 괴로움들이 즐거움들을 압도한다. 때문에 우리는 언제 어디서든 건강함을 잃지 않도록 '무절제한 삶보다는 절제 있는 삶을, 어리석은 삶보다는 지혜로운 삶을, 또한 비겁한 삶보다는 용기 있는 삶'을 선택하도록 노력해야 한다.

요컨대 이들 네 가지의 바람직한 삶을 선택하는 사람들은 그렇지 않은 사람들에 비해 몸만이 아니라 혼에 이르기까지 전체적인 훌륭함, 즉 덕(aretē)에 다가섬으로써 즐겁고 행복하게 살 수 있게 된다.

우리는 플라톤의 조언에서 어떤 도움을 얻을 수 있을까? 우리 모두는 직업인으로서만이 아니라 생활인으로서도 훌륭한 사람이 되기를 원한다. 그 훌륭함은 위에서 나온 네 가지, 즉 절제·지혜·용기·건강함을 말과 행동, 생각 속에 자리잡게 함으로써 얻을 수 있다.

실용적인 관점에서 이렇게 물어보면 어떨까? 절제·지혜·용기·건강을 삶 속에 확고히 뿌리 내리기 위해서 무엇을 해야 할까? 훌륭함을 위해 '꼭 해야 할 일들'을 차근차근 정리해서 이를 자주 읽고 생각하고 의식적으로 노력한다면 전체적으로 훌륭함에 다가설 수 있을 것이다. 또한 매일 '배워야 할 일들'을 정리해서 단 몇 가지라도 실천에 옮겨보는 일도 도움이 될 것이다. 해야 하는 일이나 배워야 하는 일은 뒤로 미루지 않아야 한다.

하루하루를 귀한 작품(作品)으로 생각하면, 모든 순간을 아름답고 귀하게 장식하며 살려고 노력할 수 있을 것이다. 어디서 무엇을 하든 남의 인생을 살아주는 것이 아니라 내 인생을 살아가고 있다는 생각만으로도 자신의 삶에 더 충실할 수 있을 것이다.

하지만 뭐니뭐니 해도 훌륭한 삶에 대한 바람과 소망이 간절해야 할 것이다. 우리 모두는 단 한 번 세상을 살다 간다. 지상에서 머무는 시간이 그다지 길지 않다는 사실을 생각한다면 '나는 어떻게 살아야 하는가?' 혹은 '어떤 삶이 올바른 삶인가?'에 대한 답을 찾아낼 수 있을 것이다. 이때 훌륭함, 아름다움, 반듯함, 탁월함, 정의로움 등을 자신의 삶을 관류하는 뚜렷한 좌표로 삼는다면 한층 가까이 훌륭한 삶에 다가설 수 있을 것이다.

뛰어난 인물들 중에서는 자기 몸과 마음을 닦기 위한 좋은 습관을 가지고 있는 사람들이 많다. 짐 콜린스가 대표적인데, 그는 지금도 학습일지를 쓴다고 한다. 그가 가진 습관 가운데 인상적인 것이 또 한 가지 있다. 짐 콜린스는 널리 알려진 사람이기에 곧잘 인터뷰의 대상이 되곤 하는데, 인터뷰를 마치고 나면 그는 자신을 방문한 사람을 오히려 인터뷰 대상으로 삼아 알고 싶은 질문을 던지곤 한다. 그는 언제 어디서나 상대방의 전문 분야로부터 배우기를 원한다. 그는 인터뷰를 하기 위해 자신을 방문한 사람의 다양한 경험을 높이 살 뿐만 아니라 그들이 자신의 분야에서는 얼마든지 스승이 될 수 있다고 생각하기 때문이다. 그래서 이미 세계적인 대가가 되었음에도 그는 여전히 지혜에 대한 갈급함이 있다. 이처럼 스스로 탁월한 삶을 소망한다면 작은 것이라 할지라도 남과 달라야 한다.

사회의 지속을 위해 출산에 대한 법을
첫 번째로 제정하라

아테네인: 사람은 30세와 35세 사이에 결혼을 해야 한다. 이것이야말로 인류가 어떤 본성에 의해 불사성(不死性)에 관여하는 방식이며 또한 인간은 누구에게나 선천적으로 이에 대한 온갖 욕구가 있어 언제나 이를 표현하지 않는가. 유명해지기를 원하며 이름을 남기고 죽기를 원하는 욕망도 그 표현에 해당된다. 따라서 인간의 종족은 모든 시간과 함께 묶여 있으며 앞으로도 계속 동반할 것이다. 아이들의 아이들을, 언제나 같은 하나의 것을 남김으로써 곧 출산을 통해서 불사성에 관여할 것이다. 인류가 불멸한 것은 언제나 후대를 남겨두기 때문이다. (……) 35세가 되었는데도 결혼을 하지 않은 자는 해마다 구체적인 금액의 벌금을 내야 한다. 독신생활이 이득과 편함을 의미한다

는 생각을 멈추도록 해야 한다. 또한 젊은이들이 연장자에게 표하는 존경도 받지 못하도록 해야 한다. 〔제4권 721b:7~c:5, 721d:2~6〕 pp.137~138

『법률』은 모두 12권으로 이루어졌는데, 제1권부터 제5권(734e:2)까지는 전문으로 이루어져 있고, 그 이후부터 끝까지는 전문에 나온 내용들의 설득과 권고, 그리고 구체적인 법률의 제정과 법조문들을 다루고 있다. 사실 제목이 『법률』인 것으로 미루어 이 책의 대부분은 법조문이 아닐까 하는 기대와는 달리, 구체적인 법조문은 3분의 1 정도에 불과하다.

한편 현대의 성문법 체계는 대부분 전문(prooimion)과 본문(logos)으로 이루어져 있다. 대한민국의 헌법 역시 '유구한 역사와 전통에 빛나는 우리 대한민국은 3·1운동으로 건립된 대한민국 임시정부의 법통과 불의에 항거한 4·19 민주 이념을 계승하고'로 시작하는 전문(前文)으로 시작된다. 이처럼 성문법이 전문과 본문으로 이루어진 법률의 구조는 플라톤으로부터 시작되었음을 알 수 있다.

『법률』에서 전문을 마무리한 다음 법률 제정에서 중요한 비중으로 다루어지는 내용이 혼인과 출산에 관한 것이다. 여기는 출산은 국가의 존립에 대단히 중요한 문제이기 때문에 관직과 적임자의 임명과 더불어서 앞부분에 나오게 된다. 플라톤은 국가와 관련한 법률을 정함에 있어 그 시초로 출산과 관련된 기초를 마련해야 한다고 말한다. 이에 더해 혼인이나 출산과 관련한 법이 먼저 제정될 경우 국가의 올바른 상태에 대한 법 제정이 제대로 이루어질 것이라고도 한다.

플라톤은 『국가』에서 결혼 적령기로 남자는 25세에서 55세까지의 30년 동안, 여자는 20세에서 40세까지의 20년 동안을 제시한 바 있다. 그런데 『법률』의 제6권에서는 남자의 혼인 연령을 25~35세로 제안하기도 한다. 『법률』과 『국가』에서 주장하는 결혼 적령기에 차이가 있긴 한데, 대체로 출산에 큰 비중을 두고 제안한 것 같다.

그런데 『법률』에서 남성의 결혼 적령기를 25세~35세로 줄인 것은 평균수명이 그다지 길지 않은 시대에 아이를 늦게 낳았을 때의 부양 문제를 고려하지 않았을까 싶다. 그 자신이 노년에 접어들며 주위에서 늦게 낳은 아이의 부양 때문에 어려움을 겪는 남성들을 많이 보았기 때문은 아닐까?

사실 젊은 날에는 자녀 부양이 큰 문제로 와닿지 않는다. 요즘 우리 사회는 만혼(晩婚)이 일반화되고 이따금 늦둥이 바람이 불기도 한다. 개인이 알아서 할 일이긴 하지만 나이가 들면 남자들에겐 아이의 부양 문제가 심각하게 다가온다. 자식이 부모 슬하를 떠나 홀로서기를 하는 시점에 대한 고민을 하지 않을 수 없다. 특히 교육 기간이 길어지는 탓도 있지만 20대 후반에 정상적으로 결혼을 해서 아이를 낳더라도 60세 가까이까지 아이들에게 교육비가 들어가게 된다. 일반 기업에 다니는 경우 대부분 50대 초·중반에 명예퇴직 등으로 떠나는 사례들이 빈번한 상황을 고려하면 남자들로선 여간 걱정스런 일이 아니다.

만혼 추세를 되돌리는 것은 쉽지 않다. 그러나 결혼을 하고 아이를 낳아서 키우는 사람들이 여전히 다수임을 생각하면 결혼 적령기가 자꾸 늦어지는 것은 인생 전체에 걸쳐 문제가 되기도 한다.

그런데 이런 문제들을 젊은 날에는 별로 심각하게 인식하지 않는다는 사실이다. 40대 정도가 되어서야 조금씩 눈에 들어온다. 세상에는 머리로 알 수 있는 것도 많지만 가슴으로 절절히 알기 위해서는 반드시 시간이 흘러야 하는 것이 있다. 이 가운데 하나가 아이들의 부양과 남자의 나이라고 생각한다.

한편 『법률』에서 남자의 결혼 적령기가 빨라지는 또 하나의 이유가 있다고 본다. 그것은 아버지가 너무 늦은 나이에 결혼을 하면 자식과의 사이에 친애감이 생기기가 쉽지 않다는 점이다. 아버지는 본성적으로 친애감을 갖지만 아이는 동년배의 부모들에 비해 지나치게 나이 든 아버지를 가까이하지 않으려는 경향이 있다. 아마도 플라톤도 나이가 들어가면서 주변에서 이런 경우들을 자주 목격하지 않았을까 싶다.

오늘날에도 결혼과 출산은 떼어서 생각할 수 없고, 실제로 우리 생활에서 큰 비중을 차지하는 문제다. 요즘은 여성들의 결혼 및 출산 시기가 늦어진다고 걱정들이 많다. 출산이 늦어지는 게 반길 일은 아닐지 모르지만, 세월과 함께 쌓인 풍부한 경험과 지혜를 가진 상태에서 낳는 아이들이 지적인 면에서 받게 되는 긍정적인 영향도 무시할 수는 없다. 물론 노산이 아이와 산모에게 끼치는 위험은 충분히 고려해야 하지만 말이다.

남성들은 아주 늦지만 않는다면 생리적으로는 문제가 없다. 다만 아이들의 유치원 교육이 시작되고 난 후 20년 정도 자녀를 교육시켜야 하기 때문에, 지나치게 늦은 결혼은 남성 자신의 장년기와 노년기에 부담을 줄 수 있다.

오늘날 우리나라를 비롯한 대다수 국가들이 출산 문제로 고민에 빠져 있다. 일본은 출산율 하락에 따라 1995년부터 생산 가능 연령 인구(15세~64세 인구)가 줄어들기 시작하여 2005년부터는 총인구가 줄어드는 단계에 이미 도달했다. 우리나라는 2017년부터 생산 가능 연령 인구가 줄어들기 시작할 전망인데, 그 속도는 일본보다 훨씬 빠르다.

한 사회가 일정 수준 이상의 출산율을 유지하는 일은 무척 중요하다. 인구는 경제·안보·노동 등 나라의 근간을 좌우하기 때문이다. 그러므로 각국은 상당한 돈을 지출하면서 출산율을 끌어올리기 위해 안간힘을 쓰고 있다.

나 역시 우리 사회의 낮은 출산율이 대단히 심각한 문제라고 생각한다. 무엇보다 고령화 사회가 되면 소비가 크게 줄어들기 때문에 경제는 활력을 잃어버리게 된다. 나이를 먹은 사람들은 먹는 것도 적게 먹고, 움직임도 줄어들고, 의복이나 내구재 등에 대한 소비도 잘 하지 않기 때문에 수요를 만들어 내는 데 크게 이바지하지 못한다.

이런 맥락에서 보면 '최후의 자원은 사람이다'라고 역설한 경제학자 줄리언 사이먼의 지적은 명언이다. 그런데 여기서 자원이 되는 사람은 모든 사람들이 아니라 숙련되고 활기차고 자유를 마음껏 누리는 '젊은 사람들'을 말한다. 그렇다고 해서 나이 든 분들이 쓸모없다는 이야기는 절대 아니다.

한편 한 사람의 삶에 있어서도 가장 중요한 일 가운데 하나가 자식을 낳는 일이다. 출산은 단순히 비용이나 지출 이상의 가치 판단이 개입되는 문제다. 아이를 낳아서 키우는 일은 단지 계산기를 이용해서 비용과 수익을 따질 수 있는 일이 아니기 때문이다.

플라톤은 '왜 우리는 혼인해서 아이를 가져야 하는가?'라는 문제에 대한 질문과 근본적인 답을 제시하고 있다. 플라톤은 우리가 자식을 낳는 이유는 대다수 사람들의 본능인 불사성(athanasia) 때문이라고 한다. 인간이 지상에 머무는 시간은 유한하지만 죽음 이후에도 영원히 살고자 하는 욕망 때문에 자식을 낳아서 기른다는 것이다.

플라톤의 이런 의견을 고루하다고 느낄 수도 있다. 그러나 나이를 먹어가면서 '자식이란 나에게 무엇인가?'라는 질문을 던져보면, 나도 마찬가지로 '불사성'이라는 단어를 떠올리게 된다. 영원히 살기 위해 어떤 사람은 권력과 명성을 추구하고, 또 어떤 사람은 예술을 추구하지만, 보통 사람들은 자신의 분신을 세상에 남기는 일을 한다.

자신의 삶을 더 유쾌하고 즐겁게 살고 싶다는 생각과 자식 키우기에 소요되는 어려움이 불사성에 대한 원초적인 욕구를 억제하고 있는 것도 사실이다.

"부부끼리 잘 살다 가는 것도 좋지 않아?"라고 생각할 수도 있다. 하지만 나는 아이를 낳지 않으려는 부부에게 종종 나이를 먹으면 생각이 달라질 거라고 충고한다. 사실 젊은 날에는 '죽으면 이 세상에 무엇을 남기고 갈 것인가?' 하는 질문이 가슴에 잘 와닿지 않는다. 그러나 나이가 들수록 이 질문에 대한 대답 가운데 하나는 반듯하게 자란 자식을 남기는 일이다. 물론 사람마다 생각이 다를 수 있고 형편도 다르기 때문에 이 같은 의견은 보통 사람들의 생각 가운데 하나이지 절대적인 것은 아니다.

나의 경우는 아이를 낳아 기르면서 느끼는 즐거움이 아주 컸다. 아이가 성장하는 과정을 보는 것 자체가 큰 즐거움이었다. 육체적인 성장은 물론이고, 아이가 한 인간으로 커가는 기쁨이 너무나 컸다. 논리력과 추리력 등 의식이 확장되어 가고, 타인을 대하는 태도 등 사회성이 폭넓어지는 과정을 보며 행복했다. 아이들이 내게 감사하고 존경한다는 표현을 할 때는 한 인간으로서 성공한 느낌도 들었다. 이는 사회적으로 명성을 쌓거나 칭송을 받았을 때와는 질적으로 다른 것이었다.

요즈음 젊은이들 가운데는 일부러 아이를 낳지 않는 사람들도 많다.

'3포세대'라는 말까지 생길 정도이다. 경제적으로 어려워 연애, 결혼, 출산을 포기한다는 것이다. 우리나라 출산 정책이나 교육 정책이 제대로 되어 있지 않다 보니 육아비, 교육비 부담이 너무나 커져 이러한 문제가 생길 수도 있다. 더불어 3포세대의 가치관도 문제가 된다. 사실 아이를 낳고 기르는 문제는 꼭 돈으로만 해결되는 것이 아닌데도, 자신을 희생시키고 싶지 않은 마음 때문에 그런 선택을 하기도 한다.

자식을 낳아서 키우는 일은 엄청난 희생과 헌신을 요구하는 일이다. 그래서 개인의 가치관이 매우 중요하다. 헌신과 희생을 당연하게 여기지 않는다면 선뜻 나설 수 없는 일이다.

출산을 장려하려면 어떤 식으로 풀어야 할까. 첫 번째는 육아 비용을 줄여주는 방법이 있을 것이다. 두 번째는 젊은이들이 삶에 대해서 좀더 깊은 성찰을 해야 할 것 같다. 본인만 잘 먹고 잘살다 간다는 가치관이 주류를 이루면 자식을 낳기 힘들다. 사실 예전의 우리 부모 세대나 그 윗세대들이 여유가 있어서 자식을 낳아 키운 것은 아니다. 엄청난 희생을 감내할 각오를 하고 아이를 낳아 키운 것이다. 그런 희생을 감내할 수 있는 가치관이 필요하다. 세 번째는 정치 지도자들이 민족과 국가의 융성과 관련된 부분이라는 절박한 생각으로 보다 적극적인 출산 장려 정책을 마련해야 한다. 셋째아이를 낳으면 얼마간 보조해 주는 것 가지고는 턱없이 부족하다. 아이가 크면서 드는 교육비는 큰 부담을 안긴다. 공교육만으로도 교육이 충분히 해결될 수 있는 획기적이고 장기적인 정책이 절실하다. 네 번째는 이제 주요 기업들도 사회 공헌 차원에서 기업 내 인력들의 출산을 간접적으로라도 돕는 일을 펼쳐야 한다고 생각한다. 대표 기업들이 앞서 나가는 것만으로도 사회에 큰 임팩트를 줄 수 있을 것이다.

출산에 대한 글을 맺으면서 여담 한 가지를 하고 싶다. 어느 날 저녁을 준비하던 아내가 식탁에 앉아 있던 나를 되돌아보면서 이렇게 물었다.

"당신은 아이들을 볼 때 어떤 기분이 들어요? 분신처럼 느껴지는가요?"

나는 즉각적으로 이렇게 대답하였다.

"예기치 않은 죽음이 있더라도 크게 당황하지 않을 거예요. 아이들이 세대를 이어간다고 생각하니까."

이런 이야기가 어떤 분들에게 다소 고루하게 들릴 수도 있을 것이다. 그럼에도 나에게서 툭 하고 튀어나온 이야기는 그야말로 본능적인 반응이라 할 수 있다. 출산은 바로 영원성을 얻는 길이기도 하다. 바로 자식은 영원성에 맞닿아 있다는 이야기이다. 이를 뒤집어보면 세상의 자식들이 부모를 생각해서라도 반듯하게 훌륭하게 커주어야 한다는 말이기도 하다. 오래전에 부모가 세상을 떠났지만 내가 반듯하게 삶을 살아가려고 무던히도 노력하는 이유 가운데 하나는 늘 가버린 부모를 생각하기 때문이다.

자신의 부족함을 채워줄 수 있는 배우자와 결혼하라

아테네인: "자네는 사려 깊은 사람들에게서 존중받는 혼인을 해야 하네. 가난한 집안 사람과의 혼인을 피하지 말고 부유한 집안 사람과의 혼인을 추구하지도 말 것이네. 조건이 같을 경우, 다소 부족한 쪽을 택하세. 그러하는 편이 나라를 위해서도, 그리고 양가에도 가장 이득이 될 것이네. 서로의 부족한 점을 완성해 주고 균형을 이루는 상태가 서로 양 극단에 치우쳐 있는 편보다 남편과 아내로서의 훌륭함(德, aretē)에 있어서 차이가 나기 때문이지.(……)

대부분의 사람들은 자신과 비슷한 사람에게 자연히 끌리는데, 이로 인해 나라가 재물과 기질적인 성품에 있어 균형을 잃게 되지. 이로 인해 우리가 우리에게 일어나지 않기를 바라는 일들이 대부분의 나라에서 일어나게 되지." (……)

또한 혼인을 통해 재물을 얻고자 하는 자는 꾸지람으로 이를 단념케 해야지, 성문화된 법으로 이를 강제로 막는 것은 옳지 않습니다.

[제6권 773a:1~ 773b:1, 773b:7~773c:2, 773e:2~4) pp.207~208

결혼은 인생의 가장 중대사 중의 하나이다. 서로 다른 남녀가 만나 가정을 이루고 산다는 것은 어찌 보면 기적에 가까운 일이다. 대부분의 사람들은 성인이 되면 배우자를 만나 결혼을 한다. 평생 함께 살 사람을 만나는 일이기 때문에 배우자를 선택하는 일은 쉽지 않다. 어떤 사람은 첫눈에 반해 사랑하고 결혼을 하지만, 어떤 사람은 수십 번의 선을 보고 선택해 결혼하기도 한다. 결혼을 하고 나서 어떤 사람은 배우자를 잘 만나 천국의 삶을 누리기도 하고, 어떤 사람은 사는 내내 지옥과 같은 삶을 경험하기도 한다.

그렇다면 플라톤은 결혼을 앞둔 사람들에게 어떤 조언을 했을까? 배우자를 구하는 사람들의 행동은 예전이나 지금이나 별반 다르지 않다. 자신과 여러 가지 면에서 비슷한 사람과 결혼하는 것이다. 유유상종(類類相從)이란 말도 있듯, 사람은 본래 자신과 비슷한 사람들에게 친근감을 느끼기 때문에 결혼도 대체로 비슷한 사람들끼리 하게 된다.

플라톤 당시에도 오늘날과 마찬가지로 결혼을 신분 상승의 기회로 삼으려는 젊은이들이 많았던 모양이다. 부자들이 더 많은 부를 갖기 위해 또다른 부자들을 배우자로 찾는 일도 많았다. 재물에 대한 사람들의 욕망은 예전이나 지금이나 변함이 없다. 그렇다면 사람들은 왜 부유한 자를 배우자로 구하려 하는 것일까? 자신의 편안함을 추구하는 부분도 무시할 수 없지만 자식 세대에 더 나은 미래를 물려주려는 본능도 한몫을 담당하고 있을 것이다.

혼인에 대한 플라톤의 조언은 이런 본능을 극복하는 뜻에서 네 가지로 요약할 수 있다. 첫째, 상대가 가난하다고 결혼을 피해서는 안 된다. 둘째, 유별나게 부유한 상대를 찾아선 안 되며 어른들이 이런 젊은이들은 꾸짖어야 한다. 셋째, 성격이나 기질 면에서 자신에게 부족한 점을 가진 배우자를 선택함으로써 자신의 부족한 면을 채울 수 있을 뿐만 아니라 극단을 피한 아이들을 얻을 수 있다. 넷째, 다른 조건들이 같다면 다소 부족한 쪽을 존중해서 배우자로 선택하라.

왜 플라톤은 결혼에 대해 이같은 생각을 가졌을까? 그는 두 가지 이유를 든다. 하나는 그의 결혼관이다. 그는 구혼을 할 때도 자기 마음에 드는 것보다 나라에 유익한 것이 되도록 해야 한다고 강조한다. 이 점은 현대인의 결혼관과 많은 차이가 나며 옳다고도 볼 수 없다.

하지만 그 나름의 근거가 있다. 끼리끼리 결혼을 하면 나라 전체가 재물 면에서나 기질 면에서 쏠림현상이 심하게 일어나는 것을 플라톤은 걱정했다. 플라톤은 평등을 실현하는 한 가지 방법으로 결혼을 생각하였던 것 같다. 끼리끼리 결혼하면 나라 안의 불평등을 심화시킬 수 있음을 걱정하였다. 인간의 본성과는 맞지 않지만 나라와 옳고 그름을 고민하는 철학자라면 얼마든지 가질 수 있는 생각이다.

그러면 이 같은 쏠림현상을 방지할 방법이 있을까? 부자는 부자끼리 결혼하는 것을 금지하거나 많은 걸 할 수 있는 사람들이 비슷한 집안과

아테네인의 결혼 장면 기원전 430년경 도기에 그려진 결혼식 장면. 주위에 가족들이 각종 선물 등을 들고 신혼부부를 뒤따르고 있다. 런던, 대영박물관.

결혼하는 것을 법으로 금지하면 된다. 하지만 그런 법은 조롱과 비난의 대상이 될 수 있기 때문에 결혼에까지 법률이 개입하는 것은 올바르지 못하다고 플라톤은 말한다. 다시 말하면 성문화된 법으로 사람들을 서로서로 섞어서 평등하게 만드는 것은 불가능하다는 말이다.

끼리끼리 하는 결혼을 플라톤이 반대하는 또 하나의 이유는 개인의 입장에서도 비슷한 배우자를 만남으로써 치우치는 성격이나 기질을 가진 아이들을 낳을 출산 가능성 때문이다.

서로 다른 성격이나 기질이 섞임으로써 더 나은 것이 나온다는 플라톤의 결혼관은 잠시나마 웃음을 짓게 만든다. 게다가 부유한 배우자를 만나기 위해 노력하는 아테네의 젊은이들과 오늘날의 젊은이들 사이에는 과연 어떤 차이가 있을까 하는 생각도 해보게 된다.

아이들이 성장하여 연애할 나이가 되면서 나 역시 결혼을 과거와는 다른 차원에서 생각해 보게 된다. 젊어서는 무엇이든 조급하게 빨리 달성하기를 원한다. 게다가 요즘은 맞벌이를 해도 먹고살기가 빠듯하기 때문에 배우자를 고르는 기준 또한 상대방과 그 집안의 재산에 큰 비중을 두게 된다. 물론 처음부터 어느 정도 기반이 있는 상태에서 결혼 생활을 시작하면 편안한 게 사실이다. 그러나 인생은 길다. 지나치게 물질에 비중을 둔 나머지 두 사람이 화합하면서 사랑 속에 살아가는 것을 소홀히 하지 않도록 해야 한다.

최근 한 의사가 결혼을 하면서 아내가 예물을 성에 차지 않게 해왔다는 이유로 이혼소송을 걸었다가 패소하였다는 기사를 보았다. 결혼을 단지 재물 형성의 기회로만 삼았다가 낭패를 본 경우이다. 결혼은 물건을 주고받는 거래가 아니다. 물질은 살면서 얼마든지 만들어갈 수 있다. 하지만 서로 사랑할 수 없는 근본적인 문제들, 이를 테면 가치관의 차이, 믿음이나 성격의 차이 등은 결혼생활에 큰 그늘을 드리우게 된다.

부모 슬하에서 30년을 지냈다면 부부는 이후 50~60년을 함께해야 한다. 그 길고 긴 세월에 대한 의사 결정을 내릴 때 물질이 지나치게 큰 비중을 차지하는 것은 욕망이 이성을 이기는 것이다. 어차피 정답이 없는 문제이긴 하지만 신중하고 또 신중해야 한다.

내가 결혼할 때는 형편이 무척 어려웠다. 가진 게 거의 없는 상태였다. 그럼에도 나는 아내와 만나면서 이런 사람이라면 평생을 함께해 나갈 수 있겠다는 확신이 있었다. 누군가와 결혼을 고려한다면 앞으로 40~50년이란 긴 세월에 물질이 얼마나 비중을 차지하고 있는가를 생각해 봐야 한다. 물질 말고 더 중요한 것은 '통하는 것'이 있어야 한다는 점이다. '통하는 것'이란 감정적인 유대감일 수도 있고 사랑일 수도 있지만, 가장 중요한 것은 한 방향을 함께 보고 가는 것이다. 좋은 배우자의 조건은 같은 방향, 같은 가치관을 가진 사람이다.

한편 플라톤은 혼례 잔치에 대해서도 몇 가지 조언을 아끼지 않는다. 당시에도 많은 사람들이 호화 결혼식을 했던 모양이다. 이를 억제하기 위해 그는 혼례 잔치의 경우 양쪽 친구들을 각기 5명 이상 초청하지 않도록 하고 친인척들과 가족들도 그만큼만 초청하길 권한다. 비용 또한 가장 부유한 계층인 경우에도 1므나 이상을 초과해서 안 된다고 말한다.

당시도 자발적으로 혼례 비용을 축소하는 일이 쉽지 않았다. 그래서 플라톤은 엄격한 법적 규제가 필요함을 강조한다. 예를 들어, 재물에 있어서 가장 부유한 자들은 1므나, 그 다음의 계층에는 2분의 1, 그리고 그 다음 계층에는 4분의 1 등과 같이, 혼례 비용의 상한치 또한 재산에 비례해서 상한치를 넘을 수 없도록 해야 한다고 말한다. 만일 이를 어기면 어떻게 해야 하는가? 불복하는 자에게는 벌을 내려야 한다는 것이 플라톤의 주장이다.

플라톤의 이런 주장을 읽으니 요즘 우리 사회의 씁쓸한 결혼식 풍습이 떠오른다. 결혼이 중대한 일이긴 하지만, 몇 시간 남짓한 예식을 위해 엄청난 돈을 쓰는 일이 과연 바람직한 일일까? 그리고 다른 사람의 결혼을 축하해 주는 일이 중요하긴 해도 친분도 별로 없는 사람의 결혼식에 참석하기 위해 길에서 많은 시간을 보내는 일이 과연 바람직한 일일까? 생각해 봐야 할 일이다. 경건해야 할 예식장은 마치 장터처럼 소란하기 짝이 없으며, 허례허식을 금지하기 위해 일찍이 제정되었던 가정의례준칙은 사문화된 지 오래다. 사회의 지도층부터 자녀들의 혼사를 검약하게 치러야 한다. 현재와 같은 결혼 모습은 어떤 식으로든 개선되어야 할 것이다.

좋은 부모가 되기 위해서는 조신해야 한다

아테네인: 인생의 전환점에 선 신랑과 신부는 결혼식 당일 특히 사려가 깊어야 마땅한데, 이는 최대한 사려 깊은 부부 사이에서 아이가 잉태되어야 하기 때문입니다. 신의 도움을 받아 아이가 생기는 것은 낮이 될지 밤이 될지 아무도 모르는 일입니다. 술에 취해 맥이 풀린 상태에서 생식이 이루어져서는 안 되며, 태아는 안정적으로 자궁에 심어져야 하며 방해없이 굳건하고 차분하게 자라나야 합니다. 그러나 포도주를 잔뜩 마신 사람은 갈팡질팡하며 몸도 혼도 광란의 상태에 빠져 있습니다. 그러니 술 취한 사람은 씨를 뿌리는 데 있어서도 흔들리고 신통치 못하고, 변덕이 심해 믿을 수가 없고 인격적으로나 신체적으로나 반듯한 데가 없는 아이를 낳게 될 것입니다. [제6권 775b:7~775d:4] pp.210~211

플라톤은 결혼을 하지 않고 팔십 평생을 독신으로 살았다. 그러나 『법률』에서 그는 결혼을 포함하여 인간 생활과 관련된 거의 모든 부분들을 다루고 있다.

예를 들어 지참금의 규모, 약혼의 권리, 혼례 의식, 혼례 잔치의 규모, 신방을 차리는 부부의 자세와 마음가짐 등 아주 세세한 부분에 이르기까지 법적인 조언을 아끼지 않는다.

그래서 『법률』을 읽으면서 혼잣말로 "이 할아버지는 본인이 결혼을 해보지도 않고 아이를 낳아 키워본 적도 없고 학부모가 되어서 아이들 교육 때문에 고심한 적도 없는데, 이런 것을 어떻게 다 알게 되었을까?"라는 말을 중얼거리면서 웃음짓곤 하였다.

당시에도 가난한 남자가 지참금을 마련하지 못해 혼자 늙어가거나 딸을 가진 부모가 가난하기 때문에 딸을 출가시키지 못하는 경우가 있었다. 또한 많은 지참금을 갖고 온 아내가 남편을 방자함(hybris)으로 대하거나 지참금을 마련하기 위해 빚을 진 남자들이 부자유한 신세가 되는 폐해들이 있었다. 따라서 플라톤은 지참금을 주고받는 것에 대한 일정한 기준을 법으로 정하고 그 법을 어긴 사람들에겐 벌금을 부과해야 한다고 주장한다.

또한 플라톤은 아이를 낳아보지도 키워보지도 않았던 사람이지만, 육아에 대한 그의 조언은 여러 아이를 키워본 부모 이상으로 생생하고 실용적이다. 아이를 키울 때 무엇보다 중요한 것은 육체적으로나 정신적으로 건강한 아이를 낳고 기르는 일이다. 부모는 튼실한 아이를 낳는 것만으로 정말 대단한 일을 한 것이다.

세상에는 신체적으로나 정신적으로 결함을 안고 태어나는 아이들이 있다. 그런 아이들의 부모가 평생 지불해야 할 노고는 제3자로서는 추측하기 힘들 정도로 엄청나다. 튼튼하지 못한 아이가 태어나는 데는 여러 가지 이유가 있을 것이며, 이 가운데에는 인간이 어찌할 수 없는 것들도 많을 것이다. 그러나 플라톤은 신방을 꾸밀 부부에게 각별히 주의할 것을 당부하고 있다.

플라톤은 튼튼한 아이를 낳기 위해 술에 취한 상태에서 아이를 갖지 말라고 권한다. 사실 젊은 부부들은 이런 점을 절실하게 가슴으로 받아들이기 힘들다. 특히 결혼식 날은 흥에 겨운 나머지 얼마든지 음주를 할 수 있다. 이런 사소한 일들이 끼칠 수 있는 부정적인 영향에 대해 플라톤은 엄숙하게 지적한다. "사람들에게 확고한 기반이 잡힌 시작은, 신이 그러하듯, 모든 것을 구해주기 때문입니다"라는 플라톤의 말은 아이를 갖는 그 순간이 시작이며, 이 시작은 확고히 기반이 잡혀 있어야 한다는 얘기다. 시작, 즉 아이를 갖는 순간의 중요성을 강조하는 것이다.

장성한 자식들이 결혼을 할 즈음이 되면 부모의 걱정은 손자손녀에게까지 미치게 된다. 내가 자식들에게 해주고 싶은 말은 튼튼한 자식을 갖기 위해서는 조신(操身)만으로 충분치 않다는 것이다. '조신, 조신 또 조신'해야 한다고 강조하고 싶다. 술, 담배, 불경함 등을 멀리하고 예부터 내려오는 태교의 지혜를 적극적으로 수용해야 한다. 나이든 어른들의 조언이나 지혜에 귀를 기울여야 한다.

이들의 조언 가운데 많은 부분은 금지와 관련된 것들이다. '이것을 가까이하지 마라'는 이야기를 들으면 젊은 부부들은 한 귀로 듣고 한

귀로 흘려보내기 쉽다. 이런 금지 조항들은 엄밀한 과학적 근거를 가졌다기보다는 경험을 통해서 세대로 전해진 지혜들이다. 학교 교육을 받은 사람들은 검증된 이론이나 주장은 신뢰하지만 그렇지 않을 것들은 등한시한다. 그러나 어른들이 멀리하라고 권하는 것, 주의하라고 권하는 것들은 그만한 가치가 있는 것이기에 마음 깊이 새겨야 한다.

동성애에 관해서는
신중한 접근이 필요하다

아테네인: [남자가] 남자와의 교합을 삼감으로써, 의도적으로 인류에게 종말을 가져오는 일이 없게 하며, 동성간의 관계뿐만 아니라 어떠한 생명도 잉태할 수 없는 바위나 들에 씨를 뿌리는 일을 없게 해야 합니다. 또한 우리는 씨를 뿌림으로써 후회하게 될 '여성의 밭'에는 씨를 뿌리지 말 것입니다. 현재로서는 부모와 자식 간의 성행위만을 법으로 금지하고 있지만, 효과적으로 적용할 수 있는 법의 기반이 영원할 수 있도록 다져지면 다른 경우에도 좋은 결과를 불러올 것입니다. 왜냐하면 첫째 그것은 자연의 이치를 따르는 일이며, 욕정과 광기, 모든 간통들, 그리고 모든 적도(適度)를 넘는 음식물들에 대해 삼가도록 만들며, 제 자신들의 아내들과도 사랑하는

사람들이기 때문입니다. [제8권 838e:6~839b:2] pp.291~292

최근 우리나라에도 방송 드라마나 영화 등에서 동성애를 다루는 일이 늘고 있다. 개인의 성적 취향을 두고 왈가왈부할 순 없지만 이것이 결혼, 가족 제도 등 사회적으로 미치는 영향이 매우 크기 때문에 이에 대해 각자가 올바른 시각을 갖고 있는 것은 중요하다고 본다. 가끔 외신을 보면 동성애 커플이 결혼을 하는 사례들이 종종 등장하는데, 아직까지 우리 나라에선 동성간의 결혼을 금하고 있다.

플라톤이 살던 시대에는 성인 남자와 소년 사이에 소위 소년애가 공공연하게 이루어졌다. 그렇다면 플라톤은 동성애에 대해 어떤 생각을 갖고 있었을까? 플라톤이 '동성애' 문제를 어떻게 보았는가는 현대인에게 주는 메시지도 크다. 결혼의 유형에 대해 시시비비를 가리고 이에 대해 일정한 법적 제약을 두어야 하는 내용은 제8권(836a~842a)에 소개되어 있는데, 상당히 구체적인 데다 여러 페이지에 걸쳐 소개되고 있다.

남자 성인이 미소년과 성적인 교합을 갖는 소년애(paiderasteia)는 스파르타에서는 공공연하게 보장되었다. 스파르타에서는 소년들을 세 그룹, 즉 7세~17세 소년들, 18세~19세 성년기 소년들(청춘 소년들), 그리고 20세~29세 청년들로 나누어 공교육을 실시했다. 이때 먼저 성년이 된 선배와 후배 사이에 동성애적인 관계가 제도적으로 허용되기도 했다. 아테네 역시 소년애가 관습처럼 이루어지고 있었다.

그러나 플라톤은 남성과 남성 사이에 이루어지는 성적인 결합과 같은 관습에 반대 의사를 분명히 나타낸다. 소년애는 자연스러운 것이 아닐 뿐만 아니라 경건하지도 않고 행복에도 이바지하지 않는 것이라고 말한다. 또한 그는 법으로 이를 엄격히 금지해야 한다고 주장한다. 물론 플라톤은 소년애에 젖어 있는 입법자를 비롯해서 동성애를 우호적으로 보는 사람들이 "어리석고 불가능한 법규들을 제정하고 있다"고 항의하면서 적극적으로 반대할 것을 예상하고 있었다. 그러나 소년애는 선량한 시민들을 타락시키는 것이기 때문에 호법관들이 입법자가 되어 관련 법규들을 제정해서 이를 금지시켜야 한다고 플라톤은 여러 번 강조하고 있다.

당시의 시대 분위기와 관습을 고려할 때, 플라톤의 주장은 웬만한 배포를 갖지 않으면 내놓을 수 없는 의견이었다. 한마디로 대단히 용기 있는 소수 의견이었던 셈이다.

오늘날 우리 사회도 자신이 동성애자임을 밝히는 '커밍아웃(coming-out)'이란 용어가 거부감 없이 받아들여지고 있으며, 성 정체성 문제에 관한 한 소수자의 권리를 보호하는 쪽으로 분위기가 바뀌어가고 있다. '포춘 500' 선정 기업들 가운데는 이런 문제를 포함해서 기업 내 소수자의 권리 보호를 위해 CDO(Chief Diversity Officer)라는 직책이 있을 정도이다.

소수자의 권리 보호라는 차원에서 접근하면 동성애 문제는 당연히 그들의 권리를 적극 보호하는 쪽에 손을 들어주게 된다. 앞으로의 추세도 소극적인 권리뿐만 아니라 적극적인 권리를 수용하는 방향으로 진행될 것이다. 하지만 동성애 문제를 논할 때 이러한 측면 이외에 다른 문제들은 없는지도 충분히 고려해야 할 것이다.

동성애자들에 대한 이해와 그들 자신의 삶과 그들의 삶이 사회 전체

향연에서의 동성애 모습 잠수부의 무덤에 그려진 향연 모습에서 한 청년과 그보다 나이든 남성이 동성애적 장면을 연출하고 있다. 이탈리아 파에스툼의 한 무덤에서 출토된 프레스코화.

에 미치는 장기적인 효과를 고려해서 권리 보호를 어느 수준까지 허용해야 할지에 대해 신중한 접근이 필요하다.

나 또한 처음에는 단순히 소수자의 권리를 이해하는 측면에서 접근했지만 동성애자의 실상에 대한 각종 정보를 보면서 단순한 문제가 아니라고 생각하게 되었다. 이런 점에서 아테네인들이 무비판적으로 받아들이고 있던 소년애에 대해 격렬한 반대를 무릅쓰고 자신의 주관에 따라 시시비비를 분명히 한 플라톤의 용기가 대단하다고 느꼈다.

여기서 성 정체성 문제에 대해 나 개인의 호오(好惡)를 드러낼 생각은 없다. 하지만 오래전 동성애가 유행하던 사회를 살았던 플라톤 같은 철학자의 의견 또한 한번 새겨봐야 할 주장이라서 소개한다. 이 부분에서 플라톤의 의견에 동의하지 않더라도 선인의 여러 주장 가운데 하나라고 생각하고 참조하면 도움이 될 것이다. 아래는 '성 정체성'과 관련한 플라톤의 이야기로, 결혼과 성적 충동의 관리에 대한 내용을 담고 있다.

"남편은 자신의 아내를 제외하고 존중되어야 할 자유민 여성 그 누구와도 관계를 갖지 못하게 합니다. 또 첩들과 관계를 가짐으로써 부정한 서출의 씨들을 뿌리지 못하게 합니다. 자연의 이치를 거스르는 남자들끼리 관계를 갖지 못하도록 하며, 이를 아주 막아야 합니다. 그리고 돈으로 사거나 고용을 하거나 그 밖의 다른 방법으로 얻게 된 여인들과 관계를 맺고 이것이 들통나게 되면 그는 법에 의해 마땅히 추방되어야 합니다."

〔제8권 841d:1~841e:4〕 pp. 294~295

최근 미국의 한 기업에서는 동성애자들의 취업에 가산점을 주겠다는 광고까지 했다. 인류의 역사는 지금까지 소수자의 권리를 보호하는 방향으로 진행되어 왔다. 그런 차원에서 동성애 문제 또한 앞으로의 추세는 동성애자들의 권리를 보호하는 방향으로 전개될 듯하다. 다만 권리 인정의 정도와 속도라는 면에서 수천 년 전의 사람들이 성 정체성에 대해 가졌던 주장도 참조할 필요가 있다.

장례를 치르는 일 역시
검소하고 담대해야 한다

아테네인: 어떠한 무덤도 크건 작건 간에 경작이 가능한 땅에 만들어져서는 안 되며, 산 자들에게 최소한의 불편을 주는 범위 내에서 자연이 죽은 자의 육신을 수용하고 숨겨주는 용도로만 준비해 둔 공간에 마련되어야 합니다. 산 자든 죽은 자든 살아 있는 사람으로부터 그 누구도 인간들을 위해 양식을 만들어주는 어머니인 대지의 생명력이 담긴 그러한 땅을 빼앗아서는 안 되기 때문입니다. 한편 묘는 봉분의 높이가 다섯 사람이 닷새 동안에 끝낼 수 있는 일거리 이상이 되지 않도록 제한해야 합니다. 비석은 죽은 자의 생애에 대한 칭송을 담는 것 이상으로 커져선 안 되고 그 내용도 육운각의 4행시를 넘어선 안 됩니다. (……) 망자를 위해 울거나 또는 그러지 않

도록 지시하는 것은 천박하지만, 장송곡은 반드시 금지되어야 합니다. 오직 집안에서만 추모하는 울음소리를 낼 수 있습니다. (제12권 958d:6~958e:8, 960a:1~3) p.472, 474

나이가 들수록 친지들의 장례식장에 갈 일이 많아진다. 공교롭게도 장례식은 살아 있을 때의 권세나 혹은 자식들의 지위 등을 암암리에 반영하는 일종의 지표가 되기도 한다. 입구까지 늘어선 조화에서부터 일사불란하게 움직이는 상조 회사 사람들까지, 이제는 이러한 '죽음'도 하나의 비즈니스로 다루어진다는 느낌이 들기도 한다. 실제로 우리나라 상조 시장이 지난 몇 해 동안 급격히 성장했고, 그 와중에 일부 회사의 불공정거래 등이 문제가 되어 사회면을 오르내렸던 적도 있다.

죽음에 대한 올바른 생각을 지니고 있는 것이 현재를 살아가는 데 있어 매우 중요한 일임을 여러 〈대화편〉을 통해 우리는 깨우칠 수 있었다. 『법률』에서도 마지막에 해당하는 제12권 끝 부분에서는 망자에 대해 다루고 있다. 앞의 내용들이 일종의 생사관과 같은 사유의 부분이었다면 여기에서는 장례 및 매장 절차와 규모 같은 아주 실질적이고 구체적인 부분을 다루고 있다.

그리스인들은 죽음과 함께 혼과 육신이 분리되는 것으로 생각했다. 플라톤은 죽은 이의 몸은 결국 묻히게 되므로, 이것 때문에 가산을 탕진하지 말라고 이야기함으로써 그의 죽음에 대한 관점을 드러낸다. 죽음과 함께 혼은 살아남을 것이고 육신은 썩어 없어질 것이다.

매장지로 향하는 고대 그리스인 장례 행렬 고대 그리스에서도 장례식의 규모는 가문의 지위를 말해 주었는데, 당시 사람들에게 장례식은 상당히 씀씀이가 큰 행사였다. 아테네, 국립박물관.

이런 견해를 받아들인다면 매장을 하든 화장을 하든 수목장을 하든 그다지 중요하지 않다. 생사관이 명확한 사람은 죽음 이후의 자신의 일에 대해서 결코 연연하지 않는다. 세상을 떠난 후 망자를 위해 호화롭게 무엇인가를 하는 일은 아무런 소용이 없다.

플라톤은 이승을 떠나 저승으로 향한 망자는 생전에 행한 일들에 대해 저승에서 칭찬을 받기도 하고 문책을 당하기도 한다고 말한다. 때문에 친척들이 진정 망자를 돕는 길은 죽은 다음이 아니라 살아 있을 때 그가 선행을 하도록 돕는 일이다. 이미 버스가 떠나버린 것처럼 죽고 나면 이미 그에 대한 심판은 결정되어 버리는 것이다. 호화 분묘를 쓰거나 장례식을 화려하게 치른다고 해서 망자에 대한 평판이나 판결이 달라질 것은 없다.

당시에도 호화 분묘를 쓰거나 과도하게 장례식을 치르는 경우가 있었다. 때문에 플라톤은 재산의 많고 적음에 따라 장례비 한도를 구체적으로 법률로 정해야 한다고 말한다. 장례비 지출의 최고치는 5므나이고 다음으로 과세기준에 따라 3므나, 2므나, 그리고 1므나의 한계를 정하여야 한다고 말한다. 친인척들이 슬픔을 표하는 방법과 시신을 다루는 방법도 구체적으로 정해져 있어야 한다고 말한다. 예를 들어, 시신을 환한 길 한가운데로 이끌어오는 것, 장지로 가면서 곡을 하는 것, 세상 사람들이 활동을 개시하기 전 즉 날이 새기 전에 성 밖으로 나가야 하는 것 등을 법으로 정해야 한다고 말한다.

누구든 어느 정도 나이가 되면, 자신의 죽음과 그 이후의 일들을 생각해 봐야 한다. 잘 사는 일도 중요하지만 이것 못지않게 잘 죽는 일도 중요하다. 생사관을 뚜렷이 갖고 있으면 죽음에 대한 태도도 달라진다.

경영학계의 대부로 통하는 고(故) 피터 드러커 교수에게 죽음은 묘와 비석으로 남는 것이 아니었다. 생전에 그와 친하게 지냈던 고(故) 이재규 박사에 따르면 피터 드러커의 유골은 가족들이 잘 가던 곳에 뿌렸다고 한다. 그러나 정확하게 그 위치가 어디인지는 가족들 외엔 아무도 알 수 없다고 한다.

피터 드러커 교수가 남기고 싶었던 것은 사람들에게 좋은 추억이나 기억이었을 것이다. 그가 생전에 자주 사용했던 "나는 다른 사람의 목적을 달성할 수 있도록 도와준 사람으로 기억되길 바란다"라는 말이 그의 생사관을 말해 준다. 그는 기억을 남기는 데 굳이 묘를 만들고 비석을 세울 필요는 없다고 믿은 것이다.

혼은 기억이나 추억으로 후인들에게 남게 된다. 영혼에 반해서 육체는 숨이 끊어지는 순간부터 멸하게 된다. 오래전에 읽었던 책 가운데 또렷이 기억에 남는 자서전이 한글 타자기와 공안과로 유명한 공병우 박사의 『나는 내 식대로 살아왔다』이다. 그 책은 지금도 이따금 읽어볼 정도로 멋진 자서전이다. 거기에는 영혼은 하느님 나라에서 영원히 살지만(공 박사는 천주교를 믿었다) 육체는 멸하고 만다는 굳센 신념을 가진 한 선각자의 유언이 정리되어 있다. 그는 시신을 기증했고 일체의 장례 행사를 하지 않았다. 책 속에 소개된 유언대로 공 박사는 사후를 깔끔하게 정리하고 떠났다.

첫째, 생명이 위독한 병으로 입원하였을 때 동거 가족 또는 보호인은 다른 가족과 친척, 친구들에게 위독한 사실을 일체 알리지 말고, 의사의 지시에만 순종할 것.

둘째, 만일 죽더라도 누구에게나 일체 알리지 말고, 장례식이나 추도식 같은 것은 일체 하지 말고, 아래 적은 순서로 가능한 방법을 택하여, 시체를 처리할 것.

1) 시체 중에는 조직 또는 장기를 다른 환자의 치료에 사용할 수 있는 것이 있다면 그것을 적출하고, 나머지는 병리학 또는 해부학 교실에서 사용할 수 있도록 의과 대학에 제공할 것.

2) 위와 같이 할 수 없을 때는 사후 24시간 이내에 화장 또는 수장할 것.

3) 죽은 지 1개월 후에 가족, 친척, 친구에게 사망 사실을 점차 알릴 것.

공병우, 『나는 내 식대로 살아왔다』, p.218

죽음을 제대로 맞는 지혜 또한 그냥 주어지는 것이 아니라 배우기 위해 노력할 때 가질 수 있는 것이다. 나는 몇 해 전부터 생전 유언장을 쓰기 시작하였다. 자식들에게 남기고 싶은 말과 재산의 분배 등에 대한 내용도 있지만 죽음과 그 이후의 처리 문제들에 대해서도 나의 생각을 분명히 정리해 두었다.

우리는 살다가 언젠가 떠난다. 그 언젠가는 아무도 알 수 없지만, 죽음의 순간과 그 이후를 글로 정리해 보는 것은 언젠가를 준비하는 일이기도 하다. 또한 오늘 자신에게 허락된 하루를 최대한 잘 살아가기 위한 방법이기도 하다. 누구의 삶이든 아쉬움은 남을 것이다. 그럼에도 후회는 없도록 해야 한다.

먹고 마시고 생식하려는
세 가지 충동을 다스려라

아테네인: 제가 관찰하건대, 모든 인간의 행동은 삼중의 욕구(epithymia) 와 필요(chreia)에 의해 일어납니다. 올바른 교육이 이루어진다면 이러한 본능은 사람을 훌륭함(덕)으로 인도하지만, 잘못된다면 반대의 극단으로 가게 되지요. 사람은 태어난 순간부터 먹을 것과 마실 것에 대한 욕구가 있습니다. 모든 살아 있는 생명은 욕구가 발생하면 이를 충족하고자 하는 본능이 있는데, 이를 충족시키는 것 이외에 다른 것을 해야 하며 그럼으로써 괴로움에서 스스로 벗어나야 한다고 주장하는 이들의 말은 들리지 않은 척합니다. 세번째 욕구는 가장 강렬하게 가장 마지막에 시작되지만 사람들의 광기에 불을 지피는데, 이는 바로 종족의 번식에 대한 걷잡을 수 없는 정

욕입니다. 바로 이 세 가지의 건강하지 못한 충동들은 최상의 즐거움과는 반대로 최선의 것으로 방향을 틀어야 합니다. 우리는 이를 공포와 법 그리고 참된 논변, 이렇게 세 가지의 강력한 힘으로 통제해야 합니다. 실은 이에 더해 뮤즈들과 신들의 도움을 불러내어 이런 충동들의 성장과 유입을 억제해야 합니다. [제6권 782d:10~783a:6] p.220

만물의 영장이라 불리는 인간 역시 동물적인 특성으로부터 완전히 벗어날 수 없다. 동물적 특성은 '삼중의 필요와 욕구'들로 이루어진다. 이는 먹고, 마시고, 생식하려는 필요와 욕구를 말한다. 노년에 들어선 사람들조차 음식에 대한 탐심을 경계하는 것을 보면 이런 욕구와 필요가 무척 질기다는 것을 알 수 있다. 세월과 함께 강도나 빈도는 줄어들겠지만 인간이 생명을 유지하는 한 마지막 순간까지 이런 필요와 욕구들은 늘 살아 있을 것이다.

그렇다면 이 세 가지 욕구 가운데 가장 강렬한 것은 무엇일까? 그것은 종족의 번식이나 성적 쾌락과 관련된 성적인 충동을 들 수 있다. 이에 대해 플라톤은 "가장 강렬하게 가장 마지막에 시작되지만, 사람들의 광기에 불을 지피는데, 이는 종족 번식과 관련해서 도저히 걷잡을 수 없는 정욕으로 불타는 것이죠"라고 표현할 정도로 성욕의 충동이 가진 힘을 설명한다.

정욕을 포함해서 이들 세 가지 욕구와 필요는 충동적인 특징을 갖고 있기 때문에 자칫 사람들로 하여금 실수를 범하게 만들기도 한다. 자신을 제대로 갈고닦으면 이 같은 욕구와 필요를 제어할 가능성이 높아지지만, 그렇다고 해서 완전히 자유로워지는 것은 아니다. 그렇기에 이들 충동 때문에 평생 쌓아온 명성이나 지위를 날려버릴 위기에 처한 사람들의 소식을 접할 때마다 그들을 비난하기에 앞서 인간이 가진 나약함을 떠올리게 된다.

어떻게 하면 세 가지의 병적인 충동들을 제어할 수 있을까? 플라톤은 세 가지 강력한 것들, 즉 두려움(공포), 법, 참된 논변에 의해 이들을 제압하라고 권한다. 여기서 두려움은 이들 필요와 욕구에 굴복했을 때 자신이 치르게 될 죗값을 늘 의식하는 것을 뜻한다고 본다. 그 다음으로 법은 법의 테두리를 벗어나지 않는 것을 뜻하며 마지막으로 참된 논변은 이성이 비이성을 이기는 판단을 내리고 이에 따라 행동하는 것을 뜻한다.

욕망이나 욕구를 이성으로 적절히 억제할 수 있는 상태를 절제라 부른다. 반면에 비이성적으로 쾌락에 의해 이끌림을 당한 상태를 절제에 대응되는 상태인 '히브리스'라 부른다. 반듯한 인간이라면 과하게 먹고 마시고 불건전한 성관계를 맺는 무절제한 상태인 '히브리스'는 반드시 피해야 할 상태다.

플라톤이 제시한 세 가지 방법에 한 가지를 더하자면 애초에 절제를 잃는 상태, 즉 '히브리스'에 놓일 가능성을 줄이는 것이다. 예를 들어, 성적인 충동을 억제할 수 있는 방법은 스스로 그런 유혹에 빠질 수 있는 가능성이 높은 환경에 자신을 두지 않는 것이다.

나는 식욕, 정욕, 즐거움과 같은 욕망의 자제를 비교적 잘 하는 편이다. 그런 즐거움을 누리고 있을 때와 그 이후에 감정의 낙폭이 크기 때문에 나 스스로 그런 상태가 되는 것을 원하지 않기 때문이다. 또한 늘

맑은 몸과 마음 상태를 유지하고 싶기 때문이기도 하다. 때문에 질펀하게 술을 마시고 쾌락에 빠지는 것을 좋아하지 않는다.

  내가 몸과 영혼을 관리하는 방법은 강력한 쾌락과 거리를 두는 것, 가능한 생활을 규칙적으로 하는 것, 고귀한 것을 즐겨 보고 듣고 읽고 쓰는 것, 의식이 깨어 있도록 노력하는 것, 무엇인가에 대해 사유하고 생각을 정리하는 것, 그리고 늘 삶의 유한성을 깊이 인식하는 것이다. 충동과 욕망에서 스스로를 지킬 수 있는 자기만의 습관이나 방법 같은 것을 평소에 잘 마련해 두자.

이상적인 삶의 조건은 마음의 평안이다

아테네인: 제 주장은 다음과 같습니다. 바른 삶(ho orthos bios)은 즐거움만을 추구하는 것도, 괴로움을 피하는 것도 아니라 양 극단 사이에서 온화한 만족감을 느끼는 것(중용, 중간)입니다. 정확히 말하자면 이 상태는 바로 심기가 편한 상태(hileōs)로 신의 상태(diathesis) 그 자체인데, 우리가 신처럼 살기를 원한다면 이러한 상태(습성: hexis)에 도달하려고 해야 합니다. 따라서 즐거움에 탐닉한다고 해서 그것으로부터 벗어날 수도 없는 만큼, 즐거움에 스스로를 내맡기다시피 해서는 안 되며 또한 다른 누구도 즐거움만을 구하려고 한다면 이를 허락해서는 안 됩니다. 젊은이건 노인이건, 여자건 남자건 말입니다. 특히 갓 태어난 아이는 더욱 주의가 필요한

데, 어린 시절에 한 사람의 성격(성품: ēthos)을 결정짓는 습관(ethos)이 뿌리내리기 때문입니다. [제7권 792c:9~792e:3] p.232

어떤 삶이 가장 멋지고 이상적인 삶일까? 이따금 '내가 제대로 살고 있을까?'라는 질문을 스스로에게 던질 때가 있다. 상식적으로 생각해 보면, 대부분 가장 이상적인 삶은 즐거움과 유쾌함, 그리고 쾌락으로 차고 넘치는 삶이라고 생각할 것이다. 평소에 나는 이상적인 삶의 상태에 대해 나름대로 의견을 갖고 있었지만 이를 타인의 시각으로 확인할 길이 없었다.

평소에 나는 이상적인 삶의 상태를 즐겁지도, 괴롭지도 않은 담담한 기쁨과 평온함으로 가득 찬 상태라고 생각해 왔다. 주말 아침, 거실 깊숙이 햇살이 들어오고 주변은 조용한 가운데서 좋아하는 고전을 읽고 있으면 잔잔한 기쁨을 느끼게 된다. 바로 이처럼 '담담함'과 '평온함'이 지배하는 삶을 이상적으로 생각했다.

나는 플라톤의 이에 대해 명쾌한 답에서 내가 가진 이상적인 삶에 대한 의견을 확인할 수 있었다. 그에게 이상적인 삶의 상태는 '심기가 편한 상태'이며, 이처럼 즐거움과 괴로움에서 벗어난 삶이야말로 '가장 신적인 삶'에 가깝다고 플라톤은 말한다. 그런데 박종현 교수는 『플라톤의 법률』의 각주에서 흥미로운 두 가지 개념을 소개하고 있다. 하나는 상태(diathesis)고 다른 하나는 습성(hexis)이다. 앞의 것은 '어떤 것이 처해 있는 상태'이고 뒤의 것은 마음가짐이나 몸가짐을 그렇게 해버

룻함으로써 어떤 사람에게 있어서 굳어진 상태, 곧 '습성'이나 '성격 상태'를 의미한다.

신은 원래부터 즐거움과 괴로움이 없는 상태에 있지만 인간은 그런 상태를 스스로 노력해서 만들어내야 한다. 인간의 인격적인 훌륭한 상태(덕, aretē), 성격, 성품, 그리고 습관은 평소에 반복적인 행동으로 굳어지거나 굳혀서 가지게 된 상태(hexis)를 말한다. 인간에게 이상적인 삶의 상태는 자신이 하기 나름이며 공짜로 주어지지는 않는 것이기에, 여기에 도달하고 이를 유지하기 위해 오랜 수련을 거쳐야 한다.

『국가』의 시작 부분에는 소크라테스가 부유한 노인인 케팔로스를 만나 노년의 행복에 대해 대화하는 장면이 등장한다. 노년이 되더라도 어떤 사람은 만족하면서 살고 어떤 사람은 그렇지 못하는데, 그 중요한 원인에 대해 케팔로스는 나이 많은 게 원인이 아니고 그 사람의 성격 탓이라고 말한다. 노년이 되더라도 결국 반복해서 어떤 상태를 만들어 왔고 만들어가고 있는가라는 점이 행복과 불행의 원인이 된다.

'심기가 편안한 상태'와 관련해서 아이를 가진 여인의 이야기가 사례로 등장한다. 임신한 여인을 어떻게 대해야 할 것인가라는 플라톤의 설명은 태교에 대해 중요한 내용을 담고 있다. 아이를 가졌을 때부터 낳은 지 세 살이 될 무렵까지 아이들의 성격이나 습관이 뿌리를 내리기 때문에, 가능하면 좋은 성격이나 습관이 형성될 수 있도록 각별한 노력과 주의가 필요하다.

임산부들은 스스로 아이를 임신하고 있는 동안 '심기가 편안한 상태'를 유지해야 한다. 이런 조언은 임산부를 아내로 둔 남편이 깊이 새겨야 할 일일 뿐만 아니라, 사회의 구성원들이 길거리나 전철, 버스 안에서 임산부를 어떻게 대해야 하는가를 잘 말해 주고 있다. 어떤 경우에든 절대로 노하게 하지 말고 심기가 편안한 상태를 가질 수 있도록 도와야 한다. 플라톤의 표현을 빌리자면 "여인들 중에서도 뱃속에 아이가 있는 이들을 그해 동안에는 각별히 보살펴야" 한다고 말한다. 이는 대부분 아이가 큰 다음 알게 되는 진리 가운데 하나이기 때문에 가임기의 아내를 둔 예비 아빠들은 깊이 새겨야 한다.

평생 독신으로 살았던 플라톤은 자신이 결코 경험할 수 없었던 이런 세세한 것까지 조언했다는 데 놀라지 않을 수 없다. 임산부를 대하는 이야기가 나오기 바로 전에는 태아의 양육을 위한 임산부의 운동까지 소개할 정도다. 참고로 이 내용이 들어 있는 제7권에는 아이들의 양육과 교육에 관한 내용들이 포함되어 있는데, 젖먹이에서 세 살까지, 그리고 세 살부터 여섯 살까지의 아이를 어떻게 키워야 하는가 등 온갖 내용들이 다 들어 있다.

플라톤은 세 살이라는 시점을 교육적 측면에서 매우 중요하게 여기고 있는데, 문득 '세 살 버릇 여든까지 간다'는 우리의 속담을 떠올리게 된다. 옛사람들은 세 살 무렵에 사람의 기본적인 틀이 어느 정도 만들어지는 것으로 이해했던 것 같다. 오랜 경험에서 우러나오는 지혜에는 동서양의 구분이 없다는 생각을 하게 된다.

나의 절친한 친구 가운데 산부인과 의사가 있다. 그는 함께 일하는 간호사들에게도 아이를 낳은 다음 3세까지 아이와 함께 지내도록 권한다고 한다. "아이는 세 살까지 한 인간으로서 지적이고 심리적인 골격들이 대부분 갖추어져요. 그러니까 잠시 휴직을 하고 아이들과 함께 지내세요. 아이가 세 살이 지난 다음에 복직하면 내가 기꺼이 함께 일할 수 있도록 할 테니까."

내가 생각하는 가장 이상적인 삶의 상태, 즉 '심기가 편한 상태'를 나는 '명경지심(明鏡至心)'이라고 표현하고 싶다. 고요한 물처럼 깨끗하고 맑은 상태를 말한다. 나는 축제 같은 떠들썩한 분위기보다 고요히 앉아서 글을 읽거나 편안하게 쉬는 상태를 좋아한다.

이런 심리 상태를 유지하기 위해서 가끔 삶의 속도를 늦추는 것이 중요하다. 생활 속도를 의도적으로 느리게 진행하는 것이다. 천천히 걷고, 느긋하게 먹고, 눈에 보이는 사물을 찬찬히 지켜보는 시간을 갖는다. 행동과 사물을 의식하고 생각의 흐름을 가다듬는다. 그리고 책을 읽거나 가벼운 산책을 하기도 한다. 가슴을 펴고 허리를 반듯하게 한 상태에서 천천히 걷는다. 실내든 실외든 어디에서든 발에 의식을 모은 채 틈이 날 때마다 걷는 것이 좋다. 이는 마음의 평정을 얻는 데 도움이 된다.

30년 기자 생활을 마감한 후 터키의 이스탄불에서 중국의 시안까지 도보 여행을 했던 베르나르 올리비에는 "홀로 외로이 걷는 여행은 자기 자신과 직면하게 하고, 육체적 제약과 주어진 환경 속에서 안락하게 사고하던 스스로를 해방시킨다"고 말한다. 올리비에처럼 멀고 긴 걷기 여행을 하지 않더라도 우리는 어디서든 도보 여행길에 오른 여행자와 같은 효과를 거둘 수 있다. 그래서 나는 늘 걸음수를 측정하는 만보계(萬步計)를 차고 다니면서 시내나 지하철의 무빙워크에서도 그냥 가만히 서 있는 법이 없다. 늘 발에 의식을 모은 채 한 걸음 한 걸음 내딛는 즐거움을 누리곤 한다.

이렇게 삶의 속도를 늦추었을 때 얻을 수 있는 장점이 많은데, 무엇보다 화를 통제할 수 있다는 점이다. 젊을 때는 사소한 일에도 격노하는 경우가 많았지만 지금은 분노가 솟구칠 때는 호흡을 조절하면서 세상사를 흐르는 물이라고 생각한다. 그러면 분노가 상당히 줄어든다.

사실 직장 생활을 하는 사람들은 본인이 아무리 명경지심을 유지하고 싶어도 주변이 가만 놔두지 않는다. 그럴 때는 일단 호흡을 조절하면서 감정을 누그러뜨리는 것이 가장 좋다. 자극이 오면 인간은 동물적인 면이 먼저 반응을 한다. 감정을 그대로 드러내는 것이다. 동물 상태에서 벗어나려면 본인 나름대로 감정의 수위를 조절하는 노력이 필요하다.

금융 위기 이후 전 세계적으로 직장인들의 분노 지수가 높아지고 있다고 한다. 이런 상태가 기업의 생산성이나 국가의 동력에 미치는 영향 또한 크다. 분노 관리 같은 부분들은 국가 차원에서나 기업 차원에서나 조금 더 주의할 필요가 있다. 가령 기업에서는 유쾌한 그림이라든지 음악 등으로 감정을 해소할 장치를 마련해 주는 것이 바람직하다. 나라나 조직 차원에서뿐만 아니고 개인의 차원에서도 일단 그런 장치가 있어야 한다.

나는 우리가 언제 어디서나 행복할 수 있어야 한다고 생각한다. 환경에 관계없이 심기가 편안한 상태를 유지할 수 있어야 한다. 언제든지 자기가 버튼만 누르면 분노를 끌 수 있어야 하고, 심기가 편안한 상태로 변화시킬 수 있어야 한다. 그런데 이는 하루아침에 되는 것은 아니다. 플라톤의 조언 중에 "어린 시절에 한 사람의 성격(성품, ēthos)을 결정짓는 습관(ethos)이 뿌리내리기 때문입니다"라는 플라톤의 조언은 깊이 새겨야 할 말이다.

어린 시절 이후에도 우리는 계속해서 습관을 통해 성품을 만들어가고 있다. 모든 반복은 두뇌 속의 한 부분에 특정한 신경회로망을 만들거나 강화하는 일이다. 특정한 회로가 만들어지거나 강화되면 유사한 자극이 왔을 때 그쪽으로 전기 신호가 흐르게 되고, 그 신호로 인하여 관련 신경이 작동하게 되면서 사람은 그 방향으로 행동하게 된다. 주변 환경이나 상황에 휘둘리지 않고 늘 '심기가 편안한 상태'를 유지하는 일도 이러한 반복을 통해서 만들어내야 한다고 생각한다.

누구에게나 삶을 규율하는
일과표가 필요하다

아테네인: 시민들이 생활에 필요한 것들을 안정적으로 공급받고, 기술이 필요한 일들이 다른 사람들에게 맡겨진 이후에는 시민들의 삶의 방식은 어떤 것이 되겠습니까? (……) 육체적인 부분과 도덕적인 측면에서 완벽을 추구하는 삶은 2배 이상으로 바빠집니다. 필수적이지 않은 활동들이 적절한 식사와 운동을 하거나 혼을 위한 배움들(학문들, mathēmata)에 방해가 되어서는 안 됩니다. 이를 행하는 자에겐 그것들에서 완전하고 충족한 것을 얻어내기에는 밤이고 낮이고 시간이 부족합니다. 이렇기 때문에 모든 자유민은 새벽부터 해가 뜨고 해가 지고 다시 새벽이 올 때까지 어떤 일을 해야 할지 정해놓은 일과표가 있어야 합니다. [제7권 806d:8~9, 807c:7~807d:10] pp.250~251

한때 아침형 인간이 인기몰이를 했던 적이 있다. 여러 가지 역할을 동시에 완수해야 하는 현대인들에게 시간 관리의 중요성이 더욱더 강조되면서 효율적인 삶의 패턴으로 떠올랐다. 나 역시 작지만 정말로 야무진 습관 가운데 하나가 일찍 일어나서 하루를 여는 일이라고 생각한다. 아침에 일찍 일어나는 것은 또한 하루 일과를 긴장감 있게 시작하는 첫단추다. 물론 개인차가 있겠지만, 남보다 조금 일찍 일어나서 일과를 시작할 수만 있다면 자신이 원하는 인생에 조금 더 다가설 수 있을 것이다.

『법률』의 제7권은 양육과 교육에 대해 세세한 부분까지 설명하고 있다. 이 가운데 특히 눈길을 끄는 부분이 오늘날의 의미로 보면 자기 경영(자기 계발)에 관한 부분이다. '어떻게 하루를 살아야 하는가?'라는 질문에 대한 플라톤의 답이라 할 수 있다.

올림픽 경기에서 승리하기 위해 준비하는 사람이나 몸과 혼의 훌륭한 상태를 이루기 위해 노력하는 사람이나 무언가 가치 있는 목표를 추구하는 사람들은 늘 분주하게 마련이고 충분한 시간을 가질 수 없다. 이에 대해 플라톤은 "이를 행하는 자에겐 그것들에서 완전하고 충족한 것을 얻어내기에는 밤이고 낮이고 시간이 부족합니다"라는 설명을 더한다.

그러니까 무언가 가치 있는 것을 손에 넣고 싶다면 항상 시간 부족 때문에 고심할 수밖에 없다는 말이다. 무언가를 열심히 하려는 이들에게 시간은 늘 부족하고, 무언가를 해야 하는 데 대한 목적 의식이 없는 이들에겐 시간이 그냥 그렇게 흘러가고 만다.

그렇다면 충분치 않은 시간을 제대로 사용할 수 있는 방법은 무엇일까? 플라톤은 일과표를 정리해서 그에 따라 생활하라고 조언한다. 몇 시에 일어나서 몇 시부터 몇 시까지 무엇을 한다는 식으로 일과표를 갖고 생활하는 것이 바람직하다. 그렇게 하지 않으면 생활이 불규칙적이 되고 게으름을 피우게 된다.

게으름 가운데 대표적인 것이 잠이 많아지는 것이다. 지나친 수면에 대해 플라톤은 자는 동안은 그 누구도 아무런 가치가 없으며, 살아 있지 않은 자보다도 조금도 더 나을 게 없다고 말한다. 지나친 수면은 몸에도 혼에도 아무런 도움이 되지 않는다. 특히 플라톤은 나랏일을 맡은 관리나 집안일을 맡은 바깥주인과 안주인은 모두 밤늦게까지 깨어서 일하고 아침 일찍 일어나는 것이 당연한 일이라고 한다. 이는 윗사람들이 근면함으로 솔선수범해야 사람들을 이끌어갈 수 있음을 염두에 두고 한 말일 것이다. 특히 그는 최소 수면 시간만을 유지하라고 힘주어 강조한다.

플라톤은 자신이 맨 먼저 일어나서 남녀 노예들과 아이들을 깨우지 못한 주인들은 창피함을 느끼게 된다고 한다. 또한 이는 남녀 노예들 사이에 흠을 잡히는 원인이 되기도 한다. 게으른 주인에게 노예들이나 아랫사람들이 존경심을 가질 수는 없고, 존경심이 없다면 주인이나 윗사람이 노예나 아랫사람들을 제대로 이끌어가기가 힘들다.

플라톤은 성공을 향한 왕도는 없고 노력하는 길밖에 없다는 것을 강조한다. 이런 근면함은 따르는 사람들에게 감탄과 존경심을 일으키는 원천이 되기도 한다.

일과표를 이용해서 규칙적으로 생활하라고 하는 플라톤의 조언은 오늘날에도 여전히 유효하다. 일과표가 주는 근면함과 규칙성은 더 많은 일을 효율적으로 처리할 수 있게 하고 주변 사람들에게 좋은 평판을 얻게 해준다. 자신의 삶에 규칙성을 부여하는 일은 처음에는 어렵게 시작되지만 시간이 갈수록 습관이 되어 어느 누구도 빼앗아갈 수 없을 정도로 굳건하게 자리를 잡는다.

자기 자신을 계발하려고 할 때는 시간 관리가 가장 중요하다. 삶의 항상성, 규칙성을 유지하는 것이야말로 아마 플라톤이 매우 높은 생산성을 발휘할 수 있었던 원인이었을 것이다. 규칙적으로 생활했기 때문에 장수할 수 있었고 그만큼 많은 저서들을 남길 수 있었다고 본다. 이처럼 삶에 일정한 규율을 갖는 것은 모든 생활인들이 유념해야 할 부분이다.

나의 경우 눈을 뜨자마자 일과를 시작하는 과정이 마치 종교 의식처럼 거의 정해져 있다. 컴퓨터를 켬과 동시에 하루의 일과 가운데서 중요한 부분을 한 번 더 체크한다. 메일이나 트위터도 잠시 살펴본다. 그리고 차를 끓여 마시고 간단하게 스트레칭하고 바로 작업에 들어간다. 지체하지 않는다. 원래도 일찍 일어났지만 독립을 하고부터는 일찍 일어나는 것을 완전히 습관화했다.

나는 저녁이 되면 약간 멜랑콜리해지는 성향이 강하고 생산성도 크게 떨어진다. 저녁에 밥 먹고 나서부터 굉장히 피곤해진다. 아마도 호르몬 분비하고 관련되어 있는 것 같다. 반면에 새벽 시간이 되면 엄청나게 열정적이 된다. 그렇기 때문에 완전히 새벽 중심으로 생활을 한다.

그런데 새벽에 일어나는 습관은 나에게는 단순한 습관을 넘어서 좀 특별한 의미를 지니고 있다. 오늘과 같은 커리어를 만들게 된 결정적인 계기도 새벽에 일어났기 때문인 것 같다. 그것은 거의 신앙과 같이 내 삶의 가장 중요한 토대이다. 이처럼 새벽에 일어나는 것만 계속할 수 있다면, 직업인으로서뿐만 아니라 한 인간으로서 완성도를 계속 높여가는 데도 문제가 없을 것이라고 생각한다.

현대 직장인들도 플라톤이 말하는 삶의 일과표와 같은 나만의 일과표를 만들고 습관화해야 한다. 우선 본인의 몸을 잘 살펴보기 바란다. 자기 몸이 어떻게 작동하는지 알아야 한다. 우리는 혼도 중요하지만 결국 생물적으로는 동물이기에 자기 몸을 잘 이해하는 것도 중요하다. 내 몸이 언제 더 잘 작동하는지 알면 많은 도움이 된다. 어떤 사람은 아침형 인간이고, 어떤 사람은 저녁형 인간이다.

이처럼 자신의 특성을 알면 거기에 맞추어 중요도에 따라 활동을 하고 능력이 떨어질 때와 능력이 오를 때를 구분하면 훨씬 효율적인 생활을 할 수 있을 것이다.

자신의 바이오 리듬에 따라 잠들기 전에 내일을 계획하고, 일찍 일어나 그것을 점검하며 하루를 시작한다면 스스로에 대한 자신감을 높이는 것은 물론 몸과 정신에도 좋은 영향을 줄 것임은 당연한 일이다.

개인의 재산권을
보호해 주어야 한다

아테네인: 이제는 입법을 하는 사람으로서 먹을거리와 이를 생산하기 위해 일하는 사람들에 관해 이야기합시다.

먼저 농업법이라 불리는 법을 구체적으로 명시해 봅시다. 토지의 경계를 보호해 주는 제우스의 첫번째 법은 다음과 같습니다. "아무도 토지의 경계(표지)들을 그게 제 이웃의 것이든, 나라 변두리에 이웃한 다른 나라 사람과 같은 경계선을 가진 사람의 것이든, 이동시키지 않도록 해야 한다. (……) 그 누구도 이웃들의 토지의 경계(표지)들을 고의로 이동시키지 않도록 해야 하며, 누군가 이를 이동하면, 누구든지 이 사실을 농부들에게 알려 법정에 그를 데리고 가게 할 것이다. (……)" 잘 익은 포도와 무화과를 얻고자 한다면, 그는 그가 소유한 나무에서 그가 원하는 대로 수확해야 합니다. 그러나 만약 그가 다른 사람의 나무에서 허락 없이 취한다면, 그는 자기가 놓아둔 것이 아닌 것은 무엇이든 옮기지 말라는 법에 따라 처벌을 받아야 합니다. 〔제8권 842e:4~11, 843b:1~4, 844e:5~845a:2〕 pp.297~298, 300~301

『법률』 제8권에서는 재산권에 대한 다양한 내용들이 상세하게 정리되어 있다. 플라톤은 농토, 물, 가축, 유실수 등과 같이 먹을거리에 대한 법률을 어떻게 해야 하는가를 구체적으로 이야기하고 있다. 서구 문명이 주도한 현대 문명을 가능하게 한 가장 중요한 요인은 바로 사적 소유권의 인정이다.

동시대의 페르시아나 중국과 달리 헬라스인(그리스인)들은 어떻게 이처럼 정교한 사유재산권 제도를 확립할 수 있었을까? 제우스가 수행한 여러 가지 일들에 따른 수식어 가운데 하나가 '토지의 경계를 보호해 주는 제우스'임을 미루어보더라도 '신(神) 중의 신'인 제우스의 임무 가운데 하나가 사유재산권을 보호하는 일임을 알 수 있다. 그만큼 사유재산이 중요했다.

아테네의 경우 상공업은 주로 해외 거류민들이 운영했기 때문에 시민들이 소유한 재산의 중요한 부분은 땅이었다. 땅의 소유를 말해 주는 경계〔표지〕를 옮기는 자에게는 신들로부터 받는 벌과 법에 의한 벌, 두 가지가 주어졌다. 뿐만 아니라 토지 소유자들이 타인의 토지를 잠식하지 않도록 명령하고 있다. 누군가 가축을 타인의 땅에 방목하는 경우나 남의 벌떼를 꾀어내는 등과 같은 재산권 침입에 대해서는 피해액을 보상하도록 했다.

또한 농사용 물이나 음료수의 배분에 대해서도 뚜렷한 법률을 갖고 있었다. 과일을 수확 시기가 되기 전에 누군가 맛을 보았다면, 그에 대한 형벌도 세분화되어 있었다. 제 땅의 나무에서 땄을 때는 50드라크메를 디오니소스 신에게 헌금해야 했고, 이웃의 것을 땄을 때는 1므나를 지불해야 했으며, 남의 것을 땄을 때는 1므나의 3분의 2를 지불해야 했다. 한편 노예가 땅 주인의 허락을 받지 않고 과일을 땄을 때는 딴 과일의 수만큼 매질을 했다.

조금이라도 자기 재산을 갖게 되면, 특히 땅의 경우엔 외부인들로부터 끊임없는 침범을 당하게 된다. 경계를 은근슬쩍 넘어서 시설물을 설치하는 등의 일이 드물지 않게 일어난다. 재산권에 대한 개념이 명확한 현대에도 이같은 일들이 종종 일어난다. 그러니 고대 그리스에서 이처럼 엄격하게 재산권을 보호하라고 요구한 것은 놀라움 그 자체이다. 이런 제도와 전통이 로마로 이어지고 이후 영국을 거쳐서 사유재산에 바탕을 둔 자본주의가 꽃피게 된 것이다.

가장 중요한 자유의 원천은 바로 경제적 자유, 즉 재산권이다. 자유와 재산권은 동전의 양면 관계다. 인류 역사에서 재산권의 역사는 자유의 역사였다. 극단적인 경우이긴 하지만 먹는 문제를 누군가의 선의에 의지해야 한다면, 이는 곧바로 노예 상태에 놓이게 됨을 뜻한다. 공산주의처럼 나라가 먹는 문제를 해결해 준다면 이는 곧바로 모든 개인이 국가의 예속 상태 즉, 노예 상태에 놓여 있음을 뜻한다.

이런 점에서 보면 현대인이 누리고 있는 자유의 뿌리는 고대 그리스인들이 만들어냈던 재산권에 힘입은 바가 크다고 할 수 있다.

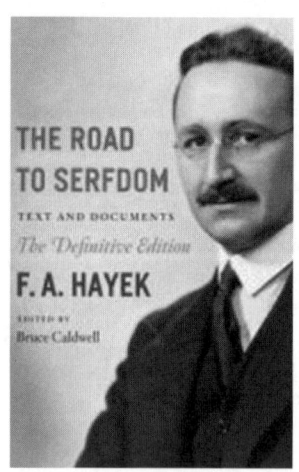

『노예의 길』 개인의 사유재산권의 중요성을 역설한 하이에크의 명저.

오늘날처럼 사유재산권이 확고하게 보장된 사회에서 왜 사유재산권과 자유의 문제를 제기하는가? 정부의 기능과 역할의 확대를 다른 관점에서 보면 이는 개인의 자유와 재산권이 점진적으로 침식되어 가는 것을 말한다. 그것을 하이에크는 '노예의 길'이라고 하였다.

물론 정부가 해야 할 역할이 분명히 있고 현대로 오면서 정부의 역할이 확대되어야 할 다양한 요인들이 있는 것도 사실이다. 그럼에도 정부 지출의 확대나 국가의 역할을 한층 더 요구할 때는 그것이 개인의 자유와 재산권의 점진적인 양보로부터 이루어진다는 사실을 잊지 않아야 한다.

결국 경제 문제의 많은 부분은 재산의 취득, 이용, 그리고 처분에 관한 권리를 개인이 더 많이 갖는가 아니면 국가가 더 많이 갖는가와 깊이 연결되어 있다. 그래서 개인적 선택을 더 크게 존중할 것인가, 아니면 사회적 선택을 더 존중할 것인가에 따라 개인이나 사회가 갖는 이념이 달라진다. 지난 20세기를 돌아보더라도 사적 소유와 사회적 소유 사이에 무게중심이 시계추처럼 이쪽에서 저쪽으로 움직여왔음을 알 수 있다.

이 문제를 두고 '어떻게 하는 것이 올바른 일인가'라는 질문에 대한 답을 생각할 때, 먼저 개개인이 어떤 상태에서 자신의 소질과 능력을 최대한 발휘하는지에 관심을 가져야 한다. 개개인이 갖고 있는 지적 능력을 한껏 발휘하는 방법은 예나 지금이나 큰 변화가 없다고 본다. 바로 인센티브이다. 인간은 인센티브에 민감한 존재이고 인센티브의 기본은 사유재산에 있다.

플라톤이 『국가』에서는 재산의 공동 소유를 주장하다가 『법률』에서는 사유재산을 옹호하고 있는데, 이는 굉장한 변화라고 볼 수 있다. 원래 플라톤은 『국가』에서도 통치자와 군인처럼 지배 계급에 한해서만 공동 소유제를 주장했지만 보통 시민들에게까지 공동 재산제를 주장한 것은 아니다. 지도자들에게만 그런 제도를 제안한 것은 지도자들의 분열을 막기 위한 방편이었다.

본인이 이러한 내용을 제안하면서도 현실성이 있다고 생각해서 한 것은 아니고 이상적인 상태를 가정해서 제안을 한 것이다. 꼭 그렇게 되어야 한다기보다 이상 국가라면 추구해야 할 지향점을 이야기한 것이다.

『법률』에서는 보통 시민들을 상대로 좀더 명확하게 이야기 해주는데, 이 정도로 표현한 것을 보면 공동 재산제는 거의 포기한 것으로 보인다. 왜냐하면 '지성의 배분'인 법률은 통치자이든 군인이든 시민이든 모두가 적용받기 때문이다. 50대와 70대 사이에 재산제도를 바라보는 플라톤의 시각은 이처럼 크게 변하였다. 마찬가지로 재산제도의 변화는 정체를 바라보는 시각도 바꾸었을 것임에 틀림없다. 왜냐하면 정체의 기초에 재산제도가 놓여 있기 때문이다.

그런 점에서 플라톤의 세상 바라보기는 세월의 흐름과 함께 순수한 로맨티스트에서 한층 더 리얼리스트에 가깝게 변화해 왔음을 알 수 있다. 내가 늘 농담 반 진담 반으로 하는 말 "사랑은 로맨티스트(낭만주의자)로 합시다. 그러나 삶은 리얼리스트(현실주의자)로 삽시다"라는 문장을 떠올리게 된다.

　사실 나의 인생관과 세계관은 사유재산과 사적 자유에 대한 깊은 성찰과 믿음에 기초하고 있다. 여기에는 불확실하기 짝이 없는 세상을 당차게 헤쳐 나가며 사업을 하셨던 아버지를 두었던 점, 본래 타고난 기질이 독립적이란 점 그리고 30대에 만났던 하이에크 교수의 주옥같은 저서들이 큰 영향을 미치지 않았을까 싶다. 내가 자식들에게 물려주고 싶은 정신적 유산도 사유재산권과 사적 자유 그리고 개인적 책임에 대한 굳센 믿음들이다.

타인의 재산을 침해하는 행위는
악의 근원이다

아테네인: 이제 폭력에 관해서 한 가지 법규를 말해 두기로 하죠. 그 누구도 다른 이의 것을 취하거나 허락 없이 가져가서는 안 됩니다. 또한 이웃의 물건들을 어떤 것도 이용해서는 안 됩니다. 그 임자를 설득하기 전에는 말입니다. 사실 이러한 것이야말로 방금 말한 모든 악의 근원이며 앞으로도 그러할 것입니다. 〔제10권 884a:1~5〕 p.367

제10권의 시작은 위와 같이 재산을 침해하는 행위에 관한 강력한 경고와 비난으로 시작된다. 플라톤은 타인의 신체에 위해를 가하거나 타인의 생명을 빼앗는 일 못지않게 타인의 소유물에 대한 침범을 중범죄로 다루고 있다.

　이미 앞에서 사유재산권을 다루었지만, 여기서 위의 인용문을 소개하는 것은 고대 그리스인들이 사적재산권을 천부적이고 '자연의 이치에 따른(kata physin)' 질서의 하나로 받아들였음을 다시 강조하기 위해서다. 사실 인간 세상에서 벌어지는 각종 사건과 범죄의 대부분은 이익의 충돌과 관련된 것들이다. 그래서 미국의 대표적인 소설가 마크 트웨인은 "돈이 부족한 것이 모든 사회악의 뿌리이다"라는 멋진 말을 하지 않았던가?

　개인 사이의 분쟁이든 나라 사이의 전쟁이든, 명분의 충돌이란 이면에는 사실 대부분 이익에 대한 갈등이 자리 잡고 있다. 이런 근원적인 원인에 주목하고 아울러 사유재산권이 얼마나 중요한지를 입법으로 정리한 일은 오늘날의 기준에서도 놀라운 일이지만 당시의 기준으로 보면 거의 혁명적인 발상이라 할 수 있다.

　같은 시대의 다른 나라 사람들에 비해서 고대 그리스인의 영민함에 대해 유럽 최초의 역사가인 헤로도토스는 "고대 그리스인들은 예리한 재치를 지녔고 무지(無知)에서 더욱 벗어났다는 점에서 야만인들과는 뚜렷이 구별되었다"라고 찬사를 보낸다. 고대 그리스인의 영민함으로는 사유재산권을 인정한 점, 인간의 형상을 한 신들을 만들어낸 점, 자

아테네에 도착한 승리의 사자 그리스인들이 마라톤 전투 등 페르시아에 맞서 승리할 수 있었던 데는 자발적인 참여 의지에 있었다. 뤼크 올리비에, 프랑스국립미술학교 박물관.

유와 정의 등과 같은 개념을 만들어낸 점, 철학다운 철학을 만들어낸 점 등을 들 수 있다.

고대 그리스인들은 강대한 이웃인 페르시아의 침공에 맞서 두 차례나 승리를 거둠으로써 생존권을 확보한다. 당시 손에 꼽을 정도의 강력한 육군과 해군을 가진 페르시아에 맞서 가난한 도시국가 사람들이 어떻게 승리할 수 있었을까? 페르시아인들은 왕의 명령과 지시에 의해 왕의 영광을 위한다는 명분으로 전쟁에 참가했지만, 고대 그리스인들은 상대적으로 자발적인 의사에 의해 전쟁에 참가했다. 전쟁의 승리가 자신들에게 이익이 되었기 때문이다. 이와 관련하여 문필가 찰스 밴 도렌은 그의 저서 『지식의 역사』에서 한 그리스인의 말을 다음과 같이 소개하고 있다.

"우리는 자유다. 우리의 규율은 오로지 자유민의 규율이며, 선택할 수 있는 것이다. 우리는 누구의 강요에 의해서가 아니라, 각자가 원하기 때문에 싸운다. 그리고 우리는 결코 포기하지 않을 것이다. 포기란 우리의 자유를 배반하는 행위이기 때문이다. 자유야말로 우리에게는 가장 귀중한 것이다."

여기서 자유라는 용어는 곧바로 재산 혹은 사유재산권을 말한다. 전쟁에서 패하여 자유를 잃어버린 상태, 즉 노예 상태에 놓이는 것은 재산을 빼앗기는 것을 말한다. 그들이 전쟁에 나서서 힘껏 싸울 수밖에 없는 이유는 재산을 지키기 위한 것이라 해도 무리가 아니다.

같은 시대의 페르시아와 그리스는 달랐다. 페르시아에서는 강자의 이익이 곧바로 정의였다. 하지만 고대 그리스인들은 정의의 여신은 제우스의 편이라고 생각하였다. 그런 믿음은 당시로서는 파격적인 발상이었다. 그 자신도 가난한 농부였던 「노동과 나날」의 작가인 헤시오도스는 가난한 사람들에게도 정의의 여신이 필요하다는 사실을 알고 "물고기들과 짐승들과 공중의 새들은 서로 잡아먹는 약육강식의 세계다. 그러나 인간에게는 제우스가 정의라는 것을 주었다. 제우스의 권좌 옆에는 정의의 여신이 함께하고 있다"라고 말하였다. 정의의 여신은 남의 것을 빼앗는 자를 죄악이라고 단죄하였다.

사유재산권과 자유의 보장은 산업 사회로 오면서 곧 자본주의 기초가 되었다. 재산을 가진 사람이 타인의 노동력을 고용해서 이익을 추구하는 경제 구조가 곧 자본주의이다. 이는 곧 자본을 가진 사람과 자본을 가지지 않는 사람 사이의 계급적 갈등을 낳았고, 이를 해소하고자 한 것이 공산주의이다. 20세기 초 많은 나라들이 공산주의를 채택하였지만 이는 70년도 못 가서 무너지고 말았다.

왜 그럴까. 바로 사적재산권을 보장하지 않았기 때문이다. 이 때문에 개인의 자유도 구속당하게 되었다. 공산주의는 국가가 통제하고 공평하게 분배를 하기 때문에 열심히 일하지 않고 빈둥빈둥 노는 사람과 열심히 일한 사람이 똑같은 대가를 받는다. 그러니까 모두가 제대로 일을 하지 않게 된 것이다. 국가가 모든 것을 지휘하고 계획을 하기 때문에 생산성이 줄어들고 개인의 창의성이 무시된다. 때문에 공산주의 체제를 받아들인 국가들은 결국 공산주의를 포기하게 된 것이다.

사유재산권의 보장은 인간의 가장 기본적인 욕망인 소유욕을 충족시키는 일이다. 인간의 소유욕을 충족시키는 것은 곧 자유와 직결되는 문제이다. 그리스인들이 페르시아 군대와 맞서 싸울 수 있었던 것도 바로 이 때문이다.

시대를 뛰어넘어 계속해서 번영하기를 소망하는 공동체라면 구성원들의 사유재산권이 침해되지 않도록 늘 주의해야 한다. 나의 자유와 재산권이 중요한 것처럼 타인의 자유와 재산권을 소중하게 여길 수 있어야 한다. 타인의 자유와 재산권이 침범당하는 경우, 자신과는 아무런 관련이 없는 일로 받아들이지 않도록 해야 한다. 그것은 단순히 '그'들의 문제에 그치고 마는 것이 아니라 자신을 포함해서 서서히 다른 구성원들의 자유와 재산권에도 부정적인 영향을 미칠 수 있기 때문이다.

이따금 대두되는 아이들의 집단폭력 문제, 예사롭게 행해지는 언어폭력 문제, 왕따와 패거리가 낳는 문제, 대북 문제를 바라보는 시각 차이 등 대부분 정치·경제·사회 문제는 사유재산권과 사적 자유에 대한 믿음의 차이에 그 뿌리를 두고 있다.

사람은 일단 한 가지 일에
충실해야 한다

아테네인: 장인들의 기술 분야에는 자국민이나 그의 하인들이 종사해서는 안 됩니다. 시민들이 갖고 있는 기술은 높은 수준의 수련과 배움을 요하며 나라의 공공질서를 세우고 유지하는 데에 필요한데, 이는 부차적인 일로 다루어질 것이 아니기 때문입니다. 두 가지의 업무 혹은 두 가지의 기술을 효과적으로 해내거나, 하나의 일을 하면서 동시에 다른 이를 감독하는 것은 한 사람이 감당하기 어렵습니다. 따라서 이는 나라에 첫째로 확립되어 있어야 합니다. 대장장이가 목수일을 하거나 목수가 자신의 일을 하지 않고 대장장이의 업무를 감독하는 것과 같은 일은 허용되어서는 안 되는 것입니다.

[제8권 846d:2~846e:6] pp.303~304

고대 그리스 사회에서 '장인(匠人, dēmiourgos)'은 사람들을 위해 유용한 것을 만드는 사람을 뜻한다. 그런데 이는 외국인들 가운데 그리스 땅에 오랫동안 살아온 '거류민들'이 할 수 있는 일이었지 자국민들이 종사할 수 있는 직업이 아니었다. 시민들이 하기엔 천한 일이라고 여겼기 때문이다.

대신 시민은 주로 두 가지 일에 종사했다. 하나는 농사를 짓거나 이를 감독하는 일이었고, 다른 하나는 '많은 수련과 함께 많은 배움을 요하는 기술'인 시민으로서 공공의 일을 수행하는 일이었다.

직업과 관련해서 흥미를 끄는 부분은 어떤 개인도 두 가지 일을 동시에 맡아 수행할 수 없다는 점이다. 이에 대해 플라톤은 이 나라에서는 개인들이 한 가지 기술로서 생계를 유지하며 살아가야 한다고 말하며 이를 어기는 사람은 처벌해야 한다고 주장한다. 예를 들어, 금속 세공 일을 하면서 목수 일을 함께 할 수 없고, 목수 일을 하면서 금속 세공 일을 할 수 없다. 또한 자신의 가복들을 감독해서 농사를 짓는 사람이 또다른 기술을 이용해서 수익을 얻을 수 없다.

플라톤은 왜 이런 주장을 펼쳤을까? 이는 시민들이 자신의 성향에 따라 각자의 직분을 잘 수행하면 이런 것들이 모여서 이상적인 국가가 된다는 플라톤의 아이디어와 맞아떨어진다. 한 사람이 하나의 기술이나 직업에서 탁월함의 경지에 도달하면서 동시에 다른 분야에서도 같은 경지에 도달하는 것은 매우 어려운 일이다.

한 걸음 나아가 시민들이 시민으로서 정치적 책무를 수행하는 일을 게을리하고 어떤 기술로 돈벌이에 열중하는 경우에는 비난과 불명예가 따를 것이며 처벌도 불가피하다고 말한다. 또한 거류민들 가운데 두 가지 기술에 종사하는 사람들의 경우 벌금이나 추방이 불가피하다고 말한다. 이 같은 주장은 위의 인용문에 등장하는 "두 가지의 업무 혹은 두 가지의 기술을 효과적으로 해내거나 (……) 하는 것은 한 사람이 감당하기 어렵습니다"라는 부분에서 플라톤이 이런 주장을 펼치는 이유를 알 수 있다.

사실 한 인간이 한 가지 일만이라도 제대로 수행해서 훌륭함에 도달하는 것도 무척 어렵다. 그렇다고 해서 플라톤의 주장처럼 두 가지 일에 종사하는 사람에게 불명예를 주거나 벌금을 부과하는 등 사회가 법률 등으로 이를 강제하는 것이 과연 타당할까 싶다. 왜냐하면 하나를 잘할 것인가 아니면 두세 가지를 적당한 수준으로 잘할 것인가는 개인이 선택할 문제이지 사회가 결정할 사항이 아니기 때문이다.

그렇다면 두 가지, 세 가지 일에서 동시에 훌륭함에 도달하는 일은 불가능한 일인가? 물론 세상에는 다재다능한 사람들도 있다. 소수이긴 하지만 이들은 정치와 사업 등에서 발군의 실력을 발휘하기도 한다. 그러나 그런 인물이 누구인가 물으면 사실 얼른 떠오르지는 않는다. 웬만큼 자리 잡은 사업가 치고 정치에 뛰어들어 기대한 성과를 거둔 사람도 기억에 남지 않고, 구국을 위해 뛰어든다고 공언한 학자들 가운데서 정치인으로 성공한 사람도 떠오르지 않는다.

예를 들어 한 분야에서 확고한 학문적 입지를 구축하는 데 성공한 사람이라 할지라도 총장과 같은 보직을 선택하게 되면 자신의 학문적 커리어의 상당 부분을 포기해야 한다. 만일 연구를 계속했다면 더 나은 성과를 올릴 수 있었음에도, 행정을 맡게 되면 덩달아 포기해야 하는 비용이 있다는 말이다.

여행가이자 사회사업가인 한비야 씨는 어느 인터뷰에서 누구처럼 정치적으로 대중적인 돌풍을 일으킬 의사가 없느냐는 질문을 받자 "내가 제일 못하는 게 조직을 만드는 거다. 제일 잘하는 것만 하고 살기에도 시간이 없다"라고 잘라서 이야기한다. 짧은 답변이지만 핵심을 담은 답이다. 사실 잘하는 것을 찾는 데도 시간이 꽤 걸리지만 이를 완성의 단계에 끌어올리는 데도 오랜 시간이 걸린다.

한 사람이 두 가지 일을 잘할 수 있을까라는 질문에 한 가지 경험이 떠오른다. 언젠가 몇몇 국립대 교수들이 전문 지식으로 정치인들에게 도움을 주거나 의견을 발표하는 수준에 그치지 않고 적극적으로 정치에 참여하는 것이 과연 올바른 일인가 하는 점이 궁금했다. 그래서 관련 법규들을 살펴보니, 헌법·정당법·공직법·교육공무원법에 공무원 신분을 가진 사람들에게는 어떤 종류이든 정치 활동을 하지 못하도록 엄격하게 규제를 하고 있었다. 헌법상 공무원의 정치적 중립 조항에 의거해서 말이다.

그런데 국립대 교수들에게는 정당 발기인 참여나 정당인 등록 및 모든 정치 활동이 허용되어 있었다. 결국 국립대 교수를 하면서도 정치인 혹은 준정치인으로 겸직이 가능하다는 이야기가 된다. 적은 학교에 두고 있으면서 마음은 정치에 가 있는 폴리페서(polifessor)가 제도적으로 많이 나올 수밖에 없겠구나 하는 생각이 들었다.

하나를 잘하기도 힘든 것이 학문의 세계인데 어느 정도의 범위 내에서 이뤄지는 정치 활동이면 모를까 전문 정치인에 버금갈 정도로 활동을 한다면 과연 탁월한 교수가 될 수 있을지 의문이다.

한번은 사업 세계를 치열하게 헤쳐나온 한 사장님과 대화를 나누던 중에 자신을 포함해서 지인들 가운데 사업가로서 사업 이외에 다른 활동을 펼쳤던 사람들에 대한 이야기를 하게 되었다. 그분은 자신의 경험과 다른 사업가들에 대한 관찰을 근거로 이런 말을 했다. "어떤 사업가가 다른 사회 활동을 하면서도 사업을 잘했다면, 그가 사업에 전력투구를 했을 때 훨씬 더 잘했을 겁니다."

두 가지 업무에 또는 두 가지 기술에 철저하게 종사하기는 힘들다. 대부분은 한 가지에 충실하기에도 시간과 능력이 모자란다. 문득 노벨 의학상을 수상한 제임스 왓슨이 자서전에서 이야기한 "집착의 대상은 두 가지도 많다"라는 말이 떠오른다. 제임스 왓슨은 탁월한 과학자였지만 오랜 기간 동안 하버드대에서 생물학과 교수로서 학생들을 가르쳤다. 그 과정에서 한 분야 이상에서 좋은 재능을 펼치기는 힘들다는 사실을 깨달았다.

나 역시 이러한 깨달음을 철저하게 믿는다. 사실 다재다능하다는 이야기는 한 분야도 제대로 잘 못한다는 이야기와 똑같다. '재승박덕'이란 말이 있지만 두루 잘하는 천재란 아주 가끔 있을 뿐이다.

스티브 잡스 같은 사람은 한 세기에 한두 명 나올까 말까 하는 사람이라고들 한다. 하지만 스티브 잡스도 편집광이었기 때문에 그런 업적을 남기는 게 가능했다. 앤드류 그로브는 그의 책에서 편집광만이 살아남는다고 했다. 이것저것 몇 가지를 잘할 수 있는 사람은 비범함을 가지고 태어난 극소수에 불과하다. 대다수의 평범한 사람이 입신할 가능성을 높이는 방법은 어떤 한 분야에 편집광적인 몰두를 하는 것이다.

어떻게 보면 다른 분야에 눈길을 주는 것 즉, 외도를 한다는 것은 그 분야에 천착을 못했기 때문일 수도 있다. 그 분야에 깊이 뿌리내리는 데 성공한 사람들은 웬만해서는 떠나지 않는다. 남들이 정치와 같은 외도를 권하더라도 하지 않는다. 사람들이 정치를 하는 것은 정치에서 쾌락을 느끼기 때문이다. 그런데 정말 한 분야에 깊이 뿌리를 내린 사람들이 정치가 주는 쾌락이 크다고 해서 그 길을 갈 것인가? 나는 그렇지 않을 거라고 생각한다. 일단 자신이 속한 자리에서 오는 즐거움이 크면 다른 것을 찾을 이유가 없다.

어떤 이들은 요즘 사회가 스페셜리스트보다는 제너럴리스트를 선호한다고도 한다. 하지만 나는 그 의견에 부정적이다. 일단 스페셜리스트가 중요하다. 제너럴리스트도 가능하지만 그런 기능이나 능력을 갖춘 사람들은 극소수다. 모든 것에 능한 르네상스인처럼 사는 것은 소수의 사람들만 할 수 있다. 학문 분야만 해도 분화가 심하게 되어 있기 때문에 이제는 스페셜리스트가 되기도 힘들다.

지금 20대들 같은 경우는 굉장히 다양한 공부를 해야 한다. 영어부터 전공 공부까지 두루 해야 되는데, 어떤 이들은 이런 과정이 과연 정말 생산적인지를 두고 의문을 품을 수도 있다. 나는 생산적이기 이전에 꼭 필요한 과정이라고 생각한다. 그 과정 중에 본인이 무엇을 하고 살 것인가를 결정하고, 그다음에 한 분야에 깊이 파고 드는 일이 필요하다. 파고들어야 할 한 가지 일을 찾기 위해서는 여러 가지 시도를 해봐야 한다. 마치 석유 시추공을 뚫는 것처럼 말이다. 그러다가 어떤 분야에 자신이 재능이 있는 것처럼 보이고, 그것이 유망해 보이면 그때부터는 집중적으로 한 분야를 파고들어 가야 한다.

그래서 한 분야에 반드시 뿌리를 내릴 수 있어야 된다. 한 분야에서 입신한 다음에 다른 분야로 얼마나 확장할 수 있는가는 사람의 그릇과 노력에 따라 다르다.

타인의 재산을 탐하는 것은
영혼을 더럽히는 행위다

아테네인: 이제 서로 간의 계약들과 관련된 적절한 법령을 차근차근 정리해야 할 것 같습니다. 이상적으로 생각했을 때 그 누구도 내 소유의 것을 건드리거나 나의 허락을 받지 않고서는 아무리 가까운 거리일지라도 옮기지 말아야 합니다. 그리고 내가 사려분별을 가진 사람이라면 나 또한 다른 사람의 재물에 대하여 이 원칙에 따라야합니다. (……) 아이들을 생각하지 않고 입법자들에 아랑곳하지 않는 사람이, 자신이 놓아둔 것도, 자신의 아버지나 조상들 중 누군가가 놓아둔 것도 아닌 것을, 그것을 놓아둔 사람의 허락을 받지 않고 집어들 경우, 그가 침해하는 법률은 바로 '네가 놓아둔 것이 아닌 것을 집어들지 말라'는 가장 최상의 법입니다. [제11권 913a:1~7, 913c:3~8] pp.407~408

제11권은 계약, 재산권, 거래, 소매업 등 주로 오늘날의 민법에 관한 부분을 다루고 있다. 플라톤은 재산권과 관련해서 '옮기지 말아야 할 것들을 옮기지 말지니라'라는 준칙과 '네가 놓아둔 것이 아닌 것들은 집어들지 말라'는 준칙을 소개한다. 두 가지 모두 남의 소유물에 대해 손을 대지 말라는 점을 분명히 하고 있다. 여기서 소유물은 자신이 직접 축적한 것은 물론이고 자신의 아버지나 조상이 축적해 둔 것을 말한다.

세상을 살아가면서 이따금 '저 친구는 부모를 잘 만나서'라는 불평불만을 접하게 된다. 물론 사회 생활의 첫걸음부터 부모로부터 상당한 재산을 물려받고 출발하는 사람과 그렇지 않은 사람 사이에는 좁혀지지 않는 격차가 존재한다. 기분이 상하기도 하고 시기심이 생기기도 하고 한탄스러울 수도 있다. 기분이 상하기는 하지만 삶이 본래 불공평할 수밖에 없다.

고대 그리스인들은 정당하게 취득한 재산의 종류를 두 가지로 구분하였다. 하나는 본인의 노력으로 가지게 된 것, 그리고 다른 하나는 조상으로부터 물려받은 것이다. 후자에 대해 플라톤은 "그 아버지나 조상들 중의 누군가가 놓아둔 것"이라고 표현한다.

어쩌면 우리가 태어나는 것, 그리고 태어날 때 갖는 건강이나 지능조차도 불공평하게 주어지는 유산의 일종이다. 삶의 불공평함. 그걸 받아들이기가 참으로 쉽지 않지만 그걸 있는 그대로 받아들인 다음 '주어진 상황을 개선하려는 불굴의 의지'를 갖고 자신의 길을 개척해 나가는 것 또한 멋진 일이다. 이 모든 것이 다 자기 하기 나름이다.

그런데 만일 누군가가 타인의 재산을 은근슬쩍 자신의 것으로 만들어버린 경우 어떤 일들이 일어나게 될까? 플라톤은 자신의 혼(魂)을 더럽히는 일일 뿐만 아니라 후손들에게도 이롭지 못한 일이라고 말한다.

그는 '네가 놓아둔 것이 아닌 것들을 집어들지 말라'는 준칙에 대해서 이를 어긴 사람에게 옮겨진 것의 열 배의 값을 원래 주인에게 배상해야 한다고 말한다. 더욱이 누군가가 그런 범죄 행위를 저지르는 것을 보고 신고하는 사람은 "[사람으로서의] 훌륭함(aretē)의 평판을 얻게끔 할 것이나" 신고하지 않는 사람에 대해서는 "[사람으로서의 나쁨(kakia)의 평판을 얻게 할 것"이라는 점을 강조하고 있다.

『법률』에서 다루어지는 재산권에 대한 다양한 주장이나 사례들을 보면 현대인의 눈으로 볼 때도 어떻게 이처럼 예리한 생각을 할 수 있었을까, 감탄을 할 정도다. 때문에 재산권은 만들어진 것이라기보다는 인간 사회가 성장하면서 본능적으로 실천해 온 부분들, 즉 관습화되어 있는 부분을 입법화하지 않았을까 하는 추측을 해보게 된다.

뿐만 아니라 플라톤은 불공정한 거래에 대해서도 상세히 이야기하고 있다. 교환을 행하는 자가 불순물을 섞어서 거래 상대방을 거짓이나 속임수로 대하는 경우는 신을 속이는 일이다. 그러니까 거래를 할 때 "나는 정직한 거래를 신의 이름으로 맹세합니다"라는 식의 의식을 치르지 않더라도 거래 당사자는 모두 그런 맹세를 묵시적으로 행하는 것으로 가정했다. 이처럼 거래는 신의 이름을 걸고 행하는 것이기 때문에 부정한 거래를 행하는 것은 곧바로 신의 이름을 더럽히는 것에 해당한다.

이러한 일이 발생하면 그 다음에 필요한 것은 법을 적용하는 일이다. 이런 경우에 대비해서 플라톤은 부정한 거래에 대한 다양한 벌을 제안하고 있다.

당시에도 불량품을 팔고 종적을 감춰버린 사람들이 제법 많았던 모양이다. 이를 방지하기 위해 50드라크메 이상의 가격을 가진 상품을 판매한 외국인은 최소 열흘 이상을 판매한 나라에 머물러 있도록 법적으로 보장해야 한다고 말한다. 플라톤은 팔고 사는 자가 명심하고 지켜야 할 것은 신의성실의 원칙에 따라 교환에 임하는 것이라고 한다. 이에 대해 화폐이든 생물이든 무생물이든 모든 걸 법에 따라 교환을 하는 자는, 그게 화폐이든, 또는 살아 있는 것들이나 살아 있는 것이 아닌 것들 중의 어떤 것이든, 모든 걸 법에 따라 순수한 상태로 주고받아야 한다고 강조한다.

하지만 이는 '마땅히 그렇게 하거나 되어야 하는 것', 즉 당위(當爲)일 뿐이며, 현실은 당위와는 다르게 움직인다. 자신의 이익을 추구하는 강력한 본성 때문에 사람들은 흔히 자신의 이익을 위해 상대방을 속이거나 이용한다. 이를 방지하기 위해 법적인 장치를 만드는 일도 물론 필요하지만 스스로의 이익, 한 걸음 나아가 자기 자신을 보호하려는 각자의 적극적인 노력이 필요하다. 이것은 학교에서 배울 수 없는 경험 지식 가운데 하나이고, 타인의 불순한 의도를 간파하고 스스로를 보호하는 것과 관련된 지식이다.

정직함이란 덕목을 갖고 살아가야 하지만, 지나치게 순진한 나머지 순진함이 어리석음과 동의어가 되지 않도록 주의해야 한다. 타인의 불순한 의도에 속지 않도록 주의를 기울이는 것이 여러분의 의무이자 책임임을 명심해야 한다.

인간은 자신의 이익에
집착하는 존재다

아테네인: 사람들 중에서는 최고 수준의 교육을 받고 천성적인 성품을 갖춘 극소수의 사람만이 필요와 욕구에 직면하고 많은 재물을 얻을 수 있는 기회가 왔을 때, 이에 대해 자제할 수 있으며 알맞은 정도(適度, to metrion)를 유지하는 쪽을 택합니다. 그러나 대부분의 사람들은 반대를 택하죠. 그들의 요구는 끝이 없으며 알맞은 정도의 것을 얻을 수 있을 때에도 만족하지 못하며 만족할 줄 모르는 욕망을 채우기 위해 더 많은 이득을 취하는 쪽을 택합니다. 이 때문에 소매행위와 교역 그리고 숙박업과 관련되는 부류들이 불신의 대상이 되고 멸시의 대상이 되기도 합니다. 〔제11권 918c:10~918d:8〕 p.416

사람들은 스스로 불공정한 거래를 억제하지 않을까? 이 점에 대해 플라톤은 인간 본성의 깊은 이해를 바탕으로 자신의 주장을 펼치고 있다. 탐욕스럽다는 표현을 사용하고도 남을 만큼 인간은 자신의 이익에 집착하는 존재다. 물론 위의 인용문에서 처럼 천성적으로든 뛰어난 교육을 통해서든 예외적인 사람들도 있다. 하지만 거래를 하는 사람들 가운데 타인을 속이거나 부당한 가격을 요구하는 등 불공정한 방법으로 더 많은 이익을 거두려 하는 사람들은 무시할 수 없는 수준이다. 이 같은 사람들이 다수인가 소수인가는 사람의 본성에 대한 시각에 따라 다를 것이다.

　불공정한 거래를 신의나 성실, 그리고 도덕이나 양심에만 바탕을 두고 자율적으로 규율하는 일은 쉽지 않다. 때문에 불공정거래를 제어하는 다양한 입법이 필요하다. 인간은 자신의 이익 앞에 양보하기 힘든 존재이고, 이런 맥락에서 이익은 정말 힘이 세다. 형제나 친인척 사이에도 재산의 분배를 둘러싸고 일어나는 송사들이 이를 잘 말해 주고 있다. 또한 누구든 거래에 익숙한 사람들의 현란한 말에 속아 넘어간 가슴 아픈 경험들이 있을 것이다.

　이익을 구하는 점에 있어서 플라톤의 인간관은 성선설보다는 성악설에 가깝다고 할 수 있다. 결과적으로 플라톤은 소매업이나 교역, 그리고 숙박업은 자유민이 할 만한 일이 아니라고 생각하지만 예외적인 경우를 두었다. 그 경우란 "모든 면에서 가장 훌륭한 사람들로 하여금 얼마 동안 숙박업이나 소매업 등을 강제로 종사하게 할 때" 혹은 "여인들이 어떤 운명적인 불가피함으로서 해서 이런 생활 형태에 관여하게 될 경우"에 한해서 존중받는 모습을 보일 수도 있다고 플라톤은 말한다. 예컨대 강제로 할 수밖에 없는 상황에 내몰리거나 남편의 죽음이나 실종 등으로 생계 유지를 위해 나설 수밖에 없는 부인들을 제외하면 시민들이 종사할 만한 일에 숙박업이나 소매업이 포함되지 않는다. 그만큼 천박한 직업으로 분류되었다. 역설적으로 이런 예외적인 경우를 제외하면 대다수의 소매업이나 교역에는 불공정한 거래가 불가피하다는 것을 강조하고 있다.

그동안 거래와 교역에 공정성을 확보하기 위해 다양한 법들이 만들어져 왔고, 이에 따라 인간의 거친 본성 또한 차츰 순치되어 왔다. 그럼에도 이익을 향한 인간 본성은 여전히 살아 있다. 때문에 플라톤은 보통의 인간들이 가진 탐욕은 스스로 제어하기 힘들기 때문에 입법자가 이에 대한 처방을 내놓아야 한다고 강조한다.

입법자가 내놓아야 할 처방은 서로 반대되는 두 가지와의 싸움에서 승리하는 일이다. 여기서 두 가지는 가난(penia)과 부(ploutos)이다. 두 가지와의 싸움에 대해 플라톤은 "부는 인간의 혼을 타락하게 하는 반면에, 가난은 괴로움(고통)들로 그 혼을 파렴치로 내몬다"라고 멋진 경구를 남긴다. 부(富)는 자칫 자만과 교만을 낳음으로써 인간의 혼을 타락시킬 가능성이 있는 반면 가난은 인간으로 하여금 염치를 잃어버리게 만들 수 있다.

지성을 갖춘 나라가 부의 교만과 가난의 몰염치에서 벗어날 수 있는 구제책으로 플라톤은 세 가지를 제안한다. 그가 제시하는 구제책은 첫째, 가능한 소매상 종사자들의 숫자를 줄이는 것, 둘째, 타락을 하더라도 나라에 크게 손해가 되지 않는 사람들에 한해서 소매상을 하도록 허용하는 것, 셋째, 소매상 종사자들의 성품과 혼이 타락하지 않는 방책을 마련하는 것들이다. 이는 사실 현대인의 눈으로는 이해하기 힘들다. 왜냐하면 소매업과 같은 유통이 자원 배분의 효율성을 높여주는 순기능을 플라톤은 전혀 이해하지 못하고 있기 때문이다.

아마도 오늘날 할인점, 백화점, 편의점 등과 같은 유통업자들이 이 글을 읽는다면 대경실색할 일이다. 유통업에 대한 플라톤의 몰이해는 상업 전반에 대해 부정적인 편견을 낳는다. 독자들은 이 점을 충분히 염두에 두고 읽어야 한다.

자유민들은 상업에 종사하지 못하도록 권고하고 상업은 거류민과 외국인의 몫이어야 한다는 사실을 법조문으로 정하자고 주장하는 데 이르면 독자들 가운데 일부는 기분이 상할 수도 있을 것이다. 여기에서만 그치지 않는다. 플라톤은 자유민 가운데 소매업에 종사한 자는 조상을 욕보였기 때문에 구금하여 1년 동안 그 일을 하지 못하게 해야 한다고까지 말한다. 구금 이후에 다시 소매업을 하는 경우에는 2년 동안 구금할 것을, 또 다시 구금 이후에 그 일을 계속한다면 두 배씩 구금 기간을 늘려서라도 소매업을 하지 못하도록 해야 한다고 주장한다.

플라톤은 상인이 거두는 이익을 정당한 이익이 아니라 상대방으로부터 돈을 약탈하는 행위로 받아들였던 것 같다. 따라서 시장 관리인이 나서서 상인들의 수입과 지출을 보고받아야 한다고 권한다. 오늘날의 용어로 표현하면 시장 관리인이 나서서 행정 지도로 상인들을 다스릴 필요가 있다는 말이다.

요컨대 플라톤의 주장 가운데 압권은 '소매상들이 존재하더라도 그들이 나라에 해를 입히는 짓을 최소한으로 할 수 있도록 해야 할 것'이라는 부분이다. 이런 부분이 현대의 실정과는 매우 동떨어진 것이지만

2,500년 전의 한 고매한 철학자의 주장이라고 생각하고 이해할 수 있기를 바란다.

그런데 플라톤은 정작 입법자가 내놓아야 할 중요한 처방인 가난을 극복하는 방법에 대해서는 뚜렷한 대안을 제시하지 않을 뿐더러 크게 관심을 갖지 않는다. 당시는 아테네와 주변 도시국가들 사이에 교역이 대단히 활발하였는데, 이런 활동들을 보면서도 그가 부(富)를 적극적으로 창출해서 가난을 극복하는 방법을 생각하지 못한 이유는 무엇일까? 이는 플라톤이 갖고 있었던 '변화'에 대한 생각과 관련이 있다.

그의 이데아론을 기준으로 세상을 보면 세상 만물이 이데아로부터 멀어져가는 것 즉, 계속해서 타락해 가지 않을 수 없다. 때문에 칼 포퍼는 플라톤의 '변화에 관한 이론'을 '변화는 사악하고 정지는 신성하다 (That change is evil, and that rest is divine)'라고 요약한다. 상인들이 세상의 온갖 물산들을 교역하는 일이나 장인들이 온갖 진귀한 물건들을 만들어내는 일은 부단한 변화를 뜻한다. 즉 상업이나 물건 만들기는 끊임없이 변화하는 것을 뜻하기에 플라톤은 상업이나 교역을 이데아로부터 멀어져가는 것 즉 타락해 가는 활동으로 받아들였다. 그러니 이러한 타락해 가는 상업 등을 장려해 가난을 구제할 생각은 하지 않았을 듯하다.

플라톤은 변화가 심하게 일어나는 현실에 살고 있었지만 그의 이론 체계는 그런 변화를 기꺼이 수용하지 않았다. 그래서 독자들은 걸출한 이론가들의 글을 읽을 때도 그가 제공하는 '세상을 바라보는 창(窓, 프레임)'의 장단점과 현실 적합성을 꼼꼼히 따져봐야 한다. 프레임 가운데는 현실을 제대로 설명하지도 못할 뿐만 아니라 현실을 제대로 담지 못하는 것들도 많기 때문이다. 이는 오늘날 이론가들이 제공하는 다양한 프레임들 이를 테면 '1퍼센트 대 99', '88만원 세대' 등을 대할 때도 마찬가지이다. 존재하는 현실을 제대로 묘사하기 위함이 아니라 자신이 보고 싶거나 소망하는 바람을 담은 프레임들이 많기 때문이다.

인간성의 한계 때문에
법의 지배는 불가피하다

아테네인: 사람들은 법률을 제정하고 법률에 따라 사는 것이 불가피합니다. 그렇지 않으면 사람은 야만적인 들짐승과 다를 게 없습니다. 그 이유는 다음과 같습니다. 어떠한 사람도 무엇이 나라의 체제와 관련해서 인간들에게 유익할지 분간하기에는 충분하지 못하며, 최선의 것을 언제나 행할 수 있어도 항상 기꺼이 자신의 지식을 가장 잘 활용할 준비가 되어 있지 못하기 때문입니다. (……) 설령 누군가가 이 모든 진실을 알게 된다 할지라도, 이 다음에 그가 감사(監査)를 받지 않고 절대권을 행사하는 자(autokratōr)로서 나라를 다스리게 된다면, 그의 신념(dogma)을 절대 지켜낼 수 없을 것이며 자신의 이득보다 공익을 우선시하며 공동체의 복지 향상을 위해 헌

신하는 일은 절대 없을 것입니다. 그의 본능은 탐욕과 사익을 추구하도록 만들 것입니다. 비이성적으로 괴로움에서 벗어나고 쾌락을 추구하려고 할 것이며 이는 그가 올바른 길로 향하는 것을 방해할 것입니다. 자기중심적인 맹목으로 인해 그 자신과 나라 전체를 악으로 내몰게 될 것입니다.

〔제9권 874e: 10~875a:5, 875b:1~875c:3〕 pp.350~351

제9권은 중범죄, 체제전복죄, 살인죄, 반역죄, 상해죄 등과 같은 형벌을 다루고 있다. 마지막 부분에 '사람들이 법률을 제정하여 법에 따라 살아야 하는 이유'에 대해 이야기하는 부분이 위의 인용문이다.

인간들이 법의 지배를 받아야 하는 이유는 인간이 가진 구조적인 문제 때문이다. 인간의 혼은 '격정(격노)과 두려움, 쾌락(즐거움)과 괴로움(고통), 시기심들과 욕망(욕구)들의 전제적 지배'를 받는 일이 자주 일어나게 되고, 이들이 살인·사기·기만·상해 등과 같은 범죄로 연결된다.

플라톤은 인용문의 중·후반부에 걸쳐서 의미 있는 사례를 소개하고 있다. '절대 권력은 절대 부패한다'는 고전적인 명제에 대한 내용이다. 권력을 가진 자를 제어하는 법률이 존재하지 않는다면 시민들은 권력자의 선의에 기대야 한다. 물론 선의와 호의로 시민들을 대하는 권력자도 이따금 있을 수 있다. 하지만 대부분의 경우에 제어받지 않는 권력을 소유하는 자는 인간성의 본래 모습을 그대로 드러내게 된다. 자신의 사적인 욕심을 채우기 위해 공적으로 주어진 권력을 남용하는 일이 빈번하게 벌어지게 된다. 인류가 걸어온 지난 역사를 살펴보면 제어받지 않는 권력은 절대적으로 부패할 수밖에 없고, 시민들은 독재자의 전횡에 신음할 수밖에 없었다.

이런 일은 굳이 국가에만 적용되는 일은 아니다. 사람들이 모여서 만든 모든 조직은 크든 작든 권력 관계로 이루어진다. 이때도 특정인에 과도한 절대 권력이 주어지면 부패하기 쉽다. 기업의 권력 관계를 규정하는 기업 지배 구조(Corporate Governance)에 정답은 없지만 견제와 균형은 중요한 의미를 갖고 있다.

예를 들어, 기업의 이사회와 외부로부터 충원된 사외이사제의 무용론에 대한 이야기들이 있지만 10여 년의 사외이사 경험을 미루어보면 이사회 기능의 활성화는 정당성이나 실용성 면에서 의미가 있다. 권력을 가진 사람들이 이사회 내의 누군가를 의식해야 한다는 것, 누군가를 설득해야 한다는 것만으로도 의사 결정이나 정책 집행에서 숙고하게 된다. 물론 권력을 가진 사람들의 입장에선 귀찮을 때도 있을 것이다. 그럼에도 종합적이고 장기적인 시각에서 보면 이사회를 제대로 활용하는 것은 기업 내에서 권력을 가진 사람들과 해당 기업을 모두를 돕는 제도라고 생각한다.

한편 노년의 플라톤은 이상 국가의 건설을 위해 세 차례나 시라쿠사를 방문하여 참주를 만났는데, 이 경험들이 그가 인간성의 진실한 모습을 이해하는 데 큰 영향을 미쳤을 것으로 보인다.

학문을 하는 사람들은 자칫 로맨티스트가 될 가능성이 높다. 책 속에 있는 인간 군상과 정치와 사업 세계에서 살아 숨쉬는 인간들의 모습 사이에는 큰 간극이 있기 때문이다. 이런 점에서 플라톤이 정치 참여에서 쓴 고배를 마시고 전횡을 휘두르는 참주들을 직접 체험할 수 있었던 것은 천만다행한 일이다. 인간이 어떤 존재인가 하는 것은 학설이나 이론으로 배우기에는 역부족이다. 직접 체험해 보는 것만큼 좋은 방법이 없다.

나 역시 짧지만 강렬한 사업 세계에서의 체험이 인간을 바라보는 시각에 결정적인 영향을 미쳤다고 할 수 있다. 인간의 기질에는 순백의 아름다움과 순수함만이 있는 것이 결코 아니다. 인간성의 깊숙한 곳에는 이기심과 폭력성과 야수성이 늘 잠복해 있다. 이를 제어할 수 있는 수단이나 방법이 있어야 하는데, 이것이 바로 법률이다.

물론 법치는 차선책이다. 만일 "인간들 중에서 누군가가 신적인 섭리에 의해 선천적으로 매우 뛰어난 자질을 타고"난 인물이 통치자로 선출된다면 법을 대신할 수도 있을 것이다. 하지만 이는 가능성이 거의 없는 일이다. 결론적으로 법치(法治)를 선택할 수밖에 없음에 대해 플라톤은 이렇게 말한다.

아테네인: 누군가가 신적인 섭리에 의해 선천적으로 매우 뛰어난 자질을 타고남으로써 그러한 지위를 얻게 된다면, 그를 통제하기 위한 법이 필요 없을 것입니다. 지성(nous)은 그 어떤 법령(taxis)이나 규정에 의해 종속되지 않습니다. 지성은 본성대로 참되고 자유로울진대, 모든 것을 지배할 수 있는 힘을 가져야 하며 어떤 것에도 종노릇을 한다는 것은 가당치 않습니다. 하지만 현실적으로 그 어디에도 이러한 지성을 지닌 인물은 거의 없습니다. 이것이 바로 우리가 차선책으로서 법령과 법을 택해야 하는 이유입니다. [제9권 875c:3~875d:6] pp.351~352

철인왕에 대한 인간의 뿌리 깊은 염원은 과거부터 면면히 내려왔다.

플라톤 역시 40대에는 철인왕에 대한 강렬한 염원을 가졌던 것도 사실이다. 그러나 이런저런 쓴 경험을 하고 나서 그는 기적 같은 일이 일어나지 않는 한 철인 정치는 불가능하다고 말한다.

여기서 『국가』와 『법률』 사이에 놓인 큰 전환을 확인할 수 있다. 인치(人治)의 한계와 법치(法治)에 의한 대체를 플라톤 자신이 선언하고 있는 것이다.

사실 사람마다 차이가 있을 수 있지만 사람은 본성적으로 변덕스럽고 불완전한 존재이다. 그런 존재에 어떻게 모든 것을 맡길 수 있겠는가? 상식적으로 생각해 봐도 철인왕에 의존하려고 했던 플라톤의 아이디어는 로맨티스트의 전형이라 해도 무리가 아니다.

오늘날에도 철인왕이란 용어를 사용하지는 않지만 나라의 상황이 어려워질 때면 사람들은 단박에 문제의 해법을 제시할 수 있는 사람이 있으리라는 기대감을 갖고 선지자를 구한다. 그러나 그런 선지자를 어디서 구할 수 있겠는가? 과연 그런 선지자가 존재하기는 하는가? 특히 오늘날처럼 복잡한 거래망으로 서로서로가 밀접하게 연결된 세상에서는 해법을 제시할 수 있는 선지자를 찾기란 거의 불가능한 일일 것이다.

노년에 들어서 그가 변신을 선언하게 된 이유는 통치자의 무능함 때문이 아니라 통치자 역시 보통 시민들과 마찬가지로 타고나는 본성 때문이다. 본성이 가진 첫 번째 약점은 '사적인 것을 공적인 것에 종속시키며 끝까지 살아갈 수도 없을 것이기 때문'이고, 두 번째 약점은 '탐욕과 사익의 추구'이다. 따라서 차선책이긴 하지만 통치자뿐만 아니라 모든 시민들에게는 자신들을 지배할 법률이 필요하다.

법의 역할은 사람들이
정의를 사랑하게 만드는 것이다

아테네인: 그리고 사람이 타인을 해침으로써 이득을 보게 될 경우에 이때의 이득도 결국 혼에 있어서는 일종의 질병들이어서, 치유 가능한 것들이기에 치유되어야만 합니다. 그러나 우리는 이 불의의 치유가 이러한 방향으로 이루어지도록 힘써야 합니다.

클레이니아스: 어떤 방향으로 말씀입니까?

아테네인: 누군가가 크건 작건 불의를 저지르면 법은 가르침과 통제를 통해 다시는 그러한 불의를 고의로 저지르지 못하게 하거나 그러한 행동을 보다 적게 행하도록 하고, 또 불의를 저지른 것에 대한 보상을 하도록 합니다. 이는 오로지 법으로 가능합니다. 실제 행동이나 대화를 통

해, 혹은 그에게 즐거움이나 괴로움을 주고 명예나 불명예를 주고 금전적인 처벌을 하거나 보상을 해줄 수도 있는데, 어떠한 방법을 써서라도 불의를 미워하고 올바름의 성질을 사랑하도록, 적어도 혐오하지 않도록 만드는 것, 이것이 가장 훌륭한 법의 기능(ergon)입니다. [제9권 862c:6~862e:1] p.328

법률은 어떤 기능(ergon)을 가져야 하는가? 플라톤은 법이 맡아야 할 기능은 첫째, 불의를 미워하도록 하는 것, 둘째, 올바름의 성질을 좋아하도록 하는 것, 셋째, 올바름의 성질을 미워하지 않도록 하는 것이라고 말한다. 즉, 불의를 멀리하고 올바르고 정의로운 것을 좋아하도록 만드는 것이 법의 기능이다.

그렇다면 구체적으로 어떻게 하면 될까? 가해에 대한 징벌이 확실하다면 법률은 그에 대한 예방적 기능을 충분히 발휘하게 될 것이다. 예를 들어, 어떤 사회에서 불의한 행위를 범한 구성원들이 충분한 처벌을 받지 않고 고개를 빳빳이 들고 다닌다면, 법률이 제 기능을 수행하지 못한 것이다. 법률이 오히려 불의한 일들을 통해서 이득을 취하도록 유도하는 것이다.

우리나라는 경제사범에 대한 처벌이 퍽 관대하다. 예를 들어, 내부정보를 이용해서 부당한 이득을 취한 내부자거래에 대한 부당차익 액수가 50억 원 이상인 경우 무기 또는 5년 이상의 징역으로 가중처벌하게 되어 있다. 그러나 실제 이런 중형이 내려진 경우는 거의 없다. 2~3

년 정도 징역형을 받더라도 얼마 가지 않아서 대부분 집행유예로 풀려난다. 그러다 보니 한탕 하고 잠시 감옥에 들어가서 살더라도 남는 장사라는 이야기가 돌고, 내부자거래에 대해서 죄의식을 갖지 않는 사람들이 많아질 수밖에 없다. 오히려 걸린 사람을 두고 운이 없다고 평하는 경우도 있다.

그러나 미국 법원은 화이트칼라 범죄에 대해 대단히 엄격하다. 스리랑카 출신으로 명문 와튼스쿨을 졸업하고 70억 달러를 굴리는 헤지펀드계의 큰 손인 라즈 라자라트남이 골드먼삭스, 구글, IBM 등의 내부자 정보를 이용해서 7,000만 달러의 부당 이득을 취했을 때 미국 법원은 벌금 1,000만 달러, 부당이익금 5,380만 달러 몰수, 여기에다 징역 11년을 선고했다. 이들뿐만 아니라 분식회계로 수많은 사람들에게 피해를 끼친 엔론의 제프린 스킬링 전 회장은 24년, 다단계 금융 사기로 피해를 입힌 버나드 베이도프 전 나스닥 증권거래소 위원장에는 무려 150년의 징역형이 선고된 바 있다. 중벌이 범죄를 막는 최선의 방법은 아닐 것이다. 하지만 비슷한 범죄를 줄이는 차선의 방법인 것만은 분명하다.

이따금 가해에 대한 징벌이 효과를 발휘하지 않는 경우도 있다. 그들에 대해 플라톤은 '치유 불가능한 사람'이라는 표현을 사용하면서 특별한 조치가 필요하다고 말한다. 그 특별한 조치는 '사형'이다. 오늘날 대다수 국가들이 인권 보호 차원에서 사형제를 폐지하고 있는 추세이지만, 플라톤은 노력해서 치유할 수 없는 사람이 있음을 인정하고 있다. 그는 '치유 불가능한 사람'의 특성을 이렇게 표현하고 있다.

이런 자들은 생을 마감하는 것이 스스로에게도 더 나을 수 있습니다.

이는 다른 사람들에게 불의에 대한 경고가 될 수 있으며 나라에 나쁜 이들을 없게 해줌으로써 이로움을 가져다줄 것입니다. 입법자로서는 이러한 자들의 과실(hamartēmata)들에 대해 사형을 내리는 것이 필요하겠으나 다른 경우에 이를 적용하는 것은 옳지 않습니다. 〔제9권 862e:3~9〕 pp.328~329

인간적인 면에서 생각하면 사형제 폐지 운동이 호소력이 있지만, 인간으로서는 받아들일 수 없는 사악한 행위를 한 자에 대해서까지 사형제로부터 자유로움을 주는 일이 과연 타당한지에 대해서는 더 깊은 논의가 필요하다. 왜냐하면 타인의 생명을 빼앗을 정도로 극악무도한 범죄를 저지른 사람들은 당연히 거기에 대해서 합당한 벌을 받아야 한다고 생각하기 때문이다.

그러면 인간은 어떻게 해서 타인에 대해 정의롭지 못한 가해자가 되는가? 플라톤은 세 가지를 들고 있다. 우선 두 가지는 인간의 혼이 가진 본성인 감정(pathos)와 격정(격노, thymos)이다. 이들이 가진 강력한 충동에 대해 플라톤은 "이는 다투기를 잘하고 당해내기 힘든 성질을 가진 소유물로서, 비이성적인 힘으로 모든 걸 뒤집어놓는다는 걸 말입니다"라고 말한다. 셰익스피어는 『트로일로스와 크레시다』에서 "허약하기만 한 힘의 유혹에 사로잡혀 간혹 우리는 스스로 악마가 된다"고 말하기도 했다.

사람에 따라서 이들에 맞서 이기는 정도가 강한 이들이 있고, 그렇지 않은 이들이 있다. 특히 쾌락에 약하거나, 충동적이거나, 성격이 불 같은 사람이라면 자신의 그런 약점을 잘 이해하고 쾌락에 굴종하지 않도록 노력해야 하며, 벌컥벌컥 화를 내는 습관에서 벗어나기 위해 노력해야 한다. 옛 속담에 '참을 인(忍)자 세 개면 살인도 면한다'는 말이 있지 않은가? 의도적인 살인을 제외하면, 대부분 격한 감정이나 유혹 때문에 살인과 상해 사건들이 발생한다.

마지막으로 무지(agnoia) 때문에 불의한 가해자가 되기도 한다. 입법자는 무지를 두 가지로 분리해서 다루는데, 첫 번째는 단순히 모르는 상태에서 저지르는 잘못이고, 두 번째는 알지 못하면서 자신이 잘 알고 있다고 착각하는 상태에서 범하는 잘못이다.

요컨대 범죄는 쾌락(즐거움)이나 격정(격노)과 같은 감정과 무지에서 비롯된다. 그렇다면 이들을 제대로 다스리는 일이 법률의 중요한 부분을 차지하게 된다. 뿐만 아니라 개인 차원에서도 쾌락과 격정, 무지함을 다스리는 노력을 계속해야 한다. 특히 앞의 두 가지는 자신을 제대로 이해하면 할수록 실수를 범할 가능성을 낮출 수 있다. 이를 두고 플라톤은 "어떤 이는 쾌락(즐거움)과 격정(노여움)에 지지만, 어떤 이는 이긴다"는 표현을 사용한다. 사람의 성질이나 기질의 차이에 따라 쾌락과 격정에 대한 내성이 강한 사람이 있고 그렇지 않은 사람이 있다. 후자의 경우는 더욱 주의하고 자신을 더 나은 상태로 만들기 위해 노력해야 한다.

지금 나를 만나는 사람들은 나의 편안한 모습을 볼 수 있지만 젊은 날의 나는 상당히 격정적이었다. 나처럼 격정적인 사람이 나이를 먹어가면서 안도의 한숨을 쉴 수 있는 것은 젊어서부터 중년에 이르기까지 그런 격정을 잘 다스려 큰 실수를 범하지 않은 덕이다. 젊은 날의 격정은 정말 위험한 일들을 만들어낼 수 있음을 기억하고, 참을 인(忍)자 세 개로 자신을 제어해야 한다.

세월과 함께 생각은 바뀌므로
단정하지 말자

아테네인: 젊은이들의 무절제와 방자함(hybris)이 가장 못된 것입니다. 그것도 특히 성스러운 것들에 대한 부분이 그렇습니다. (……) "젊은이여, 그대는 아직 젊지만 시간이 지나면서 지금 그대가 생각하는 것들과 반대되는 의견들을 받아들이게 될 것이네. 그러니 이러한 중대한 사안에 대해 좀더 시간을 두고 기다렸다가 가장 중대한 것들에 대한 판정자가 되겠나. 그러나 지금은 그것을 아무것도 아닌 일로 여길지라도 가장 중요한 것은 신들에 대해 올바른 생각을 가지고 훌륭한 삶을 사는 것이네. 내가 자네에게 이와 관련해서 중대하고 반박할 수 없는 요점을 말해 주겠네. 신들에 대해 그러한 의견 (doxa)을 품은 것이 그대나 그대 친구들이 처음이 아니지. 이 병을 앓는 자들

은 언제고 늘거나 줄지. 나는 그러한 자들을 많이 만나보았는데, 한 가지 말해 주자면, 이들 중 그 누구도 늙었을 때까지 신들이 존재하지 않는다는 생각 속에 머물러 있는 자는 없다네." 〔제10권 884a:6~9, 888a:9~888c:2〕 p.367, 372

젊은 시절에 사람들은 믿음이나 신념에 있어서 대개 자기 나름의 확신으로 가득 차 있다. 때문에 세상 경험이 많은 어른들이 조언을 하더라도 젊은이들의 귀에는 쉽게 들어오지 않는다. 젊은 날에는 대체적으로 믿음이나 신념과 관해서 시야가 좁다. 그런데 그 좁은 것이 장점이 된다. 그래야 자신의 앞날을 개척하기 위해 좁은 분야에 집중적으로 매진할 수 있기 때문이다. 그러나 시야가 좁아서 치러야 할 비용도 있다. 그것은 좀처럼 타인의 이야기에 귀를 기울이지 않고 자신이 믿음이나 신념이 절대적으로 옳다고 단정지어 버리는 것이다. 의견(doxa)을 지식(앎)으로 확신해 버리는 잘못을 범할 수 있다.

나이를 제대로 먹어가는 사람이라면 세월과 함께 마치 산을 오르는 것처럼 점점 더 멀리 더 넓게 볼 수 있는 것을 경험하게 된다. 젊은 날 확신을 가졌던 신념이나 믿음 가운데 일부는 불변의 것으로 남지만 또 다른 일부는 계속해서 변화하게 된다.

플라톤이 살았던 시절에도 젊은이들은 그 시대의 어른들이 공유하던 불변의 믿음들을 의심하는 일들이 자주 일어났다.

그 믿음 가운데 대표적인 것은 신에 관한 것이다. 플라톤 시대의 젊은이들 가운데는 신의 존재 자체를 아예 믿지 않거나, 신들이 존재한다하더라도 인간에 관심이 없거나, 제물과 기원에 쉽게 동하여 마음을 돌린다고 생각하는 사람들이 있었다. 또한 일부 젊은이들은 신들이 원래부터 존재하는 것이 아니라 법률에 의해 만들어진 것이라고 주장하기도 했다.

신에 대한 이런 불신은 젊은이들로 하여금 불의한 일들을 행하도록 유도한다. 예를 들어, 신전과 같이 신성한 장소를 약탈하거나 모욕하기도 하고, 성스러운 존재로 받아들여지는 인물의 무덤에 대해 방자한 짓을 저지를 수도 있다. 한마디로 기존 질서에 정면으로 반기를 들고 무례한 짓을 저지른다.

노년의 플라톤이 젊은이들에게 주는 조언은 오늘날 현명하게 나이든 사람들이 젊은이에게 주고 싶은 조언과 비슷하다. 젊은 시절, 자신이 가진 믿음을 지나치게 확신하지 말고 그 믿음이 세월의 흐름에 따라 변화할 수 있음을 겸손하게 받아들이라는 것이다. 젊어서 '내가 아는 한 신은 존재하지 않아'라고 강하게 확신하더라도 그런 믿음이 중년이나 노년까지 계속되리라는 보장은 없다. 오히려 믿음이나 신념은 세월과 함께 변화하는 것이 자연스런 순리다.

젊은 날, 자신이 가진 믿음을 수정할 수 있다는 태도를 취하고 주변의 의견을 경청할 필요가 있는 이유는 명확하다. 확고한 진리라고 생각하던 것들이 잘못된 의견과 행동을 낳을 수 있기 때문이다.

플라톤은 신에 대해서만 언급하지만, 그 외에 얼마든지 분야를 확장할 수 있다. 사회, 정치, 학교, 직장, 결혼, 배우자 선택 등 다른 여타의 부분에까지 젊은 날의 지나친 확신이 낳을 수 있는 폐해는 얼마든지 생각해 낼 수 있다. 지나친 확신이 잘못된 의사 결정이나 행동을 낳지 않도록 주의하라. 지나친 확신 그 자체도 의심해 보라. 유연한 상태를 유지하라. 지나치게 단정적인 표현을 사용하지 마라. '이건 확실해'라는 생각이 들더라도 세월의 흐름에 잠시 맡겨보라. 오늘날처럼 의견(doxa)이 절대 진리로 둔갑되기 쉬운 시대는 더더욱 젊은 날의 확신에 대해서도 자주 의심을 품어볼 필요가 있다.

한번 정해진 법이라도
계속해서 개선되어야 한다

아테네인: 만약 어떤 시민들이 다른 나라 사람들의 일들을 찬찬히 시찰하고 싶다면, 그 어떤 법도 이를 막지 못하게 합니다. 나라가 나쁜 사람들과 좋은 사람들에 대해 경험해 보지 않고서는, 곧 그들과의 교류해 보지 못한 상태에서는, 충분히 유연할 수도 완벽할 수도 없을 것이며, 또한 앎을 바탕으로 하지 않고 법을 습관으로만 받아들이면 법률을 지켜낼 수가 없기 때문입니다. 많은 사람들 중에서 매우 뛰어난 사람이 극히 소수이지만 좋은 나라이건 나쁜 나라이건 등장합니다. 훌륭한 법 질서를 가진 나라의 사람은, 그가 타락하지 않을 사람이라면, 바다로 해서든 육지로 해서든 나라 밖으로 나가 이러한 뛰어난 사람들을 찾아야 합니다. 자신의 법규들 중에서

훌륭하게 제정된 것들을 확고히 하고 소홀했던 부분을 수정하기 위해서는 말입니다. 이러한 시찰과 탐색이 이루어지지 않는다면 어떠한 나라도 완전한 상태로 존속하지 못할 것이며, 이는 시찰자들이 무능해도 같은 결과일 것입니다. (제12권 951a:5~951c:5) p.461

법은 어떠해야 하는가? 그리고 법은 어떤 방향으로 수정되어야 하는가?

"앎을 바탕으로 하지 않고 법을 습관으로만 받아들이면 법률을 지켜낼 수가 없기 때문입니다"라는 문장은 법률의 본질에 대해 중요한 의미를 갖고 있다. 입법자는 한 사회의 구성원들이 반드시 지켜야 할 관습과 규범을 법률에 담아낸다. 때문에 그 사회가 추구해야 할 이념이나 가치, 그리고 이를 가능하게 하는 질서의 틀과 내용들이 담겨 있어야 한다. 하지만 이것이 법률의 전부가 될 수는 없다. "지성의 배분이 법이다"라는 플라톤의 말처럼 법률은 앎(지식)에 대한 기초 위에서 제정되어야 한다.

다른 하나는 법의 수정에 대한 부분이다. 법률도 더 나은 방향으로 개선되고 수정되어야 한다. 설령 이미 훌륭한 법 질서를 갖춘 나라에 사는 사람들이라 할지라도 법률의 개선 작업을 소홀히해서는 안 된다. 그 방법에 대해 플라톤은 해외 시찰을 들고 있다. 이 부분은 자신이 젊은 날 시라쿠사 여행에서 얻은 경험에 바탕을 두고 있을 것이다. 그가 철인 정치에 대한 희망을 가졌지만 시라쿠사에서의 경험을 통해 그것을 포기하고 법의 지배로 선회한 것과 마찬가지로, 자신이 살고 있는 나라를 다른 나라와 비교해 봄으로써 법률의 수정에 대한 다양한 아이디어나 의견을 얻을 수 있다.

이는 오늘날도 여전히 유효한 조언이다. 어떤 사회가 심각한 문제들을 안고 씨름하고 있을 때 해결책을 제시하면 '우리는 다른 나라와 다릅니다'라는 답을 들을 때가 많다. 물론 역사의 유산이 다르기 때문에 그럴 가능성도 있다. 하지만 대다수 사회들은 공통의 인간성을 가진 인간들이 모여서 만든 사회들이다. 그렇기 때문에 대다수 국가들이 비슷한 어려움을 겪는다.

어떤 사회가 앓고 있는 문제점으로 인한 비용을 줄일 수 있는 방법은 앞서간 나라들로부터 교훈을 얻는 것이다. 우리 사회만 하더라도 그렇다. 우리 사회는 일본과 유사한 문제점들을 안고 있다. 또한 남유럽 국가들의 부침에서도 배울 점들이 많다. 이들 국가들을 충분히 참고하고 배움을 청하는 것만으로도 사회 시스템을 어떻게 바꿔나가야 하는지에 대해 충분한 지혜를 얻을 수 있다.

예를 들어, 성장이 둔화되면서 체제가 경직될 때 정부의 지출을 늘리는 것만으로 문제의 해법이 될 수 없다는 사실을 배워야 한다. 활력을 불어넣는 것은 개혁을 하는 시늉만으로는 안 된다. 실질적으로 나라의 모든 부분에 걸쳐서 신진대사를 원활히 하기 위한 체계적인 노력이 있어야 한다. 그러나 개혁은 이해당사자들이 기꺼이 개혁 비용을 분담하려는 의지가 실행이 없다면 날이 갈수록 문제를 악화시키고 말 것이다.

여기서 시스템은 결국 법률들의 조합이 가장 중요한 부분을 차지한다. 다른 나라의 경험이나 현상을 많이 보면 볼수록 정말 많은 것을 배울 수 있다.

한 가지 주의해야 할 점은 겉만 보고 배우지 않도록 주의해야 한다는 사실이다. 이 점에 대해 플라톤은 "이러한 시찰과 탐색이 이루어지지 않는다면 어떠한 나라도 완전한 상태로 존속하지 못할 것이며, 이는 시찰자들이 무능해도 같은 결과일 것입니다"라는 의미심장한 메시지를 전하고 있다.

한번 정해진 법도 계속해서 나아짐을 향해 나아가야 된다. 법이란 것도 계속해서 끊임없이 수정해야 된다. 소설가 시오노 나나미의 작품을 보면 그런 내용이 나온다. 그리스의 전성기인 페리클레스 시대 때 선진 문명을 배우기 위해서 로마가 아테네로 사절단을 파견하는데, 사절단이 보고서에 그리스는 페리클레스 1인에 지나치게 의존을 하기 때문에 로마가 도움 받을 만한 정치 체제는 아니라고 쓴다.

이처럼 모든 나라는 주변 국가에 대한 비교 연구를 통해서 상당히 많은 걸 배울 수가 있다. 우리는 일본을 비롯하여 앞서간 국가들이 경험했다. 그들이 겪은 빛과 그림자를 제대로 연구하고 교훈을 얻어서 나라의 제도를 수선해 간다면 시행착오를 크게 줄일 수 있을 것이다.

세상의 모든 것은 변한다. 그렇다면 시대의 변화에 발맞추어서 나라의 법률 또한 변화해 가야 한다. 이때 법률은 구성원 각자 자신의 직분을 최대한 잘 수행하고 서로 친애감을 갖고 더 큰 행복을 누릴 수 있도록 돕는 방향으로 개선되어야 할 것이다.

'더 나아짐'을 향해서 '훌륭함'을 향해서 개인이든 나라든 계속해서 전진해야 한다. 국가는 법률의 개선을 통해서 개인은 습관의 개선을 통해서 계속해서 나아가야 한다. 이처럼 '더 나아짐'과 '훌륭함'을 향한 길에는 끝이 없다.

참고문헌

『고대 그리스, 그리스인들』, H.D.F 키토 저, 박재욱 역, 갈라파고스, 2008

『고대 그리스』, 푸리오 두란도 저, 노혜숙 역, 생각의 나무, 2003

『고대 그리스의 역사』, 토머스 R. 마틴 저, 이종인 역, 가람기획, 2003

『고대 그리스의 영광과 몰락』, 김진경 저, 안티쿠스, 2009

『공병호 미래 인재의 조건』, 공병호 저, 21세기북스, 2008

『소크라테스의 변명/국가/향연』, 플라톤 저, 왕학수 역, 동서문화사, 1977

『나는 내 식대로 살아왔다』, 공병우 저, 대원사, 2002

『니코마코스 윤리학』, 아리스토텔레스 저, 홍석영 역, 풀빛, 2005

『다 쓰고 죽어라』, 스테판 M. 폴란 · 마크 레빈 저, 노혜숙 역, 해냄, 2009

『당신에게 집중하라』, 워렌 베니스 · 짐 콜린스 외 2명 저, 정경호 역, 리더스북, 2011

『러셀 서양철학사』, 버트런드 러셀 저, 서상복 역, 을유문화사, 2009

『먼 북소리』, 무라카미 하루키 저, 윤성원 역, 문학사상사, 2004

『모던타임스 Ⅰ』, 폴 존슨 저, 조윤정 역, 살림, 2008

『모던타임스 Ⅱ』, 폴 존슨 저, 조윤정 역, 살림, 2008

『플라톤의 법률』, 박종현 역, 서광사, 2009

『보이는 어둠』, 윌리엄 스타이런 저, 임옥희 역, 문학동네, 2011

『서양고대사강의』, 김진경 외 저, 한울, 1998

『세계문명전: 그리스의 신과 인간』, 국립중앙박물관 저, workroom, 2010

『세계문명전: 실크로드와 둔황』, 국립중앙박물관 저, 동아일보사, 2010

『세금 이야기』, 전태영 저, 생각의나무, 2005

『스파르타 이야기』, 폴 카트리지 저, 이은숙 역, 어크로스, 2011

『아직도 가야 할 길』, M. 스캇 펙 저, 최미양 역, 율리시즈, 2011

『엔론 스캔들』, 베서니 맥린·피터 엘킨드 저, 방영호 역, 서돌, 2010

『열린사회와 그 적들 1』, 칼 포퍼 저, 이한구 역, 민음사, 2006 (초판 년도는 1997)

『열린사회와 그 적들 2』, 칼 포퍼 저, 이명현 역, 민음사, 1998

『오뒷세이아』, 호메로스 저, 천병희 역, 숲, 2007

『위대하거나 사기꾼이거나』, 폴 존슨 저, 이문희 역, 이마고, 2010

『인생에 대한 예의』, 이나모리 가즈오 저, 장은주 역, 비즈니스맵, 2011

『전략의 본질』, 노나카 이쿠지로·도베 료이치 외 3명 저, 임해성 역, 라이프맵, 2011

『정의란 무엇인가』, 마이클 샌델 저, 이창신 역, 김영사, 2010

『정치학』, 아리스토텔레스 저, 천병희 역, 숲, 2009

『좋은 기업을 넘어 위대한 기업으로』, 짐 콜린스 저, 이무열 역, 김영사, 2011

『지식의 역사』, 찰스 밴 도렌 저, 박중서 역, 갈라파고스, 2010

『최초에 도전하라』, 김영환 저, 생각의 나무, 2010

『켄 블랜차드의 러브 스토리』, 켄 블랜차드·콜린 배렛 저, 구세희 역, 21세기북스, 2011

『클라시커 50 승리와 패배』, 볼프강 헤볼트 저, 안성찬 역, 해냄, 2003

『클라시커 50 신화』, 게롤트 돔머무트 구드리히 저, 안성찬 역, 해냄, 2001

『클라시커 50 재판』, 마리 자겐슈나이더 저, 이온화 역, 해냄, 2003

『클라시커 50 철학가』, 에드문트 야코비 저, 안성찬 역, 해냄, 2002

『타고난 거짓말쟁이들』, 이언 레슬리 저, 김옥진 역, 북로드, 2012

『편지들』, 플라톤 저, 강철웅, 김주일, 이정호 역, 이제이북스, 2009

『편집광만이 살아남는다』, 앤드류 그로브 저, 유영수 역, 한국경제신문사 1998

『플라톤의 국가, 정의를 꿈꾸다』, 장영란 저, 사계절, 2008

『플라톤의 국가·政體』, 플라톤 저, 박종현 역, 서광사, 2005

『피터 드러커 자서전』, 피터 드러커 저, 이동현 역, 한국경제신문사, 2005

『헬라스 사상의 심층』, 박종현 저, 서광사, 2001

『20세기를 움직인 지도자들』, 리처드 닉슨 저, 박정기 역, 을지서적, 1998

『IBM, 창업자와 후계자』, 토머스.J.윗슨 저, 유철준 역, 을유문화사, 1991

『The Laws』, Trevor J. Saunders, Penguin Group, 2004

찾아보기

글라우콘 20 36 77~79 82 132 133 149 151 159 186 204
닉슨 58 201 202
다리우스 294~296
델포이 신전 230
디오니시오스 1세 22
디오니시오스 2세 24
디온 22~24 225
디케 274 276
라케시스 216
람프로클레스 18
뤼시아스 37
류콘 20
리디아 294
마그네시아 227 230
마케도니아 30 31 156 169 295
메갈로폴리스 151
메길로스 230
메디아 293 294
멜레토스 20
무라바크 261
미노스 230
벤디스 36

살라미스 27
소크라테스 6 15~21 23 25 27 28 31 36 37 45~47 49 51 52 54~56 58 60 63 64 72 73 78~80 82 85 88 99 104 113 116 127 128 151 155 177 184 217 223 283 357
소포클레스 116
소피스트(소피스테스) 6 31 46 80 116
스파르타 160 247
시라쿠사 22 24~26 28 29 36 224 225 396 409
시칠리아 21 22 24 26 28 36 81 82 224
아그리젠토 26
아낭케 216
아뉘토스 20 28
아니케리스 23
아데나워 259 260
아데이만토스 20 37 77~79 82 165
아르메니오스 215
아르카디아 151
아리스토니모스 37
아리스토텔레스 64 66 120 157 161 256 287

아리스톤 20
아이스킬로스 17
아테네 6 16 17 19 20 22 24~31 36 45 46 51 52 54 67 74 80 85 86 90 91 93 100 145 152~156 167~169 179 180 182 192 210 223 227 230~233 237~240 243 249 254~257 262 267 270 278 285 314 343 347 368 375 392 399 411
아폴론 21 230
안드로마케 17
안티폰 20
알키노스 215
에르 215~217
에우리피데스 17
에우튀데모스 23
엔나 81
올림포스 230 270
우라노스 271
유스티니아누스 24
은크루마 252 253
이다 산 230
이집트 22 256 261 294 295 261
제우스 230 231 270 271 274 367 368 376
존 스튜어트 밀 184 185 187
존 R. 헤일 31
카르타고 167
칼데아 294
칼만티데스 37
칼케톤 37

캄비세스 294 295
케팔로스 36 37 48 116 357
코린토스 30
크노소스 230
크레테 158 227 229 230~232 245
크로노스 271
크산티페 18
크세노폰 18 155 156
크세르크세스 294 295
클레이니아스 229 230 232 233 237 238 249 399
클레이톤 37
키로스 30 292 294 295
키케로 161
테베 29 30
트라쉬마코스 37 43 46 47 49 51 54 56 63 72 73 78
트라키아 295
파이아니아 37
페르시아 17 27 153 227 233 234 267 292~296 368 374~377
페리클레스 16 17 19 27~31 51 52 411
페리크티오네 20
펠로폰네소스 전쟁 20 21 27 28 31 35 36 153
포토네 20
폴레마르코스 36 37 45 46 78
폴리비오스 161
폴 존슨 202 253
프로타고라스 23 31
플라톤 6 7 15 16 20~25 31 34~41 46

찾아보기 415

54 60 67 72~76 85~88 90 91 95
97~102 104 105 107~109 111 113
115 117 118 120 125~130 133~137
140 143~145 150~152 154~157
160~162 164 166~169 176~178 180
182 185~188 191~194 197~199
201~204 207~211 214 215 217 218
222~228 231 239 241 244~246 251
252 255 258 259 262 263 266
268~272 274 275 277 280 281 283
284 287~289 294~296 300~303 305
306 308 309 311 313 318 319 320
323~327 331~335 337 338 341~344
346 347 352 353 356~358 360
363~365 358 371 374 379 380
385~387 389 390~392 395~398
400~403 405 406 409 411

피레우스 36 45

필리포스 2세 30

헤로도토스 374

헤르모크라테스 22

헤시오도스 79 80 162 258 376

헥토르 17

호메로스 80 210 215

히포크라테스 31

그림출처

16쪽 아테네 아카데미아 앞에 있는 소크라테스 동상 **두피디아**
21쪽 아테네 아카데미아 앞의 플라톤 동상 **두피디아**
23쪽 시라쿠사의 고대 그리스 극장(Teatro Greco) **두피디아**
27쪽 파르테논 신전 **두피디아**
37쪽 플라톤의 흉상 **파리 루브르 박물관 소장**
67쪽 아리스토텔레스 **로마 바티칸궁 소장**
74쪽 아테네 학당 **로마 바티칸궁 소장**
100쪽 생산자들의 모습 **베를린 슈탈리히 박물관 소장**
113쪽 피터 드러커 **연합뉴스**
134쪽 지혜의 여신 아테네 **아크로폴리스 박물관**
140쪽 고(故) 박태준 포스코 명예회장 **연합뉴스, 포스코역사관 소장**
145쪽 아테네 학당의 플라톤 **로마 바티칸궁 소장**
160쪽 운동하는 스파르타 젊은이들 **런던 내셔널 갤러리 소장**
210쪽 시민들에게 산문을 낭독해 주는 호메로스 **파리 루브르 박물관 소장**
218쪽 이나모리 가즈오 회장 **연합뉴스**
233쪽 페르시아 전쟁 **이스탄불 고대박물관 소장**
259쪽 콘라트 아데나워 **코르비스**
261쪽 무라바크 대통령을 반대하는 시민들 **연합뉴스**
270쪽 아르테미시온의 제우스(혹은 포세이돈) **아테네 국립박물관 소장**
276쪽 정의의 여신 **연합뉴스**
296쪽 다리우스 1세의 묘 **연합뉴스**
333쪽 아테네인의 결혼 장면 **런던 대영박물관 소장**
347쪽 매장지로 향하는 장례 행렬 **아테네 국립박물관 소장**
375쪽 아테네에 도착한 승리의 사자 **프랑스국립미술학교 박물관 소장**

공병호의 고전강독 2
소크라테스와 플라톤에게 다시 정의를 묻다

초판 1쇄 2012년 3월 25일
초판 6쇄 2017년 3월 30일

지은이 | 공병호
펴낸이 | 송영석

편집장 | 이진숙 · 이혜진
기획편집 | 박신애 · 한지혜 · 박은영
디자인 | 박윤정 · 박새로미
마케팅 | 이종우 · 한명회 · 김유종
관리 | 송우석 · 황규성 · 전지연 · 황지현

펴낸곳 | (株)해냄출판사
등록번호 | 제10-229호
등록일자 | 1988년 5월 11일(설립연도 | 1983년 6월 24일)

04042 서울시 마포구 잔다리로 30 해냄빌딩 5 · 6층
대표전화 | 326-1600 **팩스** | 326-1624
홈페이지 | www.hainaim.com

ISBN 978-89-6574-335-4
ISBN 978-89-6574-339-2(세트)

파본은 본사나 구입하신 서점에서 교환하여 드립니다.